國家古籍整理出版專項經費資助項目

唐宋史料筆記叢刊

新輯實賓録

上

〔宋〕馬永易　撰
陳鴻圖　輯校

中華書局

圖書在版編目(CIP)數據

新輯實賓録/(宋)馬永易撰;陳鴻圖輯校. —北京:中華書局,2018.10(2021.5 重印)
(唐宋史料筆記叢刊)
ISBN 978-7-101-13443-8

Ⅰ.新… Ⅱ.①馬…②陳… Ⅲ.筆記-中國-北宋
Ⅳ.Z429.441

中國版本圖書館 CIP 數據核字(2018)第 214909 號

責任編輯: 胡 珂

唐宋史料筆記叢刊

新輯實賓録

(全二册)

〔宋〕馬永易 撰

陳鴻圖 輯校

*

中 華 書 局 出 版 發 行

(北京市豐臺區太平橋西里 38 號 100073)

http://www.zhbc.com.cn

E-mail:zhbc@zhbc.com.cn

北京瑞古冠中印刷廠印刷

*

850×1168 毫米 1/32 · 22 印張 · 4 插頁 · 435 千字

2018 年 10 月北京第 1 版 2021 年 5 月北京第 2 次印刷

印數:3001-4500 册 定價:65.00 元

ISBN 978-7-101-13443-8

整理説明

實賓録，亦稱異號録，宋馬永易撰。馬永易〔一〕，字明叟，約宋徽宗時維揚高郵人〔二〕。其人生平事跡記載無多，僅知曾官池州石埭縣尉，著有唐職林、元和朋黨録、壽春雜誌等書。

是書之流傳，晁公武郡齋讀書志類書類稱異號録二十卷，陳振孫直齋書録解題類書類作實賓録三十卷，後集三十卷，宋史藝文志類事類又分異號録、實賓録各三十卷。據宋人晁公武郡齋讀書志著録：「頃嘗見近世人增廣其書，名實賓録，亦殊該博。」由此來看，馬永易初成是書原題作異號録，經蜀人句龍材校正，文彪增廣之後，乃以實賓録一名統之。至於本書的分合，陳振孫直齋書録解題稱實賓録由「本書三十卷，後集三十卷」組合而成，四庫館臣更明確指出「本書三十卷」乃馬永易異號録原書，「後集」部分則屬於文彪新續。然晁公武郡齋讀書志所録異號録初編僅得二十卷，明人所寓目異號録亦無三十卷本，令人懷疑「本書」是否仍保留馬永易初編之舊。異號録一書在成書後已有人校正和增廣原書，增廣者既然補充了大量内容，在卷帙上似乎也有重新調整篇卷的需要，惟原書今已不存，其「本書三十卷」是否同樣經後人編改而成，仍有待進一步考究。

異號録和實賓録兩書作於何時，今已無法確考，只能從諸書著録中推斷。最早著録兩書的是晁公武郡齋讀書志，據學者考證，晁書初成於南宋高宗紹興二十一年（一一五一），終成於南宋孝宗淳熙七年至十四年（一一八〇——一一八七）〔三〕；從引用本書時代較早的文獻來看，成書於紹興二十四年（一一五四）陳葆光的三洞群仙録已稱引實賓録，則可以確定兩書之成書年代下限當不晚於南宋高宗時期。現存舊本佚文尚有一些避諱字，但全都避北宋諱，而不及於南宋，馬永易本爲北宋徽宗時人，如果這些諱字都屬於原書之孑遺，則異號録成書時代或可上推至北宋。

異號録和實賓録兩書均著録於宋代郡齋讀書志和直齋書録解題中，説明兩書在宋代流傳甚廣。至明代仍可見異號録與實賓録之踪迹，明人陳士元名疑考證歷代人名時檢索過二書，永樂大典、説郛等書亦據之抄録。大抵明代書録中凡稱引異號録者，如國史經籍志名號類異號録二十卷、陳第世善堂藏書目録史類類編異號録二十卷等，其合於郡齋讀書志卷數者，當屬於馬永易之初編本。至於稱作實賓録者，如文淵閣書目卷二實賓録一部十册，實賓録一部一册；晁氏寶文堂書目類書實賓録等，大多不標出卷數，疑即增廣之本。

異號録和實賓録於入清後已罕見諸書摘録，蓋其時兩書已佚，清代開四庫館時才從永樂大典中輯録。有學者曾宣稱：「上海某圖書館仍藏有實賓録之完本。」〔四〕筆者後檢得上海辭書出版社圖書館藏有一部清鈔二十卷本皇朝新刊實賓録，書前附有馬永易和文彪序文，經目驗比對現存實賓録佚文，知其爲僞冒之作。此帙自稱鈔自宋槧，内文卻剿襲自王應麟困學紀聞一書，顯非馬永易等人所編。殆入清後異號録和實賓録兩書皆亡，書估乃從宋代諸書目録僞作「宋本」，其意在魚目混珠，哄抬書價而已。〔五〕

今本由四庫館臣自永樂大典輯出，分十四卷，合共收録八百多條佚文。舊本雖有輯佚之功，但失誤也不少，大體而言，四庫本主要問題在以下四方面：

一、輯録不全。四庫館臣主要依據大典輯録，同時比對浙江范氏天一閣藏本以及陶宗儀説郛本。天一閣藏本疑即明正德年間蘇臺雲翁鈔録之别本實賓録，原書題稱「别本」，實際上全書「從説郛鈔出，一字不殊」，不具備輯録之價值。至於館臣採用陶珽重編一百二十卷本説郛，因非陶宗儀原本之舊，只得寥寥數條而未加採用，以致漏輯大量佚文〔六〕。本書核對張宗祥涵芬樓一百卷本，所得佚文比陶本多出二百多條，可補舊本之闕漏。

二、分合不當。本書原帙早已湮没，因無原書可據，館臣初輯時大體依照名號内涵分列卷數，如卷一將相類、卷三氏族類、卷八動物類、卷九神仙鬼怪類、卷十一先生類等，不一而足，但在具體操作上並没有嚴格遵循所定體例，以致分類和編次多有不合理之處。舉例而言，原卷七「睡王」、卷九「行徹方相」本屬將相類，卻未能併入卷一相關類别；卷八「黄靡漢」以「漢」字爲類，本應與卷一〇「短智漢」、卷一四「田舍漢」等合成一類，卻分散不同卷目，令各名號之間的關係無法呈現。

三、未能保留原書附注。實賓録原本在每條下注明鈔録文獻之出處，如「土山頭果毅」出談賓録、「劉鑰匙」出玉堂閒話、「下水船」出摭言、「足穀翁」出北夢瑣言、「費鐵嘴」出十國紀年等，這些小注本來可以作文獻追本溯源之用，但絶大部分的注文在收入輯本時被館臣删除，以致失卻原書之面貌，殊爲可惜。

四、疏於校勘考證。本書初成不久即經後人增廣，至明代輾轉收入大典時又迭經删改，錯漏在所難免。館臣校輯時已據他書改正部分文字訛誤，惟校勘不盡精善，仍存在大量訛奪脱漏。如卷一「何需郎中」，「唐進士何需亮自外州至」一句，「何需亮」，唐國史補卷中、唐語林卷六補遺並作「何儒亮」，蓋涉下文「何需」而誤，當據改。卷八「獮猴面」，「後魏宋遊道剛直使氣」，據大典卷七七五六引實賓録「氣」字後原闕「黨俠」二字。卷一一「王先生」，「受其道王先生集」一句，據大典卷八五七〇引，「道」後原脱「曰」字，且四庫本「集」

字，與前文不合，杜淹文中子世家作「業」，可據改。如此類訛誤頗多，今取大典、説郛等文獻互校，訂正輯本之誤。

本書校輯體例已詳輯校凡例，兹不贅述，此下就校輯中的編次體例稍作説明。本書原本的體例現已不復見，舊本大體上依名號内涵分卷，再按字類分排次序，雖反映當時的編纂觀念，但相同或相近的名號匯成一類，自然能够呈現出各名號之間的緊密聯繫，此爲其優點。若按各條人物朝代及生卒年爲次，雖便於檢索每一時代的名號類别，但相同類别而時代不同的名號無法組成一類，内容必然顯得支離破碎。本書經斟酌再三，最後仍採用舊本以類相從的方法，但爲避免舊本去取不嚴，分類不當的弊病，新本對分類標準有更嚴格的區分。整體而言，本書仍按照舊本分作十四卷，各卷先從名號内容分類，再按照「字」類排序，只要確定各個名號所屬内涵，不論是舊本原有條目或新輯佚文，都依照原題名號類别置於相關類目後，並根據標題字類排序。若類别不同，而標題字類相近者，仍儘量歸於有關字類下，使體例儘量歸於一致。舉例而言，以「相」或「宰相」命名的條目，因其内容相同或相近組合成一類，以「先生」爲類的因其内容和「字」類相同而編成一組。遇到一些涉及兩個類别以上的名號則給予變通，如「三相張家」與卷一「相」類有關，但「家」類在舊輯本自成一類，故仍分入卷三。舊輯本各名號編次雜亂無緒，本輯將按同一類别重加整理，並以同名號標題字數多寡來排列次序，若屬同類但原卷之内無相近條目則置於該卷末，以清眉目。

本書初成時蓋以收集異名爲主，故命名異號録，後來改稱實賓録，蓋語出莊子逍遥遊「名者，實之賓也。」在古代社會中，名字是大有講究的。禮記檀弓云「幼名，冠字」，「幼名」是指初生時父輩給予「名」，到二十歲舉行冠禮之後取字則稱「冠字」。一個人有了「字」代表他已成年，再不能隨便用名來稱呼，故孔穎達説：「人年二十，有爲人父之道，朋友等類不可復呼其名，故冠而加字。」儀禮疏又謂：「君父之前稱名，至於他人稱字也，是敬定名也。」即在尊者面前要稱名，但在他人面前則以字稱。所以，平輩之間一般只以字稱而不呼名，長輩爲了以示器重，也可稱晚輩的字。反過來説，晚輩對長輩要改以字稱，避免直呼其名，否則會視爲冒犯尊長，從這方面來看，稱字比稱名有更尊的地位。相對於傳統敬名稱字的嚴謹制度，別號靈活自由，無行輩禮教之束縛，尤受到士人的喜愛。別號一般用來自稱，與名、字没有關係，由於是在名字以外的一種別稱，因此常稱作「別號」。至於別號以外又有渾號一類，屬旁人依照各人物的特點對他人稱呼的名號，與由個人制定的別號在性質上有所不同。

「號」的起源很早，章學誠文史通義繁稱認爲：「號之原起，不始於宋也。春秋、戰國，蓋已兆其端矣。」但真正興盛的時代卻是在宋代。宋代倡導文治，文人之間喜號成風，明代楊慎升庵全集已指出：「别號之稱，唐人猶未數數然，至宋則人人有之，或人兼數號」。起號不但成爲當時社會的風尚，更是文人雅士之間争奇炫博的手段，如宋人譚友聞自號録序所云：「近代騷人墨客，摘號取奇，行輩相望，非曳仕塗之裾，駕學海之航者，誰得而知之。」除了因逞奇尚博以致名號曲折隱晦外，因年代久遠，名號難以確指，也是後人不知命名的原由，在這種情况下，一些記録名號的著作應運而生。宋代類書中葉廷珪海録碎事、祝穆事文類聚、王應麟小學紺珠等已注意蒐集一些歷代名號，供時人查檢之用，後來更出現如宋代徐光溥自號録專門收集當代公卿騷人之號，編成專書。而實賓録一書較諸前作，不僅取録名號範圍廣泛，而且涵蓋内容更豐富，堪稱宋代名號集大成之作。

從新輯本所見，是書舉凡古今殊異名號，都一一收集，並不以别號爲限。按名號之類型，有以外貌爲號，如五代鄧駞子，爲文典麗，而外貌醜陋背傴，時人謂之「鄧駞子」；有以學識爲號，如梁代劉諒有才文，尤熟悉晉代故事，時人號曰「皮裏晉書」；有以品德爲號，如唐陸扆與宗人希聲、威，文才重德，名冠一時，朝中乃號「三陸」；有以勇武爲號，如南唐陳誨足勁能履，爲人勇敢，累有戰功，因小字阿鐵，故軍中呼爲「陳鐵」。按名號之性質而言，有他人命名的渾號，如上述列舉的皆屬此類，有自稱之别號，如以前代名士爲自號者，有唐田游巖隱於箕山，居在許由祠旁，自號「許由東隣」；以記其喜好爲自號者，如白居易放意文酒，自號醉吟先生；以所處居所自號，如唐王績居東皋，每著書自號「東皋子」等。按名號之字數，有少至一字，如唐祝欽明號「媪」，大多爲四字，如漢安丘望之號「安丘丈人」，亦有多至六字以上，如唐袁輝號「王門下彈琴博士」等。按時代而言，本書涵蓋先秦至唐五代各類名號，由天子以至庶人，神仙以至鬼怪等人物名號，幾乎無所不包，其中尤注重收集異名同號，使人不會混而爲一，如以「五經笥」爲號者有後漢邊韶和梁代任昉；以「没字碑」爲稱者，有唐趙崇和五代後唐崔協。

本書收羅雖廣，然所收諸如「六代」、「虎口」、「古人家」等均與人名無關，不免自亂其例，四庫館臣譏其「一概濫收，殊失别擇」，誠乃的言。蓋原書初成只有二十卷，經後人大幅增補至六十卷之多，難免貪多務得，去取不嚴，恐不得完全歸責於馬永易。從引用資料來看，是書廣引博徵，自史籍、類書、實録、文集，旁及筆記等文獻，保存大量宋代及以前的豐富文獻，當中如僖宗實録、九國志、荊湘近事、啓顔録等書今多已佚亡，不但可資輯佚古籍之用，還可以從側面角度了解宋人名號文獻來源的特色。

本書内容廣泛，要對此進行全面整理，需要各方面的專業知識，限於學識，疏誤之處在所難免，尚祈廣大讀者不吝指正。在輯校過程中，承復旦大學陳尚君教授予以指導，中華書局編輯魯明先生和胡珂先生熱心幫助，在此謹一併致謝。

陳鴻圖　誌於香港小瀝源

二〇一六年十二月二十五日

注釋

〔一〕「馬永易」，晁公武郡齋讀書志卷一四引同，陳振孫直齋書録解題卷五作「馬永錫」、卷一四作「馬永易」。文獻通考卷一九六引陳録作「永易」，阮廷焯馬永易元和録輯一文據此以「永易」爲正，惟文獻通考卷二〇二引陳録亦作「永錫」，則宋時已二名兼用，今亦姑從諸書作「馬永易」。

〔二〕見陳振孫直齋書録解題卷五、卷一四。又維揚即揚州，南宋時高郵隸其下。

〔三〕見孫猛郡齋讀書志校證前言。

〔四〕方健久佚海外永樂大典中的宋代文獻考釋，載暨南史學二〇〇五年第三輯。

〔五〕案：據皇朝新刊實賓録夾附簽條中有「用吴興蔣氏藏書」和「蔣箱號 49」等注記，知此書曾爲清末民初湖州四大藏書樓之一密韻樓所藏。密韻樓爲浙江南潯蔣汝藻的藏書樓，其藏書豐富，尤以宋元善本爲多，後來因經商失敗，遂將藏書售出，部分藏品爲商務印書館、北平圖書館和中華書局等購得。今觀此書鈐有「中華書局圖書館珍藏」印鑑，推斷或屬當時該局購置之蔣氏藏本。中華書局所藏典籍於一九五八年悉歸辭海編輯部，後改稱上海辭書出版社，故本書一直藏於該社。王國維曾爲蔣汝藻編纂密韻樓藏書志（後改稱傳書堂藏書志），一九二一年致書蔣氏之子穀孫時曾提及此書，謂：「初訝其内容不類，比細觀之，乃影鈔元刊困學紀聞而易其首尾，誠可異也。」此書所附簽條亦提到以困學紀聞僞之，未審是否出自王氏之手，然此書既經王國維披覽，則爲蔣氏舊藏無疑。

〔六〕説郛一書迭經流傳，版本衆多，館臣所據蓋爲重編本，昌彼得説郛研究嘗指出：「考今傳之重編説郛各本，無論有順治李、王二序與否，皆非原編。」是重編本已非陶宗儀之舊，絶不可以爲據。

輯校凡例

一、賓賓録原書面貌早已不可見，清修四庫全書據永樂大典所録遺文，重新輯録，本文稱作舊本，本書之新輯本則稱作新本。

二、本書之校輯主要據文淵閣四庫全書（簡稱四庫）輯本、説郛（涵芬樓本簡稱涵本説郛、宛委山堂本簡稱宛本説郛、香港大學馮平山圖書館所藏沈瀚鈔本簡稱沈本説郛）、永樂大典（簡稱大典）殘本以及其他相關文獻。

三、凡輯自舊本之條目，不另外注明出處；舊本以外新增佚文二百多條，主要依據説郛、大典以及其他文獻補録，各條皆標注文獻來源。舊本按己意增補以及疑文條目，今一律移置於舊本賓賓録疑文辨證一節。

四、舊本原分十四卷，本書在參酌舊輯本之分類下，仍編作十四卷。凡能確定名號所屬内涵，不論舊本條目或新輯佚文，皆依原題名號類别分入相關類目後，並根據標題字類排序，若類别不同，而標題字類相近者，仍儘量歸入有關字類下，使體例儘量歸於一致。

五、凡同一類别，以同名號標題字數多寡排列次序，如屬同類但原卷内無相近條目則置於該卷末。

六、凡各本有誤，一般以各本及相關史源文獻校正，並出校語。他本及他書有誤者，不出校記。實賓録蓋自他書抄撮而成，而説郛及大典等文獻於轉引原書時亦多有删削，以致文字出入甚大，難以完全對應。由於没有全本可據，本書對校時，凡見諸他書較有參考價值之異文，一般出校。凡文字小異，於文義無甚參考價值者，不出校記。

七、説郛引録本書條目有大量删削，部分則只存梗概，今原書不存，未敢據他書妄補，凡有注出處者，一般於注釋中迻録所見原文，以資參考。

八、凡爲原書引用文獻或考訂之誤，除非特别説明，一般不改動原文，而於校記中説明。

九、大典、説郛於所引實賓録各條小注均注明文獻來源，當屬原書之孑遺，四庫本收入時全部删除，今一律輯入，採用小字以示區别。

十、實賓録各條正文下附有注文，以「注云」或「原注」標注，有時則逕以「夾注」顯示。「注云」多屬原書鈔録相關文獻時所附帶之注釋，而「原注」、「夾注」則疑爲作者别採他書所增入。今仍依舊本體例，「注云」以大字號標示，「原注」、「夾注」則以小字號處理。

十一、舊輯本正文原有四庫館臣以夾注形式所加按語，今一併參酌四庫全書考證（簡稱四庫考證)所附考訂文字，凡所徵引均注明所出，至於校記内凡未注明之按語，則爲本書整理者所加。

十二、本書所涉諱改文字，凡屬宋或以前諱字，除缺筆者外，一律不作回改，並出校記説明。至於明、清避本朝諱改動者，除個別情況外，均予徑改，不出校。

十三、爲便於讀者，書中個别古今字、通假字、異體字、俗體字等一律徑改不出校。

目録

實賓録卷一

實賓録卷二……六三

實賓録卷三

實賓録卷四……一三九

實賓録卷五 …… 一六一

實賓録卷六……一八七

實賓録卷七

實賓録卷八

實賓録卷九

實賓録卷十……三一七

實賓録卷十一……三七一

實賓録卷十三……四二二

實賓録卷十四……四七九

實賓録卷一

1 木皇

太昊位居東方，以含養造化〔一〕，叶于木德〔二〕，號曰「木皇」。

2 太平天子 二則

唐王遠知得道於陶隱居。高祖之龍潛也，遠知嘗密傳符命。太宗平王世充，與房玄齡微服以謁之，遠知迎謂曰：「此中有聖人，得非秦王乎？」太宗因以實告，遠知曰：「方作太平天子，願自惜也。」

唐明皇爲皇孫時，嘗於朝堂叱武攸暨曰：「朝堂，我家朝堂〔三〕，汝安得恣蜂蠆而狼顧耶！」則天聞而驚異之曰：「此兒器概，當爲吾家太平天子。」

3 白版天子

東晉渡江初，失傳國璽，故北方人謂晉爲「白版天子」。

4 無愁天子

北齊幼主高恒失道，每災異寇盜〔四〕，不自貶損，唯諸處設齋，以此爲修德。初，瑯琊王舉兵，人告者誤云庫狄伏連反〔五〕，帝曰：「此必仁威也。」又斛律光死後，諸武官舉高思好堪大將軍，帝曰：「思好喜反。」皆如所言。遂自以策無遺算，乃益驕恣〔六〕。盛爲無愁之曲，自彈胡琵琶而唱之，侍和之者以百數。人間謂之「無愁天子」。

5 和事天子

唐中宗景龍二年，詔突厥娑葛爲金河郡王，而其部闕啜忠節賂宗楚客等罷之。娑葛怨，將兵患邊。監察御史崔琬廷奏：「楚客與紀處訥專威福，有無君心，納境外交，爲國取怨；楚客弟晉卿專徇贓私，驕恣跋扈。並請收付獄，三司推鞫。」故事，大臣爲御史對仗彈劾，必趨出，立朝堂待罪。楚客乃厲色大言：「性忠鯁，爲琬誣詆。」中宗不能窮也，詔琬與楚客、處訥約爲兄弟兩解之，故世謂帝爲「和事天子」。

6 明主

魏朱靈爲袁紹將。太祖之征陶謙，紹使靈督三營助太祖，戰有功。紹遣諸將各罷歸，靈曰：「吾觀人多矣，無若曹公者〔七〕，此乃真明主也。今已遇，復何之？」遂留不去。

7 撥亂主

唐竇抗，太穆皇后之姪也。初煬帝遣抗出靈武，巡護長城，聞高祖已定京師，喜曰：「此吾家婿，豁達有大度，真撥亂主也。」

8 銅馬帝

漢光武與銅馬賊大戰於蒲陽，悉破降之，故關西號光武爲「銅馬帝」。

9 賢王

後漢沛獻王輔，光武子也。矜嚴有法度，在國謹節，始終如一，稱爲「賢王」。

10 佞王

後魏宗室元順，性謇諤，淡於營利〔八〕。爲侍中，嘗鯁言正議。俄爲城陽王徽所間，出爲太常卿。後爲吏部尚書兼右僕射，與城陽王徽同日拜職。舍人鄭儼於止車門外先謁徽，後拜順。順怒曰：「卿是佞人，當拜佞王。我是直人，不受曲拜。」儼深媿謝〔九〕。

11 睡王

五代契丹主述律年少好遊戲畋獵〔一〇〕，不親國事，每夜酣飲，達旦乃寐，日中方起，國人謂之「睡王」。

12 三王五則

漢文三王叙傳云：「孝文三王，代孝二梁。」謂代孝王參、梁孝王武、梁懷王揖。

漢淮南厲王，高帝少子也，以罪失國。後文帝以厲王三子，分王淮南故地。安爲淮南王，賜爲衡山王，勃爲濟北王。吴王濞遺諸侯書曰：「淮南三王怨入骨髓，欲壹有所出久矣。」又鄒陽上吴王書云「淮南三王之心思墳墓」。

漢武帝同日封皇子閎爲齊王、旦爲燕王、胥爲廣陵王。史記列爲三王世家云。

後漢馮異既平朱鮪，諸將勸光武即帝位，光武召異〔一一〕，問四方動靜。異曰：「三王反畔，更始敗亡，天下無主，宗廟之憂，在於大王。宜從衆議，上爲社稷，下爲百姓。」注云：「三王謂張卬爲淮陽王、廖湛爲穰王、胡商爲隨王〔一二〕。更始欲殺三王，遂勒兵掠東西市，入戰宮中，更始大敗。」

後魏宗室濟南王彧少有才學，與從兄安豐王延明、中山王熙並以宗室博古文學齊名，時人莫能定其優劣。尚書郎范陽盧道將謂吏部郎清河崔休曰：「三人才學雖並優美，然安豐少於造次，中山皂白太多，未若濟南風流寬雅。」時人爲之語曰：「三王荆楚琳瑯，未若濟南備員方。」彧姿制閑雅〔一三〕，吐發流靡。琅琊王誦有名人也，見之未嘗不心醉忘疲。

13 五王二則

晉大安之際，童謡曰：「五馬泛渡江，一馬化爲龍。」及王室淪覆，元帝與西陽、汝南、南頓、彭城五王獲濟，而帝竟登天位焉〔一四〕。

齊竟陵王蕭子良狀云：「大春屈己於五王，君大降節於憲后。」注云：「後漢井丹，字大春。建武末，沛王輔等五王居北宮，皆好賓客，更遣請丹，不能致。信陽侯陰就〔一五〕，光烈皇后弟也，以外戚貴盛，詭説五王〔一六〕，求錢千萬，約能致丹，别使人要劫之。丹不得已，既至，就故爲設麥飯葱菜之食。丹推去之，曰：『君侯能供甘旨，故來相遇，何其薄乎！』更致盛饌，乃食。君大，荀恁字。憲后，東平憲王蒼也。」

14 八王

晉汝南王亮、楚王瑋、趙王倫、齊王冏、長沙王乂〔一七〕、成都王穎、河間王顒、東海王越。自惠帝失政，骨肉諸王乃搆釁，詩所謂「誰生厲階，至今爲梗」，其八王之謂矣。向使八王之中，一藩翳賴，如梁王之禦大敵、朱虚之除大憝，則外寇焉敢憑陵，内難奚由竊發。

15 洛生王

後周宗室莒莊公洛生，少任俠，好施愛士。北州賢俊皆與之游，而才能多出其下。及葛榮破鮮于修禮，以洛生爲漁陽王，時人皆呼爲「洛生王」。

16 小鄭王

唐鄭惠王元懿，高祖子。既薨，長子璥嗣。璥子察言，生二子，曰自仙、翽。自仙生夷簡，翺生宗閔。璥弟琳生擇言，擇言生勉。勉〔一八〕、宗閔、夷簡位宰相，時稱小鄭王後，亦曰鄭惠王後，以别太祖子鄭王亮云。

17 西王東王

魯昭公二十三年，南宫極震。萇弘曰：「周之亡也，其三川震。今西王之大臣亦震，天棄之矣。東王必大克。」注云：「子朝在王城，故謂西王。敬王居狄泉，在王城之東，故曰東王。」

18 夥涉爲王

漢陳勝字夥涉〔一九〕，少時常與人傭耕，輟耕之隴上，悵然甚久，曰：「苟富貴，無相忘。」傭者笑之。後勝爲王，傭耕者聞之，乃之陳，叩宫門，門吏令不肯通〔二〇〕。勝出，遮道而呼涉。乃召見，載與歸。入宫，見殿屋帷帳，客曰：「夥〔二一〕，涉之爲王沈沈者。」楚人謂多爲夥，故天下傳之，夥涉爲王。注云〔二二〕：「夥，音禍。沈沈，宫室深邃之貌。沈，長含反。」

19 三王五侯

晉陸機漢功臣留侯頌曰：「運籌固陵，定策東襲。三王從風，五侯允集。霸楚實喪〔二三〕，皇漢凱入。」注云：「高祖追項羽，戰不利，壁固陵，諸侯不至。良説高祖率韓信、彭越、黥布三王會垓下。羽既死，王翳〔二四〕、楊喜、吕馬童、吕勝、楊武等五人，各得其一體，帝封五人爲列侯。五侯允集也。」李善謂「五侯」：「漢劫五諸侯兵東伐楚〔二五〕。」

20 五王一侯

唐張説爲大衍曆序曰：「今上欽崇天道，慎徽月令。詔沙門一行，上本軒、頊、夏、商、周、魯五王一侯之遺式〔二六〕，下集太初至于麟德二十三家之衆議，比其同異，課其疏密。或前疑而後定，始會而終乖。振古未探之象，必發揮于神算。大鈞不測之氣，盡縷陳于天聽〔二七〕。」

21 神宰

唐張楚金，道源族孫也，與兄越石皆舉進士。州欲獨薦楚金，固辭，請俱罷。都督李勷嘆曰：「士求才行者也。既能讓，何嫌皆取乎？」乃並薦之。歷虞鄉令，略無留事，號爲「神宰」。

22 名宰

唐杜黄裳贊曰：「子貢孔堂高弟而貨殖，韓安國漢名宰而恣貪，黄裳亦以受餉見疵，至於忠烈𡾰然，則不可掩已。」又云：「蕭昕始薦張鎬、來瑱，在禮部擢杜黄裳、高郢、裴垍。其後鎬興布衣〔二八〕，不數年位將相，瑱爲將有威名，黄裳等相繼輔政，並爲名宰云。」

23 睡相

僞蜀徐光溥事孟昶，至中書侍郎平章事。昶好度僧，而光溥以爲無益，遇事便發，毋昭裔、李昊嫉之。後有議論，但熟睡而已，時號「睡相」。

24 癡宰相

楊再思也。唐本傳〔二九〕

本條涵本説郛卷三引，據輯。

25 盲宰相

闒播也。唐本傳〔三〇〕

本條涵本説郛卷三引，據輯。

26 伴食宰相

盧懷慎也。唐本傳〔三一〕

本條涵本説郛卷三引，據輯。

27 麻膏相公

唐崔徹〔三二〕，字垂休，宰相慎由子也。喜陰計，附離權强，其外自處若簡重，而中險譎可畏。五拜相，權傾天下，人改呼油爲麻膏，以避其父諱，而天下之人號徹爲「麻膏相公」。唐本傳〔三三〕

28 三九相公

鄭畋年十九赴舉，凡十九年登第，又十九年入相，時號「三九相公」。

29 白沙相公

李愚所居暴雨，一庭俱爲白沙。及薨，得地於白沙里〔三四〕，時號「白沙相公」。

30 曲子相公

五代晉和凝，少年時好爲曲子詞，布於汴洛。洎入相，專托人收拾焚毁不暇。然相國厚重有德，終爲豔詞玷之。契丹入夷門，號爲「曲子相公」。五代本傳〔三五〕

31 行轍方相〔三六〕

唐納言婁師德長大而黑，一足蹇，郎中張元一目爲「行轍方相」。又號「衛靈公」，言防靈柩方相也〔三七〕。僉載〔三八〕

32 小村方相

唐魏光乘目御史張孝嵩爲「小村方相」〔三九〕。僉載〔四〇〕

本條涵本説郛卷三引，據輯。

33 摸稜首〔四一〕

唐蘇味道爲相恃名位，嘗謂人曰：「摸稜持多端可也〔四二〕。」，故世號爲「摸稜首」〔四三〕。

舊傳

本條涵本説郛卷三引，據輯。

34 學士

唐貝州清陽人宋廷芳五女若華〔四四〕、若昭、若倫、若憲，若荀，皆警慧善屬文。貞元中，德宗召入禁中試文，帝大咨美，悉留之宫中。高其風標，不以妾侍命之〔四五〕，呼學士〔四六〕。

本傳

本條涵本説郛卷三引，據輯。

35 八學士

唐陳子昂爲昭夷子趙氏碣云：「昭夷，諱元。本居河間，世爲大儒。至祖掞，尤博雅明道，隋徵八學士，與同郡劉焯俱至京師，補黎陽郡長。」

36 女學士

陳後主以宮人有文學者袁大捨等爲女學士。 張貴妃傳

本條涵本說郛卷三引，據輯。

37 十八學士

唐太宗武德四年爲天策上將軍，寇亂稍平，乃鄉儒，宮城西作文學館，收聘賢才，於是下教，以杜如晦、房喬、于志寧、蘇世長、薛收、褚亮、姚思廉、陸德明、孔穎達、李玄道、李守素、虞世南、蔡允恭、顏相時、許敬宗、薛元敬、蓋文達、蘇勉（四七），並以本官爲學士。收卒，復以劉孝孫補之。凡分三番遞宿於閣下，悉給珍膳。每暇日，訪以政事，討論墳籍，榷略前載，無常禮之間。命閻立本圖象，褚亮爲之贊，題名字爵里，號「十八學士」，藏之書府，以彰禮賢之重。方是時，在選中者，天下所慕向，謂之「登瀛洲」云。

38 青錢學士

唐張鷟八以制舉中甲科，四參選，判策爲銓府最。考功員外郎騫味道稱「鷟文詞猶青

銅錢，萬選而萬中」〔四八〕，時號爲「青錢學士」。

39 八磚學士

唐翰林學士李程也。　本傳〔四九〕

本條涵本説郛卷三引，據輯。

40 斗酒學士

唐待詔門下省王績也。　本傳〔五〇〕

本條涵本説郛卷三引，據輯。

41 石祭酒

唐劉士珂赴選〔五一〕，東入徽安門〔五二〕。日晚，店家皆滿，有一店甚静，一人倚劍立門，覩士珂，因留宿。既入，少選傳云：「祭酒屈郎君食。」引士珂擁爐飲酒，入夜共被，即婦人也。囑士珂不可語他人。後訊其所由，功臣李抱玉主課之青衣石祭酒也。因亂時，抱玉挾名奏授國子祭酒。　乾臊子本條涵本説郛卷三引，據輯。

42 輕薄祭酒

齊孔廣，字淹源，以才學知名。美容止，善吐納〔五三〕，王儉、張緒咸美之。儉常云：「廣來使人廢簿領，匠不須來〔五四〕，來則莫聽去。」緒時爲國子祭酒，數巾車詣之，每嘆曰：「孔廣使吾成輕薄祭酒。」

43 軟餅中丞

僞蜀韋嘏，唐相貽範之子。仕孟昶時，歷御史中丞，性多依違，時號「軟餅中丞」。

檮杌〔五五〕

44 李御史

北齊李行之爲齊郡太守，帶青州長史。任城王敬憚之，州人號曰「李御史」。

45 **縮葱御史**

唐侯思止懶不治事，遷左臺御史。嘗命作籠餅，謂膳者曰：「與我縮葱作之」，故時號「縮葱御史」〔五六〕。　本傳〔五七〕

46 **呈身御史**

唐韋澳，貫之子也，方静寡慾。御史中丞高元裕與其兄温善，欲薦用之，諷澳謁己。温歸以告，澳不答。温曰：「元裕端士，若輕之耶？」澳曰：「然恐無呈身御史。」

47 **驄馬御史**

後漢侍御史桓典也。　本傳〔五八〕

本條涵本説郛卷三引，據輯。

48 **白兔御史**

唐王洪義也〔五九〕。　本傳〔六〇〕

本條涵本説郛卷三引，據輯。

49 金牛御史

周攝侍御史嚴昇期嗜牛肉〔六一〕，凡到處，金銀爲之湧貴，江南人號「金牛御史」。 本傳〔六二〕

本條涵本説郛卷三引，據輯。

50 四其御史

唐郭霸也〔六三〕。 本傳〔六四〕

本條涵本説郛卷三引，據輯。

51 侏儒郎中〔六五〕

唐鄧玄挺辯捷。時兵部侍郎韋慎形容極短，時人弄爲侏儒。玄挺初得員外已後，郎中員外俱來看。韋慎曰：「慎以庸鄙，濫任郎官。公以高才，更作緑袍員外。」鄧即報云：「緑袍員外，何由及侏儒郎中。」衆皆大笑。 啓顔録〔六六〕

52 **何需郎中**

唐進士何儒亮自外州至〔六七〕，訪其從叔。誤造郎中趙需宅，自云同房。會冬至，需欲家宴，謂儒亮云：「既是同房，便令入宴，姑娣妹妻子盡在焉。」儒亮饌畢，徐出，乃細察之，何氏之子也。需大笑，儒亮歲餘不敢出，京城時號趙爲「何需郎中」。

53 **侍芝郎**

吴工人黄耈也。　本傳〔六八〕

本條涵本説郛卷三引，據輯。

54 **伏獵侍郎**

户部侍郎蕭炅也。　挺之本傳〔六九〕

本條涵本説郛卷三引，據輯。

55 青衫外郎

太牢乃元和中青衫外郎爾，穆宗世因承和薦，不二三年位兼將相。原注：「牛羊日曆謂『牛僧孺云』。」

56 博士

宋婦人吴郡韓蘭英有文辭，宋孝武時持獻中興賦，賁入宫〔七〇〕。明帝用爲宫中職僚，及武帝以爲博士。武穆裴后傳

本條涵本説郛卷三引，據輯。

57 算博士

唐楊煬也。朝野僉載〔七一〕

本條涵本説郛卷三引，據輯。

58 判詩博士

五代王仁裕少不知書，因夢吞五色小石無數，遂有文章敏速甚異於人。與賓酬和，不

問多少韻數，立命筆和，送題云「走筆猶自矜」，謂人曰：「某官詩輒已批回。」漢丞相兵部尚書李濤素滑稽，戲目之爲「判詩博士」。因話録〔七二〕

59 瘦羊博士

後漢博士甄宇也〔七三〕。本傳〔七四〕

本條涵本説郛卷三引，據輯。

60 王門下彈琴博士

唐左拾遺魏光乘目袁輝爲「王門下彈琴博士」。

61 白馬從事

後漢淳于臨等聚數千人，屯灊山。揚州牧歐陽歙遣兵不能克，帝議欲討之。廬江人陳衆爲從事，白歙請得諭降臨，於是乘單車，駕白馬，往説降之。灊山人共生爲立祠，號「白馬從事」〔七五〕。

62 議曹從事〔七六〕

齊東陽女子婁逞變服詐爲丈夫，徧遊公卿，仕至楊州議曹從事。事發，明帝驅令還東陽。崔惠景傳

本條涵本説郛卷三引，據輯。

63 紫袍主事〔七七〕

唐韋見素〔七八〕、張倚也。舊傳〔七九〕

本條涵本説郛卷三引，據輯。

64 南廊承旨

五代江南林仁肇，建陽人，兄仁翰爲福州王延羲内兒，謂之「南廊承旨」。

65 軺車督郵

漢許慶，字子伯。家貧，爲督郵，乘牛車，鄉里號爲「軺車督郵」。

66 花鳥使

唐呂向爲集賢校理時，玄宗歲遣使采擇天下姝好，内之後宮，號「花鳥使」。向因奏美人賦以諷〔八〇〕，帝善之。　本傳〔八一〕

67 飛鳥使

唐吐蕃攻陷麟州，虜將徐舍人，飛鳥使至，召其軍還。飛鳥，猶騎也。　本傳

本條涵本説郛卷三引，據輯。

68 黄車使者

漢虞初，武帝時以方士侍郎，乘馬，衣黄衣，號「黄車使者」。爲周説九百四十三篇，其説以周書爲本。

69 可喜進馬〔八二〕

唐李瑒，字思貞，任東宮進馬，美姿儀，治章服孝敬，號爲「可喜進馬」。　本傳〔八三〕

70 髯參軍　短主簿

郄超、王珣也〔八四〕。　超傳〔八五〕

本條涵本説郛卷三引，據輯。

71 蠻府參軍

晉郝隆爲桓公南蠻參軍。三月三日會，作詩，不成者罰酒二升〔八六〕。隆初以不能罰，酒飲畢，攬筆作一句云：「娵隅躍清池」，桓問：「娵隅是何物？」答曰：「蠻名魚爲娵隅。」桓公曰：「作詩何以蠻語？」隆曰：「千里投公，始得蠻府參軍，那得不蠻語？」　世説〔八七〕

72 進士

唐闕圖有一妹甚聰慧，文學書札罔不動人。圖常語同僚曰：「某家有一進士，所恨不櫛爾。」後適醛客之子常修。修略曉文墨，闕氏乃與修讀書十數年〔八八〕，才學遂優，咸通中科舉。　南楚新聞

本條涵本説郛卷三引，據輯。

榮之。

73 著緋進士

唐杜昇，宣猷之子也。自右拾遺賜緋，卻擢進士，復拜拾遺，時號「著緋進士」，朝廷

74 無解進士

唐相令狐綯子滈，招權納賄，不拔解而就試，天下號「無解進士」。

75 進士中進士

吴游恭幼聰悟，爲辭章，士大夫稱之。時選舉，避宰相崔胤家諱，恭以姓犯其嫌名，累年不第。乾寧中，禮部侍郎獨孤損擢爲上第。唐末貢舉多請託，時謂恭及商文圭爲「進士中進士」〔八九〕。

76 不利市秀才〔九〇〕

唐夏侯孜未遇，伶俜風塵，所跨蹇驢無故墜井。及朝士之門，或逆旅舍〔九一〕，常多齟

齬，時人號曰「不利市秀才」。後登將相。　瑣言〔九二〕

77 秦婦吟秀才

五代蜀相韋莊也。〔九三〕

本條涵本說郛卷三引，據輯。

78 五老榜

唐劉象攻律詩，頗苦僻。天復中，年六十餘，與曹松、王希羽、柯崇、鄭希顏同年進士及第。松、希羽年七十餘，崇、希顏年逾耳順，時號「五老榜」。象止于右拾遺，年七十九。

79 武舉榜

五代蜀王先主起自利、閬，親騎軍皆拳勇之士，四百人分爲十團，皆執紫旗。此徒各有曹號，顧敻者將之，亦嘗典郡，多雜談謔，造武舉榜曰「大順二年兵部侍郎李咤」。咤下進士及第三十三人：狀元張大劍、馬癩子第二、魏憨第三、姜癩子第四、張打胸第五、張少劍第六、青蒿羹第七云。

80 國師二則

漢王莽以劉歆爲國師，歆後自殺，更以訢爲國師。莽傳又號國師云〔九四〕。

後魏劉延明，隱居酒泉，教授爲業。蒙遜禮待，月致羊酒。牧犍尊爲國師，親自致拜，命官屬以下皆北面受業。〔九五〕　本傳〔九六〕

81 太尉

唐蕭遘初爲右拾遺，與韋保衡聯第，而遘姿宇秀偉，意氣孤峻，常慕李德裕爲人。保衡才下，諸儒靳薄之，不甚齒，獨呼遘太尉，保衡憾焉。及保衡爲相，摭遘罪，繇起居舍人斥播州司馬。舊傳云：遘志操不群，自比李德裕，同年皆戲呼爲「太尉」。

82 尉佗

漢南粵王趙佗，初爲龍川令。南海尉任囂病且死，召佗語曰：「番禺負山險，阻可爲國。郡中長吏亡足與謀者，故召公告之。」即被佗書，行南海尉事。後號爲「尉佗」。

83 香尉

漢雍仲〔九七〕，進南海香物，拜涪陽尉〔九八〕，時人號曰「香尉」。 述異記

本條涵本説郛卷三引，據輯。

84 小太尉

唐李晟官至太尉，其子愬亦贈太尉。時杜牧題永崇西平王宅太尉愬院詩云：「天下無雙將，關西第一雄。授符黄石老，學劍白猿翁。矯矯雲長勇，恂恂郤縠風。家呼小太尉，國號大涼公。半夜龍驤去，中原虎穴空。隴西兵十萬〔九九〕，嗣子握琱弓。」注：「愬與弟聽皆封涼國公，故曰『大涼公』也。」

85 外軍校尉

唐則天時，左史東方虬身長衫短，骨面麤眉〔一〇〇〕，郎中張元一目爲「外軍校尉」。

86 赤牛中尉

魏兼御史中尉元仲景也，常駕赤牛，時人號爲「赤牛中尉」。　本傳

本條涵本説郛卷三引，據輯。

87 執虎子

魏蘇則爲侍中，舊儀，侍中親省起居，故俗謂之「執虎子」。始則同郡吉茂者〔一〇二〕，是時仕甫歷縣令，遷爲冗散。茂見則，嘲之曰：「仕進不止執虎子。」則笑曰：「我誠不能效汝蹇蹇驅鹿車馳也。」

88 枯松太保

僞蜀王宗裕，建之宗屬，善遁甲。從平東川，諸將争功，宗裕獨立於枯松下，未嘗自伐，人皆服其謙，謂漢有大樹將軍，號宗裕爲「枯松太保」。

89 飛將

唐太原李克用，既平黄巢。楊復光捷布曰：「克用殺賊無非手刃，入陣率以身先，可謂雄才，得名飛將。」

90 賢將二則

唐李晟封西平王，史臣曰：「西平器偉材雄，見義能勇，聽受不疑，忠於事君，長於應變，誠一代之賢將也。」

張孝忠佐李晟赴難，收京師。河北蝗，民饑死如積土。孝忠與其下同粗淡，日膳豆腊而已〔一〇二〕，人服其儉，推爲賢將。

91 健將

晉陶侃初擊杜弢，時周顗爲荆州刺史，先鎮潯水城，賊掠其良口。侃部將朱伺救之，賊退保泠口。侃謂諸將曰：「此賊必更步向武昌，吾宜還城，晝夜三日行可至。卿等誰能忍饑餓鬬邪？」部將吴寄曰：「要欲十日忍饑，晝當擊賊，夜分捕魚，足以相濟。」侃曰：「卿健將也。」賊果增兵來攻，侃使朱伺等逆賊，大破之。

92 神將 二則

唐常衮爲馬璘神道碑曰：「以忠才而親重，有絳侯之遇也；以簡質而倚愛，有吴漢之信也。所謂國之神將，朝之藎臣。」

梁寇彦卿身長八尺，隆凖方面，事太祖皆如旨。太祖甚重之，賜以所乘愛馬「一丈烏」。太祖圍鳳翔，彦卿爲排陣使，乘馬馳突陣前，太祖目之曰：「真神將也！」

93 佳將

吴賀達輕財貴義〔一〇三〕，膽烈過人，有征戰之勞。弟景馭衆嚴而有恩〔一〇四〕，兵器精飾，爲當時冠絶。皆有令名，爲佳將。

94 名將

郝玼爲行原州刺史〔一〇五〕，在邊積三十年，每討賊，不持糗糧，取之於敵。獲虜必刳剔而歸其屍，虜大畏〔一〇六〕，道其名以怖啼兒。贊普常等玼身鑄金象，令於國曰：「得生玼者，以金玭償之。」朝廷畏失名將，徙爲慶州刺史。

95 疾雷將

唐鄭畋爲鳳翔節度使〔一〇七〕，時寇盜充斥，四方多故，畋選鋭卒，號「疾雷將」。

96 三驍將

五代蜀王宗滌爲將，好謀得衆，所向克捷，與王宗賀、宗恪相善，時稱「三驍將」。

97 武原將

齊周山圖年十五六，氣力已絶衆。宋元嘉二十七年，魏軍至瓜步，臺符取健兒，山圖應募，領白衣隊主。軍功加振武將軍〔一〇八〕。魏軍稱其勇，呼爲「武原將」。

98 真將軍

漢文帝命周亞夫爲將軍，屯兵細柳。上自勞軍，至中營，亞夫揖曰：「介冑之士不拜，請以軍禮見。」天子爲動容式車〔一〇九〕，使人稱謝而去。既出軍門，群臣皆驚。文帝曰：「嗟乎，此真將軍矣！」

99 飛將軍

漢李廣才氣，天下無雙。出獵，見草中石，以爲虎而射之，中石矢没，視之石也。拜右北平太守，在郡，匈奴號曰「漢飛將軍」，避之數歲，不入界。

100 潘將軍

後漢楊大眼妻潘氏善騎射，大眼語人曰：「此潘將軍也」。本傳

本條涵本説郛卷三引，據輯。

101 大樹將軍

漢馮異拜偏將軍。從破王郎，封應侯。爲人謙退不伐，行與諸將相逢，輒引車避道。進止皆有表識，軍中號爲整齊。諸將並坐論功，異常獨屏樹下，軍中號曰「大樹將軍」。

102 **厭新將軍**

後漢宗室茂，泗州王歙之從父弟。初，漢兵之起，茂自號「劉失職」。續漢志云：「劉失職聚衆京、密間，稱厭新將軍。」

103 **赤馬將軍**

唐李國昌所乘馬號「胡孫赤」，戎人見之曰：「吾軍見赤馬將軍火生頭上。」

104 **百蟲將軍**

洛水九山有百蟲將軍顯靈碑，碑云：「將軍姓伊氏，諱益，字隤敳〔一〇〕，帝高陽之第二子伯益也。」水經

本條涵本説郛卷三引，據輯。

105 **王烈將軍**〔一一〕

晉末王恭起兵時，王廞丁母憂在家，恭檄令起兵，以女爲「王烈將軍」。王恭傳

本條涵本説郛卷三引，據輯。

106 東中郎將二則

後漢末有四中郎將，皆帥師征伐，董卓爲東中郎將。

蔣濟，字子通，文帝即位，爲東中郎將。

107 良二千石

魏自太祖迄於咸熙，魏郡太守吴瓘、清河太守任燠、京兆太守顔裴、弘農太守令狐邵、濟南相孔乂〔一二〕，或哀矜折獄，或推誠惠愛，或治身清白，或擿姦發伏，咸爲良二千石。

108 薄德二千石

晉許玄度停都一月，劉尹無日不往，乃嘆曰：「卿復少時不去，使我爲薄德二千石〔一三〕。」

109 賢刺史

五代南唐劉仁贍爲黄州刺史，仁贍聰敏，長於吏事，親總簿書，更革蠹弊，人皆稱爲

「賢刺史」。

110 癩兒刺史

後魏崔暹爲瀛州刺史，貪暴安忍，州人患之。嘗出獵州北，單騎至村，問汲水婦人曰：「崔瀛州如何？」答曰：「百姓何罪，得癩兒刺史如此！」暹默然而去。　宇文福本傳〔一一四〕

111 鐺脚刺史

唐薛大鼎爲滄州刺史，時鄭德本爲瀛州，賈敦頤爲冀州〔一一五〕，皆有治名，故河北稱「鐺脚刺史」。白居易任蘇州，寄賈常州崔湖州詩曰：「愧無鐺脚政，徒忝犬牙鄰。」蓋取諸此。　大鼎傳〔一一六〕

112 十司户

唐咸通中，韋保衡、路巖作相，除不附己者十司户。崔沆循州、李瀆繡州〔一一七〕、蕭遘播州、崔彦融雷州、高湘高州、張顔播州、李貺勤州〔一一八〕、杜裔休端州、鄭彦持義州〔一一九〕、李藻費州。内繡州、雷州、播州三人不回。

113 八司馬

元和初黜八司馬，韋執誼崔州、韓泰虔州、柳宗元永州、劉禹錫朗州、韓曄饒州、淩準連州、程异郴州。見玉泉子。中漏一人以實録考之，時王伾貶開州司馬，意王伾其一也。〔二〇〕

114 孔司馬

晉末王歆起兵，悉以女人爲官屬。顧深母孔氏年百餘歲，乃以爲司馬。本傳

本條涵本説郛卷三引，據輯。

115 十指揮使

五代楚劉言爲朗州留後，先是南唐命邊鎬率師入長沙，盡俘馬氏之族，歸於金陵。江南召言入覲，言不行，因令副使王逵、行軍司馬何景真、指揮使張放〔二一〕、蒲公益、朱全琇、宇文瓊、周行逢、彭萬和潘叔嗣〔二二〕、張文表等，號「十指揮使」，同率兵攻湖南，逐鎬。鎬奔江南〔二三〕，復馬氏境土有之。

116 健令

五代後蜀李正遠[一二四]，同光中，董璋以爲鹽亭、通泉、射洪等令。時兩川連横[一二五]，群盜尤盛，正遠所在擒捕，當時號爲「健令」。

117 市令

齊東昏侯於宫中爲市，使宫人屠沽。潘氏爲市令，帝爲市魁。本紀

本條涵本説郛卷三引，據輯。

118 尚書令

五代劉守光據幽州，諷諸鎮共推尊己，於是晉王率諸鎮，以墨制册尊守光爲尚書令。

本條大典卷一三四九七引，據輯。

119 能吏

李叔明爲洛陽令，招徠遺民，號爲「能吏」。

120 良守

崔游少有風概〔一二六〕，爲東郡太守，省民兵役，郡内感之。太學舊在城内，游移置城南閒敞處，親自説經，當時學者莫不勸勉，號爲「良守」。

121 良吏二則

李濬拜虢、潞二州刺史，所歷皆以誠信待物，稱爲「良吏」。

周訪事晉〔一二七〕，爲梁州刺史。既在襄陽，務農訓卒，勤於採納。威風既著，遠近悦服，智勇過人，爲中興良吏〔一二八〕。

122 良史九則

魯宣公二年，孔子曰：「董狐，古之良史也，書法不隱。趙宣子，古之良大夫也，爲法受惡。惜也，越境乃免〔一二九〕。」

魯昭公十二年，楚左史倚相趨過。王謂子革曰：「是良史也。」

漢班固論曰：「司馬遷、班固父子，其言史官載籍之作，大義粲然著矣。議者咸稱二子有良史之才。」

魏劉邵〔一三〇〕，建安中爲計吏，詣許。太史上言：「正旦當日蝕。」時或云當廢朝，邵曰：「梓慎、裨竈，古之良史，猶占水火，錯失天時。禮記諸侯旅見天子，及門不得終禮者四〔一三一〕，日蝕在一。然則聖人垂制，不爲變豫廢朝禮者，或災銷異伏，或推述謬悮也。」荀彧善其言。敕朝會如舊，日不蝕。

晉孫盛，字安國。篤學不倦，著魏氏春秋、晉陽秋。晉陽秋詞直理正〔一三二〕，咸稱良史。

史臣曰：「安國有良史之才，而所著之書惜非正典。」

晉干寶著晉記，其書簡略，直而能婉，咸稱良史。

晉華嶠有才學，撰後漢書，世稱爲良史。

齊永明中，太子與湘東王書曰：「時有效謝康樂、裴鴻臚〔一三三〕，亦頗有感焉。何者？謝君吐言天拔，出於自然，時有不拘，是其糟粕；裴氏乃良史之才〔一三四〕，無篇什之美。」

唐陳叔達答王績書曰：「薛記室及賢兄芮城〔一三五〕，常悲魏、周無史〔一三六〕，各著春秋，近更研覽，真良史也。」

123 九州伯　五湖長

晉桓玄，温之子也。二十三始拜太子洗馬，時議謂温有不臣之迹，故折玄兄弟俱爲素官。太元末，出補義興太守，鬱鬱不得志。嘗登高望震澤，嘆曰：「父爲九州伯，兒爲五湖長。」棄官歸國。

124 四時仕宦

唐傅游藝初由合宫主簿再遷左補闕，時人號爲「四時仕宦」，言一年自青而緑，及於朱紫也。

125 襄樣節度

唐于頔〔一三七〕，爲政有績，然暴横少恩〔一三八〕。拜山南東道節度使，擱然有專漢南意，所悟者類治以軍法。初，襄有髹器，天下以爲法，謂之「襄樣」。至頔驕蹇，故方帥不法者號「襄樣節度」。

本條大典卷一四七〇七引，據輯。

126 呷醋節度

唐任迪簡爲天德軍判官，嘗因軍宴後至當飲罰酒，軍吏誤設醋，迪簡以軍使李景略令酷，發之則死者多，乃强飲之，吐血而歸，軍中感泣。及景略卒，軍中請以爲帥。後至易定節度使〔一三九〕，時號「呷醋節度」〔一四〇〕。國史補〔一四一〕

本條大典卷一四七〇七引，據輯。

127 酒阿郎節度使〔一四二〕

王紹鼎也。宣宗實録

本條涵本説郛卷三引，據輯。

128 僕射

漢廣川惠王立后，陽城昭信欲擅愛，請閉諸姬舍門，無令出敖〔一四三〕。使其大婢爲僕射，主永巷，盡封閉諸舍，上籥於后，非大置酒召，不得見。本傳

本條涵本説郛卷三引，據輯。

129 看馬僕射

唐李德權也。田令孜擢爲牙職令，孜敗，德權畏誅，遁入復州，爲太守圉。人有識之者，能話其事，號爲「看馬僕射」〔一四四〕。南楚新聞

本條涵本説郛卷三引，據輯。

130 陳白舍人

五代江南陳濬尚書，自言其父在鄉里〔一四五〕，好爲詩。里人謂之「陳白舍人」，比之白樂天也。

131 鳳閣舍人

唐徐堅也。本傳〔一四六〕

本條涵本説郛卷三引，據輯。

132 蝨窗舍人

唐楊滔任中書舍人〔一四七〕，才力既疏，殊不稱職。一日，促命制詞，令吏持庫鑰他適，無由檢尋〔一四八〕，乃蝨窗以取，物議喧然，時號「蝨窗舍人」。朝野僉載

本條涵本説郛卷三引，據輯。

133 五日京兆

前漢京兆尹張敞也。本傳〔一四九〕

本條涵本説郛卷三引，據輯。

134 果毅

唐史思明之叛，衛州女子侯、滑州女子唐、青州女子王，相與歃血赴行營討賊，滑濮節度使許叔冀表其忠，皆補果毅。楊烈婦傳

本條涵本説郛卷三引，據輯。

135 土山頭果毅

唐諸郎中，不自員外拜者之謂。談賓録

本條涵本説郛卷三引，據輯。

136 捉船使君

唐末横州刺史郭氏也。南楚新聞

本條涵本説郛卷三引，據輯。

137 女侍中

後魏元叉妻拜女侍中〔一五〇〕。本傳〔一五一〕

本條涵本説郛卷三引，據輯。

138 女尚書

魏文帝選女子知書者爲之女尚書。本傳〔一五二〕

本條涵本説郛卷三引，據輯。

139 雷尚書

王丞相有幸妾雷氏，預政納貨，蔡公謂之「雷尚書」。世説

本條涵本説郛卷三引，據輯。

140 中大夫

後漢鄧康謝病不朝，太后遣使問之，時宫人中耆宿皆稱「中大夫」。鄧禹傳

本條涵本説郛卷三引，據輯。

141 張大夫

唐三原縣董橋店有孟媪〔一五三〕，年一百餘歲而卒。店人皆呼爲張大夫店。媪自言：二十六嫁張詧，詧爲郭汾陽所任。與詧之貌酷類，其後詧卒，遂僞衣丈夫冠，投名爲詧弟，請續事。汾陽大喜，令替闕，寡居十五年〔一五四〕。自汾陽薨，吾已年七十二，軍中累奏兼御史大夫。忽思煢獨，遂嫁此店潘老爲夫。爾來復誕二子，曰滔、曰渠。滔五十有五〔一五五〕，渠

五十有二云。乾撰子

本條涵本説郛卷三引，據輯。

校勘記

〔一〕以含養造化　拾遺記卷一「造」作「蠢」。

〔二〕叶于木德　拾遺記卷一「德」下有「其音附角」四字。

〔三〕朝堂我家朝堂　唐語林卷四作「我國家朝堂」。

〔四〕每災異寇盜　北齊書卷八幼主紀、北史卷八幼主紀「寇盜」下有「水旱」二字。

〔五〕人告者誤云庫狄伏連反　「人」原作「反」，據北齊書卷八幼主紀、北史卷八幼主紀改。

〔六〕乃益驕恣　北齊書卷八幼主紀、北史卷八幼主紀「恣」作「縱」。

〔七〕無若曹公者　「無」字原闕，據三國志卷一七魏書徐晃傳補。

〔八〕淡於營利　北史卷一八任城王雲傳「營」作「榮」。

〔九〕儼深媿謝　北史卷一八任城王雲傳「媿」作「懷」。

〔一〇〕五代契丹主述律年少好遊戲畋獵　「述律」原作「迷律」，據新五代史卷七三四夷附録改。

〔一一〕光武召異　後漢書卷一七馮異傳「異」下有「詣鄗」二字。

〔一二〕胡商爲隨王　「胡商」，後漢書卷一七馮異傳注作「胡殷」，蓋因宋諱而改。

〔一三〕或姿制閑雅　北史卷一六臨淮王譚傳「雅」作「裕」。

〔一四〕而帝竟登天位焉　晉書卷六元帝紀「天」作「大」。

〔一五〕信陽侯陰就　四庫考證云：「原本『陰』訛『除』，據後漢書改。」

〔一六〕詭説五王　文選卷六〇齊竟陵文宣王行狀李善注「詭説」作「乃詭」。

〔一七〕長沙王乂　「乂」原作「義」，據晉書卷五九長沙王乂傳改。

〔一八〕勉　「勉」字原闕，據新唐書卷七九鄭王元懿傳補。

〔一九〕漢陳勝字夥涉　四庫館臣謂：「史記、前漢書皆稱陳勝字涉，此書獨云字夥涉，似因下文『夥涉』一語而誤，今姑仍其舊。」

〔二〇〕門吏令不肯通　史記卷四八陳涉世家、漢書卷三一陳勝傳作「宮門令欲縛之」。

〔二一〕夥　四庫館臣：「史記云：『夥頤，涉之爲王沉沉者。』較班書多一『頤』字，附記於此。」

〔二二〕注云　原闕，案：以下所引乃應劭注文，依原書體例當有「注云」二字，據補。

〔二三〕霸楚實喪　「實」，文選卷四七漢高祖功臣頌作「寔」，二字通。

〔二四〕王翳　原作「黄翳」，史記卷七項羽本紀、漢書卷三一項籍傳並作「王翳」，蓋「王」與「黄」二字音近而訛，今據改。

〔二五〕漢刼五諸侯兵東伐楚　「刼」，文選卷四七漢高祖功臣頌李善注引史記作「部」。

〔二六〕魯五王一侯之遺式　「遺」原作「貴」，文苑英華卷七三六開元大衍曆序作「遺」，玉海卷一〇律曆引同，據改。

〔二七〕盡縷陳于天聽　文苑英華卷七三六開元大衍曆序、玉海卷一〇律曆並作「盡覼縷於天聰」。

〔二八〕其後鎬興布衣　「鎬」原作「高」，據新唐書卷一五九蕭昕傳改。

〔二九〕案：本條見新唐書卷一〇九楊再思傳，今引録如下：「居宰相十餘年，阿匼取容，無所薦達。人主所不喜，毁之；所善，譽之。畏慎足恭，未嘗忤物。或曰：『公位尊，何自屈折？』答曰：『世路孔艱，直者先禍。不爾，豈全吾軀？』於時水沴，閉坊門以禳。再思入朝，有車陷于濘，叱牛不前，恚曰：『癡宰相不能和陰陽，而閉坊門，遣我艱于行！』再思遣吏謂曰：『汝牛自弱，不得獨責宰相。』」

〔三〇〕案：本條分見舊唐書卷一三〇李元平傳、新唐書卷一五一李元平傳，今迻録舊唐書文如下：「李元平者，宗室子。〔中略〕關播奇重之，許以將帥。時希烈反叛，朝廷以汝州與賊接壤，刺史韋光裔懦弱不任職，播乃盛稱元平，特召見，超左補闕，不數日，擢爲檢校吏部郎中，兼汝州別駕，知州事。既至部，募工徒繕理郛郭，希烈乃使勇士應募，執役板築，凡入數百人，元平不之覺。希烈遣僞將李克誠以數百騎突至其城，先應募執役者應於内，縛元平馳去。既見希烈，遺下污地。希烈見其無鬚眇小，戲謂克誠曰：『使汝取李元平，何得將元平兒來？』因嫚罵曰：『盲宰相使汝當我，何待我淺耶！』僞署爲御史中丞。」

〔三一〕案：本條分見舊唐書卷九八盧懷慎傳、新唐書卷一二六盧懷慎傳，今鈔録舊唐書文如下：「開元三年，遷黄門監。懷慎與紫微令姚崇對掌樞密，懷慎自以爲吏道不及崇，每事皆推讓之，時人謂之『伴食宰相』。」

〔三二〕唐崔徹　「崔徹」，原作「崔胤」，新唐書卷二二三崔胤傳作「崔胤」，涵本説郛卷三引實賓録作「崔徹」，疑因宋諱而改，今從説郛改，下同。

〔三三〕唐本傳　原闕，據涵本説郛卷三引實賓録補。「五拜相」至「麻膏相公」一段，中華書局點校本兩唐書未録。

〔三四〕得地於白沙里　類説卷一二紀異録作「第中白沙黑」，與此異。

〔三五〕五代本傳　原闕，據涵本説郛卷三引實賓録補。

〔三六〕行轍方相　「轍」字原闕，據涵本説郛卷三引實賓録、朝野僉載卷四補，下文改同。

〔三七〕言防靈柩方相也　「防靈柩方相」，原作「防衛靈公柩」，據朝野僉載卷四改。

〔三八〕僉載　原闕，據涵本説郛卷三引實賓録補。

〔三九〕唐魏光乘目御史張孝嵩爲小村方相　「御史」二字原闕，據朝野僉載卷四補。

〔四〇〕僉載　原闕，據涵本説郛卷三引實賓録補。

〔四一〕摸稜首　説郛卷三引實賓録作「摸稜宰相」，出「唐本傳」，同卷另有「模稜首」條出「舊傳」（案：「摸」與「模」二字通，下從兩唐書統作「摸」），檢中華書局點校本兩唐書皆未有作「摸稜宰相」者，今據涵本説郛引實賓録併作一條，仍作「摸稜首」。新唐書卷一一四蘇味道傳「首」作「手」。

〔四二〕摸稜持多端可也　「多」，舊唐書卷九四蘇味道傳、新唐書卷一一四蘇味道傳並作「兩」。

〔四三〕故世號爲摸稜首　「摸稜首」，舊唐書卷九四蘇味道傳作「蘇摸稜」。

〔四四〕唐貝州清陽人宋廷芳五女若華　「廷芳」，舊唐書卷五二女學士尚宮宋氏傳作「庭芬」、新唐書卷七七宋若昭傳作「廷芬」。「若華」，舊唐書卷一六穆宗本紀引同，同書卷五二女學士尚宮宋氏傳、新唐書卷七七宋若昭傳並作「若莘」。

〔四五〕不以妾侍命之　「妾侍命之」，舊唐書卷五二女學士尚宮宋氏傳作「宮妾遇之」。

〔四六〕呼學士　舊唐書卷五二女學士尚宮宋氏傳「學士」下有「先生」二字。

〔四七〕蘇勉　新唐書卷一〇二褚亮傳作「蘇勗」，蓋爲宋人諱改。

〔四八〕考功員外郎騫味道稱鷟文詞猶青銅錢萬選而萬中　四庫考證云：「舊唐書稱鷟者乃員半千，與此異。」案：考功員外郎騫味道稱張鷟「天下無雙」，事見新唐書卷一六一張薦傳，下引員外郎員半千稱「鷟文辭猶青銅錢，萬選而萬中」，此原屬兩人稱讚之詞，疑鈔者不慎乃誤員半千爲騫味道。

〔四九〕案：本條出新唐書卷一三一李程傳，其文云：「學士入署，常視日影爲候，程性懶，日過八塼乃至，時號『八塼學士』。」

〔五〇〕案：本條出新唐書卷一九六王績傳，今迻録如下：「高祖武德初，以前官待詔門下省。故事，官給酒日三升，或問：『待詔何樂邪？』答曰：『良醖可戀耳！』侍中陳叔達聞之，日給一斗，時稱

『斗酒學士』。」
〔五二〕唐劉士珂赴選　「劉士珂」原作「烈士珂」，據錢希言劍筴卷一〇錞于篇引南唐書改。
〔五三〕東入徽安門　「入」字原闕，據劍筴卷一〇錞于篇引南唐書補。
〔五三〕善吐納　南史卷七二孔廣傳「納」作「論」。
〔五四〕匠不須來　「匠」原作「拒」，據南史卷七二孔廣傳改。
〔五五〕檮杌　原闕，據涵本説郛卷三引實賓録補。
〔五六〕故時號縮葱御史　太平廣記卷二五八嗤鄙引御史臺記「葱」下有「侍」字。
〔五七〕本傳　原闕，據涵本説郛卷三引實賓録補。案：侯思止命作籠餅一事，兩唐書本傳均未載，太平廣記卷二五八嗤鄙引出御史臺記。
〔五八〕案：本條後漢書卷三七桓典傳引，今鈔録如下：「是時宦官秉權，典執政無所回避。常乘驄馬，京師畏憚，爲之語曰：『行行且止，避驄馬御史。』」
〔五九〕唐王洪義也　「王洪義」，舊唐書卷一八六王弘義傳作「王弘義」，蓋避宋諱改。
〔六〇〕案：本條見舊唐書卷一八六王弘義傳、新唐書卷二〇九王弘義傳，今迻録新唐書文如下：「王弘義，冀州衡水人，以飛變擢游擊將軍，再遷左臺侍御史，與來俊臣競慘刻。〔中略〕始賤時，求傍舍瓜不與，乃騰文言園有白兔，縣爲集衆捕逐，畦蔬無遺。内史李昭德曰：『昔聞蒼鷹獄吏，今見白兔御史。』」

〔六一〕周攝侍御史嚴昇期嗜牛肉　「嚴昇期」原作「嚴昇」，據朝野僉載卷三改。

〔六二〕案：本條説郛引實賓録出「本傳」，核之兩唐書本傳未見載録，太平廣記卷二四三貪引出朝野僉載，校勘記云：「明鈔本作出御史臺記。」

〔六三〕唐郭霸也　「郭霸」，舊唐書卷一八六郭霸傳引同，新唐書卷二〇九郭弘霸傳作「郭弘霸」。

〔六四〕案：本條見舊唐書卷一八六郭霸傳、新唐書卷二〇九郭弘霸傳，今迻録舊唐書文如下：「郭霸，廬江人也。天授二年，自宋州寧陵丞應革命舉，拜左臺監察御史。如意元年，除左臺殿中侍御史。長壽二年，右臺侍御史。初舉集，召見，於則天前自陳忠鯁云：『往年征徐敬業，臣願抽其筋，食其肉，飲其血，絶其髓。』則天悦，故拜焉，時人號爲『四其御史』。」

〔六五〕侏儒郎中　案：「侏儒郎中」上原有「緑袍員外」四字，蓋爲四庫館臣所加，今據涵本説郛卷三引實賓録删。

〔六六〕啓顔録　原闕，據涵本説郛卷三引實賓録補。

〔六七〕唐進士何儒亮自外州至　「何儒亮」原作「何需亮」，疑涉下文「何需」而誤，唐國史補卷中、唐語林卷六補遺並作「何儒亮」，據改，下改同。

〔六八〕案：本條出三國志卷四八吴書三嗣主傳：「有鬼目菜生工人黄耇家，依緣棗樹，長丈餘，莖廣四寸，厚三分。又有買菜生工人吴平家，高四尺，厚三分，如枇杷形，上廣尺八寸，下莖廣五寸，兩邊生葉緑色。東觀案圖，名鬼目作芝草，買菜作平慮草，遂以耇爲侍芝郎，平爲平慮郎，皆銀印青綬。」

〔六九〕案：本條並見舊唐書卷九九嚴挺之傳、新唐書卷一二九嚴挺之傳，今鈔録舊唐書如下：「林甫引蕭炅爲户部侍郎，嘗與挺之同行慶弔，客次有禮記，蕭炅讀之曰：『蒸嘗伏獵。』炅早從官，無學術，不識『伏臘』之意，誤讀之。挺之戲問，炅對如初。挺之白九齡曰：『省中豈有「伏獵侍郎」。』由是出爲岐州刺史，林甫深恨之。」

〔七〇〕賫入宫　「賫」，南史卷一一武穆裴皇后傳作「被賞」。

〔七一〕案：朝野僉載卷六「算博士」條云：「駱賓王文好以數對，如『秦地重關一百二，漢家離宫三十六』。時人號爲『算博士』。」與本條異。考顧起元説略卷二四：「美唐博士，唐楊熼也」，疑説郛録文有誤。

〔七二〕因話録　原闕，據涵本説郛卷三引實賓録補。

〔七三〕後漢博士甄宇也　「後漢」原作「後魏」，案：甄宇爲後漢人，光武帝建武中爲州從事，徵拜博士，事見後漢書卷七九甄宇傳，據改。

〔七四〕案：本條出後漢書卷七九甄宇傳注引東觀記，其文云：「建武中每臘，詔書賜博士一羊。羊有大小肥瘦。時博士祭酒議欲殺羊分肉，又欲投鉤，宇復恥之。宇因先自取其最瘦者，由是不復有争訟。後召會，問『瘦羊博士』所在，京師因以號之。」

〔七五〕號白馬從事　後漢書卷一一二李憲傳「馬」下有「陳」字。

〔七六〕議曹從事　原作「義曹徒士」，案：「徒士」並非官職之名，蓋「義」爲「議」之音訛，南史卷四五崔慧景傳作「議曹從事」，據改，下同。
〔七七〕紫袍主事　「主」，舊唐書卷一〇六楊國忠傳引同，宛本説郛卷六作「從」。
〔七八〕唐韋見素　「韋見素」原作「韋君素」，據宛本説郛卷六、舊唐書卷一〇六楊國忠傳改。
〔七九〕案：本條出舊唐書卷一〇六楊國忠傳，今引之如下：「國忠注官時，呼左相陳希烈於座隅，給事中在列，曰：『既對注擬，過門下了矣。』吏部侍郎韋見素、張倚皆衣紫，是日與本曹郎官同咨事，趨走於屏樹之間。既退，國忠謂諸妹曰：『兩員紫袍主事何如人？』相對大噱。」
〔八〇〕向因奏美人賦以諷　「因」字原闕，據涵本説郛卷三引實賓録補。
〔八一〕本傳　原闕，據涵本説郛卷三引實賓録補。
〔八二〕可喜進馬　涵本説郛卷三引實賓録作「進喜馬」。
〔八三〕本傳　原闕，據涵本説郛卷三引實賓録補。
〔八四〕郄超王珣也　「王珣」原作「王詢」，晉書卷六五王珣傳云：「珣字元琳。弱冠與陳郡謝玄爲桓温掾，俱爲温所敬重，嘗謂之曰：『謝掾年四十，必擁旄杖節。王掾當作黑頭公。皆未易才也。』珣轉主簿。」，同書卷六七郗超傳引同，據改。
〔八五〕案：本條出晉書卷六七郗超傳，今引之如下：「桓温辟爲征西大將軍掾。温遷大司馬，又轉爲參軍。温英氣高邁，罕有所推，與超言，常謂不能測，遂傾意禮待。超亦深自結納。時王珣爲温主簿，亦爲温所重。府中語曰：『髯參軍，短主簿，能令公喜，能令公怒。』超髯，珣短故也。」

〔八六〕不成者罰酒二升　「二升」，大典卷一二〇四四引實賓録同，世説新語卷下排調作「三升」。

〔八七〕世説　原闕，據涵本説郛卷三引實賓録補。

〔八八〕闞氏乃與修讀書十數年　「十數年」，太平廣記卷二七一婦人引南楚新聞作「二十餘年」。

〔八九〕時謂恭及商文圭爲進士中進士　「商文圭」原作「殷文圭」，實賓録蓋避宋諱改，四庫輯本後回改爲「殷」，今仍從原書作「商」以存其舊。

〔九〇〕不利市秀才　「市」字原闕，據涵本説郛卷三引實賓録補，下改同。

〔九一〕或逆旅舍　北窗瑣言卷三作「舍逆旅之館」。

〔九二〕瑣言　原闕，據涵本説郛卷三引實賓録補。

〔九三〕案：本條出北窗瑣言卷六，今引之如下：「蜀相韋莊應舉時，遇黄寇犯闕，著秦婦吟一篇，内一聯云：『内庫燒爲錦繡灰，天街踏盡公卿骨。』爾後公卿亦多垂訝，莊乃諱之。時人號『秦婦吟秀才』。」

〔九四〕莽傳又號國師云　原闕，據大典卷九二〇引實賓録補。

〔九五〕案：本條亦見卷一一「玄處先生」條，惟文字稍有差異。

〔九六〕本傳　原闕，據大典卷九二〇引實賓録補。

〔九七〕漢雍仲　「雍仲」原作「雍伸」，述異記卷下、太平廣記卷四一四草木、太平御覽卷九八一香部並作「雍仲子」，事類備要後集卷八〇縣官門與錦繡萬花谷卷一四引述異記作「雍仲」，蓋「仲」與「伸」形近而訛，今據改。

〔九八〕拜涪陽尉　「涪陽」原作「洛陽」，據述異記卷下、太平廣記卷四一四草木、太平御覽卷九八一香部改。

〔九九〕隴西兵十萬　「隴西」，樊川文集卷二題永崇西平王宅太尉愬院作「隴山」。

〔一〇〇〕骨面矗眉　「眉」下原衍「目」字，據朝野僉載卷四刪。

〔一〇一〕始則同郡吉茂者　「者」原作「由」，據三國志卷一六魏書蘇則傳注改。

〔一〇二〕日膳豆腊而已　新唐書卷一四八張孝忠傳「膳」下有「裁」字。

〔一〇三〕吴賀達輕財貴義　「賀達」原作「賀逵」，案：三國志卷六〇吴書賀齊傳云：「（賀齊）子達及弟景皆有令名，爲佳將。」注引會稽典録亦謂：「達頗仕氣，多所犯迕，故雖有征戰之勞，而爵位不至，然輕財貴義，膽烈過人。」蓋本作「達」，形近而訛爲「逵」，今據改。

〔一〇四〕弟景馭衆嚴而有恩　案：三國志卷六〇吴書賀齊傳，賀齊之弟爲賀景，子爲賀達，此處以「弟景」接上文「賀達」，遂誤賀達爲賀景之兄。蓋原書删節自他書，拼合不慎，乃有此誤。

〔一〇五〕郝玭爲行原州刺史　「郝玭」原作「郝玼」，舊唐書卷一五二郝玭傳、新唐書卷一七〇郝玭傳並作「郝玭」，據改，下同。「行原州」原作「原州」，據新唐書卷一七〇郝玭傳改。

〔一〇六〕虜大畏　「虜」原作「敵」，新唐書卷一七〇郝玼傳作「虜」，疑四庫館臣諱改，今正。

〔一〇七〕唐鄭畋爲鳳翔節度使　新唐書卷一八五鄭畋傳「鳳翔」下有「隴西」二字。

〔一〇八〕軍功加振武將軍　「將軍」原作「原將」，據南史卷四六周山圖傳改。

〔一〇九〕天子爲動容式車　史記卷五七絳侯周勃世家「動」下有「改」字，則句斷當作「天子爲動，改容式車」。

〔一一〇〕字隤敳　「敳」原作「敱」，據水經注卷一五洛水改。

〔一一一〕王烈將軍　「王」，宋書卷六三王華傳作「貞」，疑避宋諱改。

〔一一二〕濟南相孔乂　「孔乂」，原作「孔義」，據三國志卷一六魏書倉慈傳改。

〔一一三〕使我爲薄德二千石　案：本條出世説新語卷下寵禮，原作「我成輕薄京尹」，今作「使我爲薄德二千石」乃取劉孝標注引語林文，姑存其舊。

〔一一四〕宇文福本傳　原闕，據涵本説郛卷三引實賓録補。案：魏書卷四四宇文福傳、北史卷二五宇文福傳未載此文，原文並見魏書卷八九崔暹傳、北史卷八七崔暹傳。

〔一一五〕時鄭德本爲瀛州賈敦頤爲冀州　四庫考證云：「舊唐書鄭德本爲曹州，賈敦頤爲瀛州，與此小異。」。案：原書謂「鄭德本爲瀛州，賈敦頤爲冀州」，事見新唐書卷一九七薛大鼎傳。册府元龜卷六七七牧守部引載：「薛大鼎貞觀中爲滄州刺史，大鼎與瀛州刺史賈敦頤、冀州刺史鄭德本俱有美政，河北號『鐺脚刺史』。」中華書局校點本新唐書校勘記據此謂：「本卷及舊書卷一八五上賈敦頤傳均謂賈任瀛州刺史。此處兩州名倒訛。」

〔二六〕大鼎傳　原闕，據涵本説郛卷三引實賓録補。

〔二七〕李瀆繡州　「李瀆」原作「李續」，太平廣記卷一八八權倖引玉泉子、南部新書癸並作「李瀆」，據改。

〔二八〕李晛勤州　「李晛」原作「李既」，舊唐書卷一九懿宗本紀：「辛巳，敕尚書左丞李當貶道州刺史〔中略〕給事中李晛蘄州刺史〔中略〕自李當已下，皆于琮之親黨也，爲韋保衡所逐。」太平廣記卷一八八權倖引玉泉子作「李晛」，據改。南部新書癸作「張瀆」，疑有誤。

〔二九〕鄭彦持義州　「鄭彦持」原作「鄭彦時」，太平廣記卷一八八權倖引玉泉子、南部新書癸均作「鄭彦持」，據改。「義州」，四庫館臣注云「原本缺」，今據太平廣記卷一八八權倖引玉泉子、南部新書癸補。

〔三〇〕案：「八司馬」史傳記述不一，舊唐書卷一四憲宗紀云：「壬申，貶正議大夫、中書侍郎、平章事韋執誼爲崖州司馬，以交王叔文也。〔中略〕己卯，再貶撫州刺史韓泰爲虔州司馬，河中少尹陳諫台州司馬，邵州刺史柳宗元爲永州司馬，連州刺史劉禹錫朗州司馬，池州刺史韓曄饒州司馬，和州刺史凌準連州司馬，岳州刺史程异郴州司馬，皆坐交王叔文。」據此則「八司馬」中漏一人似爲陳諫。

〔三一〕指揮使張放　「張放」，九國志卷一一楚劉言傳作「張倣」。

〔二二〕彭萬和潘叔嗣　「彭萬」原作「彭方」，據九國志卷一一楚劉言傳改。

〔二三〕鎬奔江南　「鎬」字原闕，據九國志卷一一楚劉言傳補。

〔二四〕五代後蜀李正遠　「李正遠」，孫逢吉職官分紀卷四二作「李匡遠」，蓋避宋諱改。

〔二五〕時兩川連横　「兩川」，職官分紀卷四二作「西川」。

〔二六〕崔游少有風概　「崔游」原作「崔攸」，魏書卷五七崔游傳、北史卷三二崔游傳並作「崔游」，據改，下同。

〔二七〕周訪事晉　「周訪」原誤作「周魴」，案：周訪字士達，晉人，元帝渡江後爲揚烈將軍，事見晉書卷五八周訪傳。周魴字子魚，黄武中任吴鄱陽太守，事見三國志卷六吴書周魴傳，二人時代不同，當以周訪爲是，今據改。

〔二八〕爲中興良吏　「良吏」，晉書卷五八周訪傳作「名將」。

〔二九〕越境乃免　史記卷三九晉世家「越境」作「出疆」。

〔三〇〕魏劉邵　「劉邵」，三國志卷二一魏書劉劭傳作「劉劭」。

〔三一〕及門不得終禮者四　「及門」，禮記卷一八曾子問作「入門」，本書作「及門」，蓋據三國志卷二一魏書劉劭傳，今仍其舊。

〔三二〕晉陽秋詞直理正　「晉陽秋」三字原闕，據晉書卷八二孫盛傳補。

〔三三〕裴鴻臚　「裴」字原闕，據梁書卷四九庾肩吾傳改。

〔三四〕裴氏乃良史之才　「氏」原作「史」，據梁書卷四九庾肩吾傳補。
〔三五〕薛記室及賢兄芮城　「薛記室」，「室」字原闕，據全唐文卷一三三答王績書補。
〔三六〕常悲魏周無史　全唐文卷一三三答王績書「無」作「之」。
〔三七〕唐于頔　「于頔」，大典訛作「子頔」，據新唐書卷一七二于頔傳改。
〔三八〕然暴横少恩　「暴」原作「恩」，據新唐書卷一七二于頔傳改。
〔三九〕後至易定節度使　「易定」，原闕「定」字，據唐國史補卷中補。
〔四〇〕時號呷醋節度　「度」，唐國史補卷中作「帥」。
〔四一〕國史補　原闕，據涵本説郛卷三引實賓録補。案：涵本説郛引此以「李景略」爲「呷醋節度使」，誤。
〔四二〕酒阿郎節度使　「阿」原作「可」，海録碎事卷八聖賢人事部引宣宗實録云：「唐成德軍節度使王紹鼎，淫荒暴亂，時號酒阿郎。」大典卷七三二八引宣宗實録並同，據改。
〔四三〕無令出敖　「敖」原作「傲」，據漢書卷五三廣川惠王傳改。
〔四四〕號爲看馬僕射　太平廣記卷四九九雜録引南楚新聞「馬」下有「李」字。
〔四五〕自言其父在鄉里　太平廣記卷四〇一竇引稽神録「其」下有「諸」字。
〔四六〕案：本條見舊唐書卷一〇二徐堅傳、新唐書卷一九九徐堅傳，今迻録舊唐書原文如下：「方慶善三禮之學，每有疑滯，常就堅質問，堅必能徵舊説，訓釋詳明，方慶深善之。又賞其文章典實，常稱曰：『掌綸誥之選也。』再思亦曰：『此鳳閣舍人様，如此才識，走避不得。』」

〔一四七〕唐楊滔任中書舍人　「楊滔」，事類備要後集卷二一給舍門引職林同，朝野僉載卷二作「陽滔」。

〔一四八〕無由檢尋　朝野僉載卷二「由」作「舊本」。

〔一四九〕案：本條出漢書卷七六張敞傳，今引之如下：「敞與蕭望之、于定國相善。［中略］爲京兆九歲，坐與光禄勳楊惲厚善，後惲坐大逆誅，公卿奏惲黨友，不宜處位，等比皆免，而敞奏獨寢不下。敞使賊捕掾絮舜有所案驗。舜以敞劾奏當免，不肯爲敞竟事，私歸其家。人或諫舜，舜曰：『吾爲是公盡力多矣，今五日京兆耳，安能復案事？』敞聞舜語，即部吏收舜繫獄。」

〔一五〇〕後魏元叉妻拜女侍中　涵本説郛「叉」訛作「乂」，據魏書卷一六京兆王傳改。

〔一五一〕案：本條出魏書卷一六京兆王傳，其文云：「靈太后臨朝，以叉妹夫，除通直散騎侍郎。叉妻封新平郡君，後遷馮翊郡君，拜女侍中。」

〔一五二〕案：本條見三國志卷三魏書明帝紀注引魏略，今逐録如下：「帝常游宴在内，乃選女子知書可付信者六人，以爲女尚書，使典省外奏事，處當畫可，自貴人以下至尚保，及給掖庭灑掃，習伎歌者，各有千數。」

〔一五三〕唐三原縣董橋店有孟媪　太平廣記卷三六七妖怪引乾𦠆子「董橋」作「南董」。

〔一五四〕寡居十五年　太平廣記卷三六七妖怪引乾𦠆子「寡」上有「如此又」三字。

〔一五五〕滔五十有五　「五十有五」，太平廣記卷三六七妖怪引乾𦠆子作「五十有四」。

實賓録卷二

1 召虎

魏張遼破孫權合肥之圍，先登陷陣，幾獲權。後遼朝洛陽宫。文帝引遼會建始殿，親問破吴狀。帝嘆息顧左右曰：「此亦古之召虎也。」爲起第舍。

2 管鮑

梁趙儼初避亂荆州，與襲繁欽通財爲一家，時人號爲管鮑。

3 仲父二則

秦范睢相昭王，王謂平原君曰：「昔文王得吕尚以爲太公，齊桓得管夷吾以爲仲父，今范君亦寡人之仲父也〔一〕。」

晉王導任丞相，元帝委仗，情好日密〔二〕，朝野傾心，號「仲父」。

4 甯越

晉王安期作東海郡，吏録一犯夜人。王問：「何處來？」云：「從師家授書還，不覺日晚。」王曰：「鞭撻甯越以立威名，恐非政化之本〔三〕。」使吏送令歸家。

5 尾生

鄒陽上書吴王曰：「蘇秦不信於天下，爲燕尾生。」注云：「尾生，古之信士。秦説齊還燕十城，又令厚葬以弊齊，終死爲燕也。」

6 扁鵲

六國時，扁鵲姓秦，名越人。善醫，以其與黄帝時扁鵲相類，故號「扁鵲」。

7 勾踐

晉孫恩據會稽，乃曰：「天下無復事矣，當與諸君朝服而至建康。」及劉牢之臨江，又曰「我不失作勾踐」。牢之已濟江，又曰：「孤不羞走。」乃入海。

8 樊噲

魏許褚，容貌雄毅，勇力絶人。漢末，聚少年及宗族數千家，共堅壁以禦寇。僞與賊和，以牛與賊易食，賊來取牛，牛輒奔還。褚乃出陳前，一手逆曳牛尾，行百餘步。賊衆驚，遂不敢取牛而走，皆畏憚之。俄以衆歸太祖，太祖見而壯之曰：「此吾樊噲也。」拜都尉，引入宿衛。諸從褚俠客，皆以爲虎士。

9 相如

唐盧照鄰，博學善屬文。初授鄧王府典籤，王甚愛重，嘗曰：「此即寡人之相如也。」

10 陳遵

東海王越以劉輿爲長史。越既總録尚書，以輿爲上佐，賓客滿庭，文案盈几，遠近書記日有數千，終日不倦，或以夜繼之。時人服其能，比之陳遵。

11 王粲四則

晉苻融聰明辯慧，下筆成章，至於談玄論道，道安無以出之〔四〕。耳聞則誦，過目不忘，時人擬之王粲。

宋謝方明命何長瑜教其子惠連讀書，謝靈運謂方明曰：「阿連才悟如此，而尊作常兒遇之。何長瑜今之仲宣〔五〕，而飴以下客之食。尊既不能禮賢，宜以長瑜見還。」遂載而去。

北齊邢邵嘗與裴伯茂並於北海王昕舍宿飲〔六〕，相與賦詩數十首，皆在主人奴處。旦日奴行，諸人求詩不得。邵皆爲之誦，奴還得本，不誤一字。諸人方之王粲。

唐蘇晉數歲知爲文，作八卦論，吏部侍郎房潁叔、秘書監王紹宗歎曰：「後來之王粲也。」

12 曹鄭

齊劉瓛字子珪，篤志好學，儒業冠於當時，都下士子貴族，莫不下席受業，當世推其大儒，以比古之曹、鄭。性謙率，不以高名自居。住在檀橋，瓦屋數間，上皆穿漏，學徒莫敢指斥，呼爲「青溪」。

13 **鮑謝**

唐元稹以詩名，元和間，宰相令狐楚一代文宗，雅知稹之辭學，謂曰：「嘗覽足下製作，所恨不多，遲遲久矣〔七〕。請見其所有〔八〕，以豁其懷〔九〕。」稹因獻其文，楚深稱賞，以爲今代之鮑謝也。

14 **太阿**

晉潘安仁楊荆州誄曰：「周賴尚父，殷憑太阿。」注云：「太阿，阿衡，謂伊尹也。」

15 **晏平仲**二則

晉庾冰心有儉操，兄亮嘗曰：「吾家晏平仲也〔一〇〕。」及卒，無絹爲衾。又室無妾媵，家無私積，世以此稱之。

五代吴越曹師魯爲鎮東軍都押衙，師魯短小多智，武肅王曰：「今之晏嬰也。」人號爲「曹嬰」。

16 今董狐

唐吴兢在長安景龍間任史事，時辭事多不實，兢叙事簡核，號「良史」。初與劉子玄撰定武后實録，叙張昌宗誘張説誣證魏元忠事，頗言「説已然可，賴宋璟等激勵苦切，故轉禍爲忠，不然，皇嗣且殆」。後説爲相，讀之，心不善，知兢所爲，從容謬謂曰：「劉生書魏齊公事，不少假借，奈何？」兢曰：「子玄已亡，不可受誣地下。兢實書之，其草故在。」聞者歎其直。説屢以情蘄改，辭曰：「徇公之情，何名實録？」卒不改。世謂「今董狐」云。

17 鬼董狐

晉干寶領國史，撰搜神記，以示劉琰，琰曰：「可謂鬼董狐。」本傳

本條涵本説郛卷三引，據輯。

18 陶彭澤

唐元德秀天與慈孝，官不違親，貞不絶俗。隱陸渾山，晦迹琴酒，寓興於文，時謂之「陶彭澤」，而清潔過之。

19 似袁粲

梁王筠清净好學，沈約見筠，以爲似外祖袁粲，謂僕射張稷曰：「王郎非惟額類袁公，風韻都欲相似。」

20 小褚公

齊何戢爲吏部尚書，美容儀，動止與褚彦回相慕，時人號爲「小褚公」。

21 僞荆卿

唐甄戈任俠者。劉從諫傳〔一〕

本條涵本説郛卷三引，據輯。

22 風流宗〔二〕

晉王濛美姿容，嘗覽鏡自照，稱其父訥字曰：「王文開生如此兒邪！」居貧，帽敗，自入市買之，嫗悦其貌，遺以新帽，時人以爲達。與沛國劉惔齊名友善，惔嘗稱濛性至通，而自然有節。濛每云：「劉君知我，勝我自知。」晉書云：「時人以劉惔方荀奉倩，濛比袁曜卿，凡稱風流者，舉劉惔爲宗焉〔一三〕。」 本傳〔一四〕

23 卿之士龍

梁大同中，驟雨，殿前有雜色寶珠，梁武有喜色，虞寄因上瑞雨頌。梁武謂其兄荔曰：「此頌清拔，卿之士龍也。」

24 許由東隣

唐田游巖隱箕山，居許由祠旁，自號「許由東隣」。頻詔不起。〔一五〕

25 我家東阿

南齊隨郡王子隆，武帝子也。性和美，有文才。娶王儉女，武帝以子隆能屬文，謂儉曰：「我家東阿也。」

26 我家任城

齊長沙威王晃少有武力，爲高帝所愛。從駕，以馬矟刺道邊枯樹〔一六〕，上令數人引之，銀纏皆卷而矟不出〔一七〕，乃令晃復馳馬拔之，應手便去。每遠州獻駿馬，上輒令晃調試之。帝常曰：「此我家任城也。」

梁廬陵王續膂力絶人，馳射遊獵，發便命中。高祖常曰：「此吾家任城〔一八〕。」

27 可方桓靈

晉武帝嘗南郊，祀畢，問劉毅曰：「卿以朕方漢何帝也？」對曰：「可方桓靈。」帝曰：「吾雖不及古人，方之桓靈，其已甚乎！」對曰：「桓靈賣官，錢入官庫；陛下賣官，錢入私門。以此言之，殆不如也。」帝曰：「桓靈之世，不聞此言，今有直臣，故不同也。」

28 西方公

宋廬陵王褘〔一九〕，文帝第八子也。文帝諸子，褘尤凡劣，兄弟並蚩鄙之。明帝詔建安王休仁曰：「既不比數西方公，汝便爲諸王之長。」時褘在西，故謂之西方公。

29 清鄉公

隋樊叔略爲上開府儀同三司、清鄉公、汴州刺史，號爲明決。有巧思，營建東都，宫室制度，皆叔略所定。百姓爲之語曰：「智無窮，清鄉公。」

30 贊皇公

唐李栖筠初封贊皇縣子。栖筠喜獎善，而樂人攻己短，爲天下士歸重，不敢有所斥，稱贊皇公云。

31 河上公

河上公者，莫知其姓字，明老子之術，結草爲庵於河上。注老子章句〔二〇〕，以授漢文帝，故世人號曰「河上公」，又曰「河上丈人」。

32 太牢公〔二一〕

唐牛僧孺任户部侍郎，見李德裕曰：「綺紈子安得預此〔二二〕？」由是李深怨之，交相詆惡，甚至斥僧孺爲「太牢公」。德裕作周秦行紀論云：「涼國李逢吉呼僧孺曰太牢公〔二三〕。」

33 逍遥公

後周韋夐，志高夷簡，澹於榮利，前後徵辟皆不應命。文帝側席求賢，竟不能屈，彌以重之。明帝即位，禮敬愈厚，敕有司日給河東酒一斗，號之曰「逍遥公」。

本條大典卷一二〇四三引，據輯。

34 樂和李公

唐李景讓，性方毅有守，清素寡欲，門無雜賓。元和後，大臣有德望者，以居里顯，景讓宅東都樂和里，世稱清德者，號「樂和李公」。

35 江上丈人

江上丈人者，伍員自楚將奔吴，至江，欲渡無船，而楚購員甚急。丈人刺小船，方將漁，員從而請渡焉〔二四〕。丈人以船渡，員甚德之。問其名族，不告。解千金之劍獻之，不受。員至爲相，求丈人不得，每食必祭之，祝曰：「名不可得聞，形不可得見者〔二五〕，其惟江上丈人乎？」

36 安丘丈人

漢安丘望之字仲都，長陵人。少治老子經，恬静不求進宦，時號「安丘丈人」。成帝聞，欲見之，望之辭不肯見，爲巫醫於人間。後漢耿弇學老子於安丘丈人。

37 荷蓧丈人

荷蓧丈人，隱人也。見周室衰，諸侯政亂，遂乃隱身不仕。老人以杖荷蓧器而行，自匿姓名，故曰荷蓧丈人。

38 高士 四則

唐司空圖召拜殿中侍御史，以赴闕遲留，責授光禄寺主簿，分司東都。盧攜罷相，以賓客分司，圖與之游，攜嘉其高節，厚禮之。嘗過圖舍，手題于壁曰：「姓氏司空貴，官階御史卑〔二六〕。老夫如且在，不用歎屯奇〔二七〕。」明年，攜復入朝，謂陜帥盧渥曰：「司空御史，高士也，公其厚之。」渥即日奏爲賓佐。

唐杜之松答王續書曰：「松敬想結廬人境〔二八〕，植杖山阿。林壑，地之所豐；烟霞，性之所適。蔭丹桂，藉白茅。濁酒一杯，清琴數弄，誠足樂也。此真高士，何謂狂生？」

唐秦系客泉州，南安有九日山〔二九〕，大松百餘章，俗傳東晉時所植，系結廬其上居焉，研注老子〔三〇〕，彌年不出。後東渡秣陵，南安人思之，爲立亭，號其山爲高士峰云。

唐梁肅爲梁鴻碣，號「梁高士」云。

39 真高士〔三一〕

晉辛勉博學，有貞固之操。劉聰將授以光禄大夫，勉固辭不受。遣黄門侍郎喬度齎藥酒逼之，勉曰：「大丈夫豈以數年之命而虧高節，事二姓，何以下見武皇帝哉！」取藥將飲之，度遽止之曰：「主上相試爾，君真高士也。」歎息而去。　本傳〔三二〕

40 吴中高士

晉謝敷，會稽人，高尚不仕。初，月犯少微，少微一名處士星，占者以隱士當之。譙國戴逵有美才，人或憂之。俄而敷死，會稽人士以嘲吴人云：「吴中高士，便是求死不得死。」　本傳〔三三〕

41 涼州高士

晉西涼張駿遣參軍王隲聘於劉曜。曜謂之曰：「貴州必欲追蹤竇融〔三四〕，和好卿能保之乎〔三五〕？」隲曰：「不能。」曜侍中徐邈曰：「君來和同，而謂之不能，何也？」隲曰：「齊桓貫澤之盟，憂心兢兢，諸侯不召自至。葵丘之會，驕而矜誕，叛者九國。教化常如今日可也〔三六〕，若政教陵遲，尚不能察邇郡之變，況鄙州乎！」曜顧謂左右曰：「此涼州高士也。」禮而遣之。　本傳〔三七〕

42 齊國高士

魯仲連，齊人也。好奇偉俶儻之策畫，而不肯仕宦任職，好持高節。魏將軍新垣衍曰：「魯連先生，齊國之高士也。」齊以仲連説下聊城，欲爵之，魯連逃隱於海上，曰：「吾與富貴而詘於人，寧貧賤而輕世肆志焉。」

43 南州高士

徐孺子也。　本傳〔三八〕

本條涵本說郛卷三引，據輯。

44 青巖男子

唐元稹與史館韓愈論甄濟曰：「甄生於天寶末，蓋青巖一男子爾。及亂則延頸承刃，分死不回，不以不顯而廢忠，不以不誅而從亂，參合古今之士，蓋萬一焉〔三九〕。欲執事者編此義烈，以永永於來世〔四〇〕。」

45 關東男子

唐白居易以書示元稹曰：「僕自思關東一男子爾，除讀書屬文外，其他懵然無知，乃至書畫棋博可以接人之歡者，一無通曉。」

46 窮相女子

唐王承昇妹國色〔四一〕，德宗納之，不戀宮室。德宗曰：「窮相女子。」乃出。敕其母兄，不得嫁進士朝官〔四二〕，任配將軍親情。後適元士會，因以流落。真窮相女也。嘉話

本條涵本說郛卷三引，據輯。

47 **朝隱**

魏夏侯湛東方朔畫贊曰「邈邈先生，其道猶龍。染迹朝隱，和而不同」云。

48 **充隱**

晉桓玄將僭位，以歷代咸有肥遁之士，而己世獨無，乃徵皇甫謐六世孫希之，給其資用，使隱居山林。徵爲著作郎，使固辭，下詔旌禮，號曰「高士」。時人名爲「充隱」。桓玄傳〔四三〕

49 **真隱**

宋何尚之爲尚書令，俄乞致仕於方山〔四四〕，議者咸謂尚之不能固志。俄而還攝職，於是袁淑乃録古來隱士有迹無名者，爲真隱傳以嗤焉。

50 **通隱**

梁何點，家本甲族，人各貴仕。而不簪不帶，或駕小車，或躡草履，恣心所適，既醉而

歸，時人號爲「通隱」。　本傳〔四五〕

51 天隱

或問：「嚴光、樊英天隱〔四六〕。」不求名而隱，故曰天隱。子曰：「古之避言人也。」問東方朔，子曰：「人隱者也。」脱迹混俗〔四七〕，不自求別於人〔四八〕，故曰人隱。子曰：「自太伯、虞仲以來，天下鮮避地者。仲長子光天隱，無往而不適。」惟變所適，人不能知其天隱也〔四九〕。　文中子

本條涵本説郛卷三引，據輯。

52 仕隱

唐楊初爲江西王仲舒從事，終日長吟，不親公牘。府公致言，拂衣而去，乃采山飲泉。朝客聞之，以爲仕隱。　雲溪友議〔五〇〕

本條涵本説郛卷三引，據輯。

53 孝隱士〔五一〕

齊何點，父鑠以風疾害點母王氏，坐死。點感家禍，欲絶婚宦，祖尚之强爲娶瑯琊王

氏。禮畢，將親迎，點累涕泣，求執本志，遂得罷。世稱「孝隱士」〔五二〕。

54 荆臺隱士

後唐荆南節度使高從誨禮賢士，委任梁震，以兄事之〔五三〕。後梁震固請退，不能留，乃爲築室於土洲。震披鶴氅，自稱荆臺隱士。每詣府，則跨黄牛至廳事。　通鑑〔五四〕

55 游俠隱士

齊何點與弟胤游人間，時人號曰「游俠隱士」〔五五〕。　本傳〔五六〕

本條涵本説郛卷三引，據輯。

56 隨駕隱士

唐盧藏用舉進士，不得調，乃隱於終南、少室二山，後翻然有意，當世人目爲「隨駕隱士」。　本傳

本條涵本説郛卷三引，據輯。

57 黄扉隱士

後漢許寂仕僞蜀王衍，至平章事，隨衍入洛，爲工部尚書，致仕，卒。頗好吐納修鍊之術，蜀人呼爲「黄扉隱士」。檮杌〔五七〕

本條大典卷一三四五〇、涵本説郛卷三並引，據大典輯。

58 縉雲隱者

唐李陽冰題阮客舊居詩云：「阮客身何在，仙雲洞口横。人間不到處，今日此中行。」阮客，不見其名氏，蓋縉雲之隱者也。

59 潯陽三隱

宋周續之隱於廬山，與劉遺民、陶淵明皆不應辟命，謂之潯陽三隱。武帝鎮彭城，遣使迎之，禮賜甚厚，每曰「真高士也」。

60 逸人

後漢趙岐初名嘉，有疾，敕兄子曰：「可立一圓石於墓前，刻之曰：『漢有逸人，姓趙名嘉。有志無時，命也奈何！』」本傳

本條涵本説郛卷三引，據輯。

61 嵩山逸人

唐李白題嵩山逸人元丹丘山居詩序曰：「元公近遊嵩山，故交深情，出處無間。嵒信頻及，許爲主人。欣然適會本意。當冀長往不返，欲便舉家就之，兼書共遊，因有此贈。」其略曰：「故人契嵩潁，高義炳丹艭。滅迹遺紛囂，終言本峰壑。自矜林湍好，不羨朝市樂。偶與真意并，頓覺世情薄。爾能弄芳桂，吾已採蘭若〔五八〕。拙妻好乘鸞，嬌女愛飛鶴。提攜訪神仙，從鍊全生藥〔五九〕。」

62 江南望士〔六〇〕

晉顧榮初爲齊王大司馬主簿，昏酣不綜府事，以情告友人長樂馮熊。熊謂長史葛旟

曰：「府大事煩〔六一〕，非酒客之政。」旗曰：「榮江南望士，且居職日淺，不宜輕易代之。」熊曰：「可轉爲中書侍郎。」旗然之，白王，以爲中書侍郎。在職不復飲酒。人或問曰：「何前醉而後醒耶？」榮懼罪，乃復更飲。本傳〔六二〕

63 西州逸士

晉左思爲三都賦，徵士皇甫謐爲之序，陳留衛瓘又爲思賦作解略，曰：「余觀三都之賦，言不苟華，必經典要，品物殊類，禀之圖籍。辭義瓌瑋，良可貴也。有晉徵士皇甫謐，西州之逸士，耽籍樂道，高尚其志〔六三〕，覽斯文而慷慨，爲之束序〔六四〕。」

64 丘園逸士〔六五〕

晉伍朝少有雅操，閒居樂道，不修世事。性好學，辟召不就。尚書郎胡濟奏曰：「朝游心物外，不屑時務，守静衡門，志道日新。年過耳順而所尚無忘〔六六〕，誠江南之奇才，丘園之逸士也〔六七〕。」

65 南嶽逸士

晉孫惠自號也。本傳〔六八〕

本條涵本説郛卷三引，據輯。

66 逸民

見論語。〔六九〕

本條涵本説郛卷三引，據輯。

67 荆楚逸民

晉鄭方自號〔七〇〕。本傳

本條涵本説郛卷三引，據輯。

68 四明逸老

賀知章也。〔七一〕

本條涵本說郛卷三引，據輯。

69 華陽真逸

見瘞鶴銘。〔七二〕

本條涵本說郛卷三引，據輯。

70 荆山居士

梁陸法和以道術佐梁元帝，帝以爲都督郢州刺史，法和不仕，自稱居士。北齊以爲荆州刺史，詣闕通名，但曰「荆山居士」。三年間再爲太尉，世猶謂之居士。

71 東山居士

陳虞寄字次安，時陳寶應據有關中，潛有逆謀，寄每舉逆順之理，微以諷諫，寶應輒引說他事以拒之。寄知寶應不可諫，慮及己，乃爲居士服以拒絶之。常居東山寺，稱東山居士。

72 東宫居士

五代蜀任知玄以太傅致仕，琴酒自娱，常駕三輪車，凡城中園林宫寺幽景之所，日夕遊覽。烏巾鶴氅，逍遥曠達，自號「東宫居士」。

73 西州智士

漢任文公，巴郡閬中人。明曉天官風角秘要，以占術馳名。後以兵寇，隱於子公山。公孫述時，蜀武擔石折。文公曰：「噫！西州智士死，我乃當之。」自是嘗會聚子孫，設酒食。後三月果卒，故益部爲之語曰〔七三〕：「任文公，智無雙。」

74 真處士

五代唐帝時謂史虛白曰：「真處士也。」〔七四〕　十國紀年

本條沈本説郛引，據輯。

75 七松處士

唐鄭薰，性友愛而端勁，再知禮部舉，引寒畯，士類多之。既老，號所居爲隱巖，蒔松于庭，號「七松處士」。　本傳〔七五〕

76 名士二十七則

李豐，字安國。年十七〔七六〕，在鄴名爲清白，識别人物。明帝得吴降人，問「江東聞名士爲誰？」曰：「聞有李安國。」上曰：「豐名乃播吴越耶？」

魏荀粲〔七七〕，簡貴不與常人交〔七八〕，所交皆一時秀傑。既卒，至葬〔七九〕，送者纔十餘人〔八〇〕，皆同時名士，哭之哀，感動路人。

蜀武侯與宣王在渭濱，將戰，宣王戎服莅事，使人視武侯，乘素輿，葛巾白羽，指揮三軍，皆從其進止。宣王嘆曰：「名士也。」

吴太史慈字子義，初起兵爲孫策所執。俄請往安集散卒，策從之曰：「明日日中，望君來還。」諸將皆疑。策曰：「太史慈，青州名士，以信義爲先，終不欺策。」明日，大請諸將，預設酒食，立竿視影。日中而慈至，策大悅。

晉江左中興名士，推王承及衛玠爲當時第一。咸和中，衛玠改葬于江寧，王承與王導教曰：「衛洗馬明當改葬。此君風流名士，海内所瞻，可修薄祭，以敦舊好。」

會稽王道子世子元顯録尚書事。元顯無良師友〔八一〕，正言弗聞，諂譽日至。或以爲一時英傑，或以爲風流名士，由是自謂無敵天下，故驕侈日增，卒爲桓玄所殺。

王太尉問眉子：「汝叔名士，何以不推重？」眉子曰：「何有名士終日妄語！」注：「叔，王澄也。」

陶潛誡子書曰：「韓元長〔八二〕，漢末名士。身處卿位，八十而終。兄弟同居，至于没齒。汝輩慎之。」

楊準見王綱不振〔八三〕，縱酒不以官爲意〔八四〕，逍遥卒歲。成都王以其名士，惜而不責。

王敦將殺周顗、戴若思，温嶠于坐諫曰：「濟濟多士，文王以寧。安可戮諸名士，以自全生。」敦大怒，欲斬嶠，賴謝鯤救得免。

張軌爲涼州刺史，遂霸河西〔八五〕。後患風，口不能言，使子茂攝州事。酒泉太守張鎮潛引泰州太守賈龕以代軌，龕將受之。其兄責龕曰：「張涼州一時名士，威著西州，汝何以代之〔八六〕！」龕乃止。

阮放爲吏部郎，不免饑寒。庾亮、王導以其名士，常供衣食也。

阮修性簡，不修人事。絶不喜見俗人，遇便捨去[八七]。居貧，年四十餘未有室，王敦等歛錢爲婚，皆名士也，時慕之者求入錢而不得。

衛瓘字伯玉，討蜀。杜預聞瓘殺鄧艾，言于衆曰：「伯玉其不免乎！身爲名士，位居總帥，既無德音，又不御下以正，是小人而乘君子之器，當何以堪其責乎？」瓘聞之，不俟駕而謝。終如預言。

王湛，濟之叔也。濟才器沈邁，嘗詣湛，見牀頭有周易，問曰：「叔父何用此爲？」曰：「體中不佳，脱復時看耳。」濟請問，因剖析玄微[八八]，甚有奇趣，皆所未聞，濟不覺慄然。濟乃嘆曰：「家有名士，三十年而未知，濟之罪也。」

司馬太傅府多名士，皆一時儁異。庾文康云：「見子嵩在其中，常似神王[八九]。」

袁宏作名士傳，以夏侯泰初、何平叔、王輔嗣爲正始名士。阮嗣宗、嵇叔夜、山巨源、向子期[九〇]、劉伯倫、阮仲容、王濬沖爲竹林名士。裴叔則、樂彦輔、王夷甫、庾子嵩、王安期、阮千里、衛叔寶、謝幼輿爲中朝名士[九一]。

陸機爲惠帝起居注，稱裴頠雅有遠量，當朝名士也。

謝太傅語真長：「阿齡于此事故欲太厲。」劉曰：「亦名士之高操者。」注云：「阿齡，王胡之小字。胡之治身清約，以高操自居[九二]。」

沈文公曰〔九三〕：「人謂庾元規名士，胸中柴棘三斗許〔九四〕。」

劉訥有人倫鑒識。初入洛，見諸名士而嘆曰：「王夷甫太解明，樂彦輔我所敬，張茂先我所不解，周弘武巧于用短，杜方叔拙于用長。」

宋張緒少閒静〔九五〕，叔父鏡異之，比之樂廣。從父暢言于武帝前曰：「緒中朝名士。」

柳世隆幼孤，挺然自立，不與衆同。當世之名士張緒、王延之相從推慕，以爲君子之交。

齊孔稚珪早立名譽，當時名士陸惠曉、謝瀹、張融、何點〔九六〕，相與爲君子之交。

梁元帝嘗著金樓子，曰：「余于諸僧重招提琰法師〔九七〕，隱士重華陽陶貞白，士大夫重汝南周弘正，其于義理，精傳無窮，亦一時之名士也。」

唐崔元亮、韋夏卿〔九八〕，史臣曰：「崔、韋名士，薦賢致主，綽有古風。」

裴潛少弟徽，諸子皆爲名士，而楷才望最高。〔九九〕

77 冀州名士

魏許允世爲冠族，與清河王經俱稱冀州名士。

78 南嶽太師

後漢卷縣人維汜〔一〇〇〕，訞言稱神，坐伏誅。後其弟子李廣等宣言汜神化不死，以誑惑百姓。聚衆起兵，自稱南嶽太師，爲馬援所破。

79 關東大豪

後漢戴遵，字子高，平帝時，爲侍御史。王莽篡位，稱疾鄉里。家富，好給施〔一〇一〕，尚俠氣，食客常三四百人。時爲之語曰：「關東大豪戴子高。」

80 南土之秀

晉王導佐元帝，上言顧榮、賀循、紀瞻、周玘，皆南土之秀，願盡優禮，則天下安矣。帝納焉。

81 江左之秀

晉羅含，桓宣武温辟爲州别駕。以廨舍諠擾，於城西池小洲上立茅屋，伐木爲牀，織葦爲席而居，布衣蔬食，晏如也。桓温常與寮屬宴會，含後至。温問衆坐曰：「此士何如人？」時有答曰：「可謂荆楚之材。」温曰：「此自江左之秀，豈惟荆楚而已。」

82 吴中之秀

晉王忱字元達，弱冠知名，與王恭、王珣俱流譽一時。嘗造其舅范甯，與張玄相遇，甯使與玄語。玄正坐斂衽，待其有發，忱卒不與言，玄失望便去。甯讓忱曰：「張玄，吴中之秀，何不與說？」忱笑曰：「張祖希欲相識，自可見詣。」甯謂曰：「卿風流俊望，真後來之秀。」忱曰：「不有此舅，焉有此甥！」既而甯使報玄，玄束帶造之，始爲賓主。

83 酒徒

漢酈生曰：「吾高陽酒徒，非儒人也。」　本傳

本條涵本說郛卷三引，據輯。

84 烟波釣徒

張志和也。〔一〇二〕

本條涵本説郛卷三引，據輯。

85 山長二則

五代零陵蔣維東好學〔一〇三〕，能屬文。乾祐中，常隱居衡岳，從而受業五十餘人，號維東爲山長云。荆湘近事〔一〇四〕

尹恭初，閬州人也。家世儒業，通五經，善談論。唐刺史孫丘置學舍于州北古臺山，以恭初爲山長。學者大集，恭初不下山二三年，教誨不倦。

86 有莘媵臣　渭濱賤老

魏李康運命論：「伊尹，有莘之媵臣也，而阿衡於商；太公，渭濱之賤老也，而尚父於周。」

87 南山四皓　淮陽一老

前漢應曜隱於淮陽山中，與四皓俱徵，曜獨不至。時人語曰：「南山四皓不如淮陽一老。」後漢應劭，八代祖也。

校勘記

〔一〕今范君亦寡人之仲父也　「仲父」，史記卷七九范睢傳作「叔父」。

〔二〕情好日密　「密」，晉書卷六五王導傳作「隆」。

〔三〕恐非政化之本　「政化」，晉書卷七五王承傳引同，世説新語卷上政事作「致理」，徐震堮世説新語校箋謂「理」當作「治」，乃唐人避高宗諱之故。

〔四〕道安無以出之　「道安」原作「謝安」，十六國春秋卷四一前秦録、晉書卷一一四苻融載記、通志卷一八九載記並作「謝安」。案：謝安、道安二人時代相若，皆能談玄論道，然諸書引均無作「謝安」，今據改。

〔五〕何長瑜今之仲宣　「何」下原衍「三」字，據宋書卷六七謝靈運傳删。

〔六〕北齊邢邵嘗與裴伯茂並於北海王昕舍宿飲　「昕」原作「所」，「飲」原作「歆」，蓋因形近而訛，今據北齊書卷三六邢邵傳改。

〔七〕遲遲久矣　舊唐書卷一六六元稹傳「遲遲」作「遲之」。

〔八〕請見其所有　舊唐書卷一六六元稹傳「見」作「出」。

〔九〕以豁其懷　舊唐書卷一六六元稹傳「其」作「予」。

〔一〇〕兄亮嘗曰吾家晏平仲也　「兄亮」、「家」字原闕，據世説新語卷中方正注引晉陽秋補。

〔一一〕案：本條出新唐書卷二一四劉從諫傳，今引之如下：「甄戈者，頗任俠，從諫厚給邺，坐上座，自稱荆卿。從諫與定州戍將有嫌，命戈取之，因爲逆旅上謁，留飲三日，乘間斬其首。它日，又使取仇人，乃引不逞者十餘輩劫之。從諫不悦，號『僞荆卿』。」

〔一二〕風流宗　原作「荀奉倩袁曜卿」，涵本説郛卷三引實賓録作「風流宗」，云：「晉王濛，凡稱風流者，舉濛爲宗。」然文字頗有脱落，觀舊輯本下文「凡稱風流者，舉劉惔爲宗」，與晉書所云「舉濛、惔爲宗」有别，推知原書「風流宗」或單指劉惔，今據涵本説郛改。

〔一三〕舉劉惔爲宗焉　「劉惔」，晉書卷九三王濛傳作「濛惔」。

〔一四〕本傳　原闕，據涵本説郛卷三引實賓録補。

〔一五〕四庫館臣案：「田游巖，唐高宗時人，隱箕山。此書誤作田巖游箕山，今改正。」

〔一六〕以馬稍刺道邊枯樹　「樹」，南齊書卷三五長沙威王晃傳作「蘖」。

〔一七〕銀纏皆卷而稍不出　「而」字原闕，據南齊書卷三五長沙威王晃傳補。

〔一八〕此吾家任城　「吾家」，梁書卷二九廬陵威王續傳、南史卷五三廬陵威王續傳引並作「我之」。

〔一九〕宋廬陵王禕　「廬陵王」，宋書卷八明帝紀作「廬江王」，中華書局點校本南史卷一四廬江王禕傳據宋宗室及諸王傳「廬陵王」爲武帝子義真封號，改作「廬江王」，今姑仍原書之舊。

〔二〇〕注老子章句　「注」，高士傳卷中作「著」。

〔二一〕太牢公　宛本説郛卷六作「太牢御史」。

〔二二〕綺紈子安得預此　「安得預此」，類説卷一五作「何預斯堂」。

〔二三〕涼國李逢吉呼僧孺曰太牢公　「涼」原作「梁」，全唐文卷七一〇周秦行紀論注引作「涼」，舊唐書卷一六七李逢吉傳：「逢吉尋封涼國公，邑千户，兼右僕射。」據改。

〔二四〕員從而請渡焉　四庫考證謂：「原本『從』訛『促』，據吕氏春秋改。」

〔二五〕形不可得見者　「形」，吕氏春秋卷一〇孟冬紀異寶作「身」。

〔二六〕官階御史卑　舊唐書卷一九〇司空圖傳「階」作「班」。

〔二七〕不用歎屯奇　舊唐書卷一九〇司空圖傳「歎」作「念」。

〔二八〕松敬想結廬人境　全唐文卷一三四答王績書無「松」字。

〔二九〕南安有九日山　「九日山」原作「九里山」，新唐書卷一九六秦系傳作「九日山」，案：輿地紀勝卷一三〇引寰宇記謂九日山「在南安縣西一里，連晉江縣，唐秦系隱此山。」今據改。

〔三〇〕研注老子　新唐書卷一九六秦系傳作「穴石爲研，注老子」。

〔三一〕真高士　原作「高士」，涵本説郛卷三引實賓録作「真高士」，據改。

〔三二〕本傳　原闕，據涵本説郛卷三引實賓録補。

〔三三〕本傳　原闕，據涵本説郛卷三引實賓録補。

〔三四〕貴州必欲追蹤竇融　「必」原作「心」，據晉書卷八六張駿傳改。

〔三五〕和好卿能保之乎　晉書卷八六張駿傳「和好」上有「款誠」二字，則句斷當作「款誠和好，卿能保之乎」。

〔三六〕教化常如今日可也　晉書卷八六張駿傳「教化」作「趙國之化」。

〔三七〕本傳　原闕，據涵本説郛卷三引實賓録補。

〔三八〕案：本條出後漢書卷五三徐穉傳，今引之如下：「徐穉字孺子，豫章南昌人也。〔中略〕及〔郭〕林宗有母憂，穉往弔之，置生芻一束於廬前而去。衆怪，不知其故。林宗曰：『此必南州高士徐孺子也。詩不云乎，「生芻一束，其人如玉。」吾無德以堪之。』」

〔三九〕蓋萬一焉　元氏長慶集卷二九與史館韓侍郎書「萬」作「百」。

〔四〇〕以永永於來世　原闕一「永」字，據元氏長慶集卷二九與史館韓侍郎書補。

〔四一〕唐王承昇妹國色　「王」原作「主」，據劉賓客嘉話録改。

〔四二〕不得嫁進士朝官　「得」原作「聽」，據劉賓客嘉話録改。

〔四三〕桓玄傳　原闕，據涵本説郛卷三引實賓録補。

〔四四〕俄乞致仕於方山　南史卷三〇何尚之傳「山」下有「著退居賦以明所守」八字，則句斷當作「俄乞致仕，於方山著退居賦以明所守」。

〔四五〕本傳　原闕，據涵本説郛卷三引實賓録補。

〔四六〕嚴光樊英天隱　「天隱」，中説卷六禮樂篇作「名隱」。

〔四七〕脱迹混俗　「脱迹」，中説卷六禮樂篇注作「詭迹」。

〔四八〕不自求别於人　中説卷六禮樂篇注「人」上有「衆」字。

〔四九〕案：「惟變所適」至「天隱也」乃阮逸注文，涵本説郛羼入正文，今據正。

〔五〇〕雲溪友議　原作「雲隱大議」，新唐書卷五九藝文志：「范攄，雲溪友議三卷」，本條出雲溪友議卷中「吴門秀」條，今據改。

〔五一〕孝隱士　原作「隱士」，案：涵本説郛卷三引「游俠隱士」二則，其一云：「齊何默以父不娶，世稱游俠隱士。」核之本書，與本條論孝蓋無關連，似不應冠以「游俠」之名。大典卷一三四五〇引實賓録鈔於「隱士」條下，雖無「游俠」二字，蓋亦非原書之貌，今據文改作「孝隱士」，以别於下條「游俠隱士」。

〔五二〕世稱孝隱士　「孝」字原闕，據大典卷一三四五〇引實賓録補。

〔五三〕以兄事之　「之」字原闕，據資治通鑑卷二七九後唐紀補。

〔五四〕通鑑　原闕，據涵本説郛卷三引實賓録補。

〔五五〕時人號曰游俠隱士　南史卷三〇何點傳「隱士」作「處士」。

〔五六〕案：本條出南史卷三〇何點傳，今引之如下：「點雖不入城府，性率到，好狎人物。遨游人間，不簪不帶，以人地並高，無所與屈，大言踑踞公卿，敬下。或乘柴車，躡草屩，恣心所適，致醉而歸。故世論以點爲孝隱士，弟胤爲小隱士，大夫多慕從之。時人稱重其通，號曰『游俠處士』。」

〔五七〕檮杌　原闕，據涵本説郛卷三引實賓録補。

〔五八〕吾已採蘭若　「已」，李太白集卷二三作「亦」。

〔五九〕從鍊全生藥　四庫考證：「李白集作『從此鍊金藥』，與此小異。」

〔六〇〕江南望士　宛本説郛卷六作「天下望士」，涵本説郛卷三引實賓録無「江南」二字，四庫本據文稱「江南望士」，今從。

〔六一〕府大事煩　「煩」，晉書卷六八顧榮傳作「殷」，蓋避宋諱改。

〔六二〕本傳　原闕，據涵本説郛卷三引實賓録補。

〔六三〕高尚其志　「志」，大典卷一三四五〇引實賓録同，晉書卷九二左思傳作「事」。

〔六四〕爲之東序　「東」字原闕，據大典卷一三四五〇引實賓録補，晉書卷九二左思傳「東」作「都」。

〔六五〕丘園逸士　原作「逸士」，本條見大典卷一三四五〇引實賓録，並隸於「逸士」下，四庫館臣據之爲題。涵本説郛卷三引實賓録作「丘園逸士」，當存舊本之貌，據改。

〔六六〕年過耳順而所尚無忘　「忘」，大典卷一三四五〇引實賓録同，晉書卷九四伍朝傳作「虧」。

〔六七〕丘園之逸士也　「逸士」，大典卷一三四五〇引實賓録同，晉書卷九四伍朝傳作「逸老」。

〔六八〕案：本條出晉書卷七一孫惠傳，今迻録如下：「孫惠字德施，吴國富陽人，吴豫章太守賁曾孫也。［中略］後東海王越舉兵下邳，惠乃詭稱南嶽逸士秦祕之，以書干越曰……」。

〔六九〕案：「逸民」兩見於論語，卷一八微子：「逸民：伯夷、叔齊、虞仲、夷逸、朱張、柳下惠、少連。子曰：『不降其志，不辱其身，伯夷、叔齊與！』謂『柳下惠、少連，降志辱身矣，言中倫，行中慮，其斯而已矣』。謂『虞仲、夷逸，隱居放言。身中清，廢中權。我則異於是，無可無不可。』」卷二〇堯曰：「興滅國，繼絶世，舉逸民，天下之民歸心焉。」

〔七〇〕晉鄭方自號　「鄭方」原作「鄭芳」，晉書卷五九鄭方傳：「鄭方者，字子回。慷慨有志節，博涉史傳，卓犖不常，鄉閭有識者歎其奇，而未能薦達。及冏輔政專恣，方發憤步詣洛陽，自稱荆楚逸民。」據改。

〔七一〕案：「四明逸老」語出李太白文集卷二七金陵與諸賢送權十一昭夷序：「吾希風廣成，蕩漾浮世。素受寶訣，爲三十六帝之外臣。即四明逸老賀知章呼余爲謫仙人，蓋實録耳。」

〔七二〕案：歐陽文忠公集集古録跋尾卷一〇瘞鶴銘：「右瘞鶴銘，題云華陽真逸撰，刻於焦山之足，常爲江水所没，好事者伺水落時，模而傳之，往往祇得其數字。」

〔七三〕故益部爲之語曰　四庫考證：「原本『部』訛『都』，據漢書改。」

〔七四〕五代唐帝時謂史虚白曰真處士也　涵本説郛卷三引實賓録原作「唐鄭重蒔松於庭，號真處士。」鄭重，未詳其人，新唐書卷一七七有鄭薰傳：「薰端勁，再知禮部舉，引寒俊，士類多之。既老，號所居爲隱巖，蒔松于廷，號『七松處士』。」「蒔松于庭」與本條引同，知「鄭重」乃「鄭薰」之誤，然鄭薰不稱「真處士」，今核之沈本説郛，「真處士」乃「史虚白」，益證涵本説郛鈔録有誤，今據沈本改。

〔七五〕本傳　原闕，據涵本説郛卷三引實賓録補。

〔七六〕年十七　三國志卷九魏書夏侯玄傳注引魏略「七」下有「八」字。

〔七七〕魏荀粲　「魏」字原闕，據大典卷一二〇一六引實賓録補。

〔七八〕簡貴不與常人交　「貴」、「交」，大典卷一二〇一六引實賓録作「重」、「友」。

〔七九〕至葬　三國志卷一〇魏書荀彧傳注「葬」下有「夕」字。

〔八〇〕送者纔十餘人　「餘」字原闕，據三國志卷一〇魏書荀彧傳注補。

〔八一〕元顯無良師友　「無」原作「元」，據晉書卷六四簡文三子傳改。

〔八二〕韓元長　原作「韓長元」，陶淵明集卷七與子儼等疏作「韓元長」，其事見後漢書卷六二韓韶傳：「子融，字元長。少能辯理而不爲章句學。聲名甚盛，五府並辟。獻帝初，至太僕。年七十卒。」據改。

〔八三〕楊準見王綱不振　「楊準」原作「王淮」，三國志卷一九魏書陳思王植傳注：「（楊）脩子囂，囂子準，皆知名於晉世。［中略］準字始丘，惠帝末爲冀州刺史。」知「王」爲「楊」之訛。「準」原作「淮」，本傳注引皆作「準」，點校本晉書引吴仕鑑晉書斠注：「魏志陳思王傳注引世語、荀綽冀州記，王粲傳注引晉諸公贊及樂廣傳『楊淮』皆作『楊準』。疑『淮』爲『準』之譌。」今據改。

〔八四〕縱酒不以官爲意　「意」下原衍「常」字，據三國志卷一九魏書陳思王植傳注引荀綽冀州記删。

〔八五〕遂霸河西　「河西」原作「西河」，據晉書卷八六張軌傳乙。

〔八六〕汝何以代之　晉書卷八六張軌傳「何」下有「德」字。

〔八七〕遇便捨去　「去」下原有「爲黄門郎」四字，案：本條見晉書卷四九阮修傳，「爲」上原有「偉後」二字，知爲黄門郎者當是梁國張偉，與阮修無關。此四字與上文不連屬，蓋抄録有誤，今據删。

〔八八〕因剖析玄微　晉書卷七五王湛傳「玄微」作「玄理」。

〔八九〕常似神王　世説新語卷中賞譽「似」作「自」。

〔九〇〕向子期　「向子期」原作「向子奇」，晉書卷四九向秀傳云：「向秀字子期」，此段出世説新語卷上文學劉孝標注，所引亦同，蓋二字音近而訛，據改。

〔九一〕謝幼輿爲中朝名士　「謝幼輿」原作「劉初輿」，世説新語卷上文學劉孝標注作「謝幼輿」，同卷注引晉陽秋：「謝鯤，字幼輿。」據改。

〔九二〕以高操自居　世説新語卷中賞譽劉孝標注「高」作「風」。

〔九三〕沈文公曰　「沈文公」，世説新語卷下輕詆作「深公」，余嘉錫世説新語箋疏引高僧傳云：「竺道潛字法深，姓王，瑯琊人，晉丞相武昌郡公敦之弟也。」疑作「深公」爲是。

〔九四〕胸中柴棘三斗許　「三」下原衍「千」字，據世説新語卷下輕詆删。

〔九五〕宋張緒少閒静　南史卷三一張緒傳「少閒静」作「少知名」。

〔九六〕何點　太平御覽卷四〇八人事部「何點」下有「沈淵」二字。

〔九七〕余于諸僧重招提琰法師　四庫考證：「原本『諸僧』訛『諸生』，據陳書改。」

〔九八〕唐崔元亮韋夏卿　「崔元亮」、「韋夏卿」原作「韋元亮」、「崔夏卿」，案：舊唐書卷一六五崔玄亮傳：「崔玄亮，字晦叔，山東磁州人也。」同卷韋夏卿傳：「韋夏卿，字雲客，杜陵人。」據改。

〔九九〕案：本條原題「冀州名士」，四庫館臣條下按語云：「裴潛一段與上詞義不連屬，當是原本别爲一條，而大典誤合爲一者。」三國志卷二三魏書裴潛傳注云：「潛少弟徽，字文季，冀州刺史。有高才遠度，善言玄妙。」裴徽雖曾任冀州刺史，然本條只云裴徽諸子堪稱名士，未言冀州之名，今據文改。

〔一〇〇〕後漢卷縣人維汜　「維汜」原作「雖汜」，四庫考證云：「『雖汜』，後漢書作『維汜』，與此異。」蓋「雖」爲「維」之形訛，今據後漢書卷二四馬援傳改。

〔一〇一〕好給施　「給」原作「洽」，據後漢書卷八三戴良傳改。

〔一〇二〕案：本條見新唐書卷一九六張志和傳，今引之如下：「張志和字子同，婺州金華人。〔中略〕十六擢明經，以策干肅宗，特見賞重，命待詔翰林，授左金吾衛録事參軍，因賜名。後坐事貶南浦尉，會赦還，以親既喪，不復仕，居江湖，自稱煙波釣徒。」

〔一〇三〕五代零陵蔣維東好學　「學」，涵本説郛作「遐舉」。

〔一〇四〕荆湘近事　原闕，據涵本説郛卷三引實賓録補。

實賓録卷三

1 三族

魯僖公七年，鄭伯使太子華聽命於會，言於齊侯曰：「洩氏、孔氏、子人氏三族，實違君命。君若去之以爲成，我以鄭爲内臣，君亦無所不利焉。」

2 四族二臣

陸機連珠曰：「披雲看霄，則天文清；澄風觀水，則川流平。是以四族放而唐劭，二臣誅而楚寧〔一〕。」注：「四族，四凶也。」左傳：「楚郤宛之難，國言未已。子常殺費無極與鄢將師，盡滅其族，以悦於國。於是謗言乃止。」

3 四姓　五姓

唐柳芳論姓氏曰：「今流俗獨以崔、盧、李、鄭爲四姓，加太原王氏號五姓，蓋不經也。

文之弊，至於尚官；官之弊，至於尚姓；姓之弊，至於尚詐。」

4 七姓二則

魯襄公十一年，晉悼公會諸侯盟，載書曰：「凡我同盟，毋蘊年，毋壅利，毋保姦，毋留慝，救災患，恤禍亂，同心以獎王室〔二〕。或間兹命，司慎、司盟，名山、名川，群神、群祀，先王、先公，七姓、十二國之祖，明神殛之，俾失其民，墜命亡氏，踣其國家。」注云：「七姓，晉、衛、魯、鄭、曹、滕、姬姓；邾、小邾，曹姓；宋，子姓；齊，姜姓；莒，己姓；杞，姒姓；薛，任姓。十三國，言十二，誤矣。」

唐太宗嘗以山東尚閥閲，後雖衰，子孫猶世望，嫁娶必多取貲，故人謂之賣昏。乃詔高士廉等，摘其譜牒爲氏族志。又詔後魏隴西李寶、太原王瓊、滎陽鄭温、范陽盧子遷、盧澤〔三〕、盧輔，清河崔宗伯、崔元孫，前燕博陵崔懿，晉趙郡李楷，凡七姓十家，不得自爲婚。

5 萬石君二則

漢石奮也。　本傳〔四〕

本條涵本説郛卷三引，據輯。

後漢馮勤，曾祖父楊，宣帝時爲弘農太守。有子八人，皆爲二千石，趙、魏間榮之，號曰「萬石君」。　本傳

本條涵本説郛卷三引，據輯。

6 萬石秦氏〔五〕

後漢秦襲任潁川太守〔六〕，與群從同時爲二千石者五人，故三輔號曰「萬石秦氏。」〔七〕

本傳〔八〕

7 孝泌

齊江泌，性行仁義，衣敝蝨多，綿裹置壁上，恐蝨饑死，乃復置衣中。數日間，終身無復蝨。母墓爲野火所燒，依「新宮災，三日哭」，淚盡繼之以血。與族人泌同名，世謂泌爲「孝泌」以別之。

8 孝孫

原穀者，不知何許人。祖年老，父母厭患之，意欲棄之。穀年十五，泣涕苦諫。父母

不從，乃作輿舁棄之。慤乃隨收輿歸。父謂之曰：「爾焉用此凶具？」慤乃答曰：「後父老不能更作得，是以取之耳。」父感悟愧懼，乃載祖歸侍養，克己自責，更成純孝，慤爲孝孫。

9 孝馮家

唐馮子華廬親墓，有靈芝、白兔，世謂「孝馮家」。　馮宿傳

本條涵本説郛卷三引，據輯。

10 孝張里

唐白居易爲河州刺史張擇神道碑曰〔九〕：「張爲著姓尚矣。自漢太傅良、侍中肱，晉司空華、丞相嘉以降，勳賢軒冕，歷代不乏。肱避地渡江，始居於吴，故其子孫稱吴郡人。嘉以孝弟聞於郡，故其所居號孝張里。」

11 孝行張氏〔一〇〕

宋張楚母疾，命在屬纊，楚祈禱苦至，燒指自誓，精誠感悟，疾時得愈〔一一〕。詔榜門曰「孝行張氏之閭」。　張退之傳〔一二〕

12 萬石張家

唐張文瓘拜侍中，四子：潛爲魏州刺史、沛同州刺史、洽衛尉卿、涉殿中監。父子皆至三品，時謂「萬石張家」。本傳〔一三〕

13 書樓張家

五代周張昭遠好學，積書萬卷〔一四〕，以樓載之，號「書樓張家」〔一五〕。五代史補〔一六〕

14 三相張家

唐張嘉貞相玄宗，延賞相德宗，弘靖相憲宗。先第在東都思順里〔一七〕，盛麗甲當時，歷五世無所增葺，時號「三相張家」。弘靖傳〔一八〕

15 三戟張家

唐張儉兄弟三人門皆立戟，號「三戟張家」。本傳

本條沈本説郛引，據輯。

16 三戟崔家

唐崔琳，伯仲群從多至大官。每燕集，組印相輝〔一九〕，華轂滿門，設一榻以置象笏，猶重疊其上。軒裳之盛，無與其比。私第在東都，並列棨戟，當時號爲「三戟崔家」。舊傳〔二〇〕

17 龍舌張氏

唐開元中，南陽張嵩都護北庭。或告黑河有龍，宜祀之。嵩乃備牲牢，令左右挾弓矢侍其側，祀於河上。俄有巨龍長百尺，伸其舌數尺，方將就食。發矢射之，中其脅而死，封其首，具表以聞〔二一〕。上壯其勇，詔斷舌，函以賜嵩，因賜號爲「龍舌張氏」。

18 點頭崔家

崔雍兄弟八人，皆登進士乙科〔二二〕，世號「點頭崔家。」金華子

本條涵本説郛卷三引，據輯。

19 孝義劉家

唐劉審禮，當襲父爵，遜其弟，不聽。見父執必慼泗滂沱，事繼母尤謹。與弟延景爲師友〔二三〕，得禄多資之，而妻子執寒苦，晏如也。再從皆同居，合二百口，内外無間言。子易從又以孝聞〔二四〕，時號爲「孝義劉家」。本傳〔二五〕

20 豢龍劉氏〔二六〕

五代梁太祖微時，嘗傭力徐州蕭縣人劉崇家。及即位，召崇爲商州刺史。崇之母撫梁祖有恩，梁祖號爲「國婆」，徐、宋之民謂崇爲「豢龍劉氏」〔二七〕。舊傳〔二八〕

21 法名家〔二九〕

後漢吴雄少時家貧，喪母，營人所不封土者，擇葬其中。喪事趣辨，不問時日，醫巫皆言當滅族，而雄不顧。及子訢孫恭，三世廷尉，爲法名家〔三〇〕。注云：「名爲明法之家也。」〔三一〕郭躬傳〔三二〕

22 郎官家

唐韋維，世號「郎官家」。（韋虚心傳〔三三〕）

本條涵本説郛卷三引，據輯。

23 真書盧家

唐盧詹尚書任吏部，押官告〔三四〕，楷署其名，字體遒麗，時人謂之「真書盧家」。（新書〔三五〕）

24 尖頭盧家

五代盧膺祖父仕唐，俱至顯官，子孫生而頭鋭，時人號「尖頭盧家」。（九國志）

本條涵本説郛卷三引，據輯。

25 闕下林家

唐林攢，莆田人。貞元初，爲福唐尉。親亡，自埏甓作塚，廬其右，有白烏來，甘露降。

觀察李若初遣官驗實〔三六〕，會露晞，里人失色，攢哭曰：「露禍我耶？」俄而露復降，烏亦回翔。詔作二闕於母墓前，又表其閭，蠲徭役，時號「闕下林家」。　本傳〔三七〕

26 鈒鏤王家〔三八〕

後魏太原王氏，四姓得之爲美，故呼爲「鈒鏤王家」，喻銀質而金飾也〔三九〕。　國史補〔四〇〕

27 五侯王家

隋王龍之財帛埒於王侯，五子各立一院，邑里號爲「五侯王家」。　西京記

本條涵本説郛卷三引，據輯。

28 鳳閣王氏

唐王擇從昆弟四人〔四一〕，皆擢進士，至鳳閣舍人〔四二〕，號「鳳閣王氏」。　本傳

本條涵本説郛卷三引，據輯。

29 不語楊家

五代吴楊行密，其先弘農人，後家於合肥，世有一子病瘖，鄉里號爲「不語楊家」。

九國志〔四三〕

30 世修降表李家

五代蜀李昊仕前蜀，爲翰林學士。仕後蜀，位宰相。前蜀王衍降於莊宗，昊草其表。後蜀孟昶之降其表，亦昊所爲。蜀人憤之〔四四〕，有潛題其門者云：「世修降表李家」，見者哂之。

九國志〔四五〕

31 修行諸楊

唐濠州録事參軍楊遺直四子：發、假、收、嚴〔四六〕，取四時義，皆舉進士第。發、收仍位顯列，號修行諸楊，與靖恭諸楊同盛。〔四七〕

32 靖恭諸楊

唐祭酒楊寧四子：汝士、虞卿、漢公、魯士，並知名於時。汝士少苦學，善屬文，至老手不釋卷，終於刑部尚書。開成初，汝士爲劍南東川節度使，時族弟嗣復鎮西蜀，對節制閭〔四八〕，以篇詠往來，時人榮之。初，虞卿與汝士同爲省郎並嘗知制誥，而虞卿資望居先，乃求判南曹以避之。士林多其相讓，兄弟敦睦，時稱「盛閥」，號「靖恭諸楊」。

33 篤行董氏

宋董陽三世同居〔四九〕，詔榜其門曰「篤行董氏之閭」。〔五〇〕 本傳

本條涵本說郛卷三引，據輯。

34 義門裴氏

唐裴敬彝，曾祖子通。居母喪，哭喪明，有白烏巢冢樾。兄弟八人皆爲明孝〔五一〕，時人謂孝感所致。詔表門闕，世謂「義門裴氏」〔五二〕。 本傳〔五三〕

本條涵本說郛卷三、大典卷二三四五並引，據大典輯。

35 二王六則

後漢王丹資性方潔，王良在位恭儉，而宣秉亦甘疏薄，鄭均恭儉節整。贊曰：「宣、鄭、二王，奉身清方」云。

晉羊祜正慤無私，疾惡推仁〔五四〕。從甥王衍嘗詣祜陳事，辭甚俊辯。祜不然之，衍拂衣起。步闡之役，祜以軍法將斬王戎，故戎、衍並憾之，每言論多毁祜。時人爲之語曰：「二王當國，羊公無德。」

王子猷、子敬曾俱坐一室，上忽火發。子猷遽走避，不遑取屐。子敬神色恬然，徐喚左右，扶憑而出，不異平常。世以此定二王神宇〔五五〕。注：子猷，徽之；子敬，獻之，皆羲之子也。

宋王延之，少静默。宋德既衰，齊高帝輔政，朝野之情，人懷彼此。延之時爲僕射，與尚書令王僧虔中立無所去就，時人語曰：「二王居平，不送不迎。」高帝以此善之〔五六〕。

齊張融善草書，常自美其能。帝謂之曰：「卿書殊有骨力，但恨無二王法耳！」答曰：「非恨臣無二王法，亦恨二王無臣法。」

梁王銓，美風儀，學業不及弟錫，而孝行齊焉。時人謂銓、錫二王，可謂玉昆金友。

36 三王三則

江夏安樂縣有三王城，漢末，王匡〔五七〕、王鳳、王常所屯，故謂之三王城。唐韓愈爲修滕王閣記曰：「愈少時即聞江南多登臨之美，而滕王閣爲第一，有瑰瑋絶特之稱；及得三王所爲序賦記等，壯其文詞，益欲往一觀而讀之，以忘吾憂；繫官於朝，願莫之遂。今爲記，竊喜載名其上，辭列三王之次，有榮耀焉。」注云：王勃作游閣序，王緒作賦，今中丞王公爲從事日作修閣記。中丞謂王仲舒云。

唐王珣，方翼之子也。與兄瑨、弟璿皆以文學稱，時號爲「三王」。

37 二鍾

晉鍾會是荀濟北從舅，二人情好不協。荀有寶劍，可直百萬，常在母鍾夫人處。會善書，學荀手跡，作書與荀母取劍，仍竊去不還。荀知是鍾書而無由得〔五八〕，思所以報之。後鍾兄弟以千萬起一宅，始成，甚精麗，未得移住。荀極善畫，乃潛往畫鍾堂門，作太傅形狀，衣冠狀貌如平生。二鍾入門，大感慟，宅遂空廢。注云：「太傅名繇，二鍾謂繇二子毓、會云。」

38 二曹

後魏彭城王勰初爲侍中，又除中書監，後以南征復命爲中軍大將軍，加鼓吹一部。勰以寵授頻煩，乃面陳曰：「臣聞兼親疏而兩，並異同而進〔五九〕，此既成文於昔，臣願頌之於後。陳思求而不允，臣不請而得。豈但今古云殊，遇異否泰〔六〇〕？」帝大笑，執勰手曰：「二曹才名相忌，吾與汝道德相親，緣此而言，無慚前列。」原注：「曹元首六代論云：『兼親疏而兩用，參同異而並進。』」

39 二陳

晉文帝與二陳共車，過喚鍾會同載，故駛車委去〔六一〕。比出，已遠。既至，因嘲之曰：「與人期行，何以遲遲？望卿遥遥不至。」會因答曰：「矯然懿實，何必同群。」帝復問：「皋陶何如人？」會答曰：「上不及堯、舜，下不逮周、孔，亦一時懿士。」注云：「二陳，騫與泰也〔六二〕。會父名繇，故以『遥遥』戲之。騫父矯，宣帝懿〔六三〕，泰父群，祖寔〔六四〕，故以此酬之。」

40 二解

晉孫旂潔静，少自修立。舉察孝廉，累遷黄門侍郎，出爲荆州刺史，名位與二解相亞。時解系與弟結並清身潔己〔六五〕，甚得時譽，皆仕黄門刺史云。

41 二傅

齊丘仲孚字公信，遷山陰令，居職甚有聲譽，百姓謡曰：「二傅沈劉，不如一丘。」前世傅琰父子、沈憲、劉玄明，相繼宰山陰，並有政績，言仲孚皆過之。

42 二黄

黄穆字伯開，博學。爲山陽太守，有德政，致甘露、白兔、神爵、白鳩之瑞。弟英〔六六〕，字仲開，爲武陵太守，貪穢無行。武陵人諺曰：「天有冬夏，人有二黄。」言不同也。

43 二武

唐武元衡、武儒衡〔六七〕，史臣曰：「二武爽技精才〔六八〕，爲時羽儀。」

44　二馮

馮宿、弟定，皆有文學，舉進士。時人比之漢朝二馮君。史臣曰：「三高並秀於一時，二馮争趨於千里〔六九〕。咸以摛英掞藻，華國揚名。」

45　三李

後魏高允作徵士頌，趙郡李詵令孫、李靈武符、李遐仲熙三人頌曰：「趙實名區，世多奇士，山岳所鍾，挺生三李。矯矯清風，抑抑容止，初九而潛，望雲而起。詵尹西都，靈惟作傅，載訓皇宫，載理雲霧。熙雖中夭，迹階郎署，餘塵可挹，終亦顯著。」

46　三張　二則

後漢順帝時，張陵客遊蜀土，斂租税米，謀爲亂階，時被蛇吞。其後陵孫張魯行其祖術，後於漢中自稱師君。禍亂方起，爲曹公所滅。又中平元年，鉅鹿張角自稱黄天部師，有三十六將〔七〇〕，皆着黄巾，衆至十萬。何進將兵滅之。珠林號爲「三張」〔七一〕。

唐崔祐甫爲洪州都督，張休遺愛碑曰：「昔張庭珪牧洪州〔七二〕，甚得人譽，張九齡繼之，逮府君又有裕焉。故邦人有三張之目。」

47 三楊

唐楊虞卿，當李宗閔、牛僧孺輔政，累遷給事中。虞卿佞柔，善諧謔權倖〔七三〕，倚爲姦利。歲舉選者，皆走門下，書第注員，無不得所欲，升沉在牙頰間。當時有蘇景徹〔七四〕、張元夫，而虞卿兄弟汝士、漢公爲人所奔向，故語曰：「欲趨舉場，先問蘇、張。蘇、張猶可，三楊殺我。」

48 三周

梁周弘正善玄理，爲世所宗。弟弘遜性簡素〔七五〕，博學多通。幼弟弘直，方雅敦厚，氣調高於次昆。或問三周孰賢，人曰「若蜂腰矣」。

49 三羅

唐羅虬詞藻富贍，與宗人隱、鄴齊名。咸通、乾符中，時號「三羅」。

50 方王

梁柳惔〔七六〕，字文深，少有大意，通老、易，官黄門侍郎。與瑯琊王峻齊名，俱爲中庶子，時人號爲「方王」〔七七〕。

51 二陸三張

晉張載弟協，有才齊名。亢才藻不逮二昆，亦有屬綴，時人謂載協亢、陸機雲曰「二陸」、「三張」。史臣曰：「二陸入洛，三張減價。考覈其文，非徒語也。」

52 三陸二則

南齊陸惠曉三子〔七八〕：倕、任、倕並有美名，時人謂之「三陸」。

唐陸扆與宗人希聲、威，文才重德，名冠一時，朝中號「三陸」。

53 東海三何

梁何思澄與宗人遜及子朗俱擅文名，時人語曰：「東海三何，子朗最多。」思澄聞之，曰：「此言誤耳！如其不然，故當歸遜。」思澄意謂宜在己也。子朗早有才思，常爲敗家賦，擬莊周馬捶〔七九〕，其文甚工。世人語曰：「人中爽爽有子朗〔八〇〕。」

54 兩邢二魏

後魏魏季景清苦自立〔八一〕，博學有文才，弱冠有名京師。時邢子明稱有才學，殆與子才相侔，季景與收相亞，洛中號「兩邢二魏」。

55 二李三楊

唐李德裕、李宗閔、楊虞卿、弟漢公、汝士傳贊曰：「漢誅鈎黨，魏破疽囊。何鄧之後，二李三楊。偷權報怨，任國存亡。書茲覆轍，敢告巖廊。」

56 八裴八王

裴徽，字文秀。第三子楷，字叔則。楷弟綽，字季舒。楷子瓚，字國寶。楷孫欽，子遐，字景初。瓚子遐，字叔道。徽第二子康，字仲豫。楷孫季，子頠，字逸民。王祥，字休徵。族子戎，字濬沖。戎從弟衍，字夷甫。衍弟澄，字平子。戎子綏，字萬子。衍子玄，字眉子。覽孫導，字茂弘。覽孫基，子敦，字處仲。謂之「河東八裴，琅邪八王。」

57 前賈後張

唐張仁愿檢校洛州長史，會多盜，仁愿一切捕殺，胔積府門，畿甸震懾，無敢犯。先是，賈敦頤嘗爲長史，有政績，時人爲之語曰：「洛有前賈後張，敵京兆三王〔八二〕。」

58 大荀小荀

晉荀晞代王敦爲青州，以嚴刻立功，日加斬戮，流血成川，人不堪命，號曰「屠伯」。後晞出屯無鹽，以弟純領青州，刑殺更甚於晞，百姓號「小荀酷於大荀」。

59 大崔生小崔生

後魏崔亮與族兄光依隴西李沖。沖見亮，甚奇之，以爲館舍。謂其兄子彥曰〔八三〕：「大崔生寬和篤雅，汝宜友之；小崔生峭整清徹〔八四〕，汝宜敬之。二人終將大至。」

60 大鄭君小鄭君

後魏鄭述祖爲兖州刺史，時有一人入市盜布，歸，其父怒曰：「爾負吾君〔八五〕！」執之以歸首，因特原之，自是境内無盜。先是述祖父道昭亦嘗爲兖州刺史〔八六〕，至是百姓歌曰：「大鄭君、小鄭君相去五十載，風教猶尚存。」

61 老杜小杜

唐杜甫、杜牧皆以詩聞於時，世以甫爲「老杜」，牧爲「小杜」云。

62 大令小令

王珉代王獻之爲中書令，二人素齊名，世謂獻之爲「大令」，珉爲「小令」。原注：晉陽秋云：「王大令、王小令、獻之、珉，四從兄弟也。」〔八七〕

63 大樞小樞

僞蜀潘峴累遷宣徽南院使〔八八〕、内樞密使，出爲黔南節度，而從弟峭代掌樞機。自黔召還，值元膺亂，復爲内樞密使。兄弟同掌機衡，號爲「大樞」、「小樞」。

64 大二小二

後魏崔長謙，與兄休第二子仲文同年而月長，其家謂之「大二」、「小二」。

65 二仲

漢求仲、羊仲不知何許人，皆治車爲業，挫廉逃名。蔣元卿之去兖州，還杜陵，荊棘塞門。舍中有三徑，不出，唯二人從之游，時人謂之「二仲」。

66 二超

齊檀超，高平金鄉人。少好文學〔八九〕，弛誕任氣。嗜酒，好談詠，自比晉郗超，言高平有二超。又謂人曰：「猶覺我爲優也。」

67 二衡

唐武元衡洎從弟儒衡，贊曰：「后族峥嶸，平一辭榮。高風襲慶，鍾在二衡。」

68 **三長**

郭篤字長信，與從舅扶風郡王宏字長文，平陶字長材相善並知名，海内號太原有「三長」焉。

69 **五伯**

後漢鄧彪，字智伯，南陽新野人。與同郡宗武伯、翟敬伯、陳綏伯、張弟伯同志好，齊名，南陽號「五伯」。

70 **八慈二方**

後漢陳寔六子，紀、諶最賢。紀字元方，諶字季方，齊德同行，父子並著高名〔九〇〕。荀淑贊曰：「太丘道廣〔九一〕，模我彝倫。曾是淵軌，薄夫以惇。慶基既啓，有蔚潁濱。二方承則，八慈繼塵。」

71 大小王東陽

梁王承爲東陽太守，性簡貴有風格。右衛朱异當朝用事，每休暇，車馬填門。有魏郡申英者，門寒才俊，好危言高論，以忤權右，指异門曰：「此中輻凑，皆爲利往，能不至者，惟大小王東陽耳！」小東陽即承弟幼也〔九二〕。

72 韓李二文公

唐韓愈謚曰：「文而李翺始，從愈爲文章，辭致渾厚，見推當時，故有司亦謚曰文。」史臣曰：「韓、李二文公，於陵遲之末，遑遑仁義，有志於持世範，欲以人文化成，而道未果也。」

73 杜衛二氏

晉衛顗及子瓘皆善草書，至杜預三世善草書，時人以衛瓘父子比之，謂之「杜衛二氏」焉。

74 南北二玄〔九三〕

晉謝玄爲會稽内史，時吴興太守張玄之亦以文學顯，與玄同年之郡，而玄之名亞於玄，時人稱爲「南北二玄」，論者美之。

75 韋氏三宗

唐韋貫之傳：「史臣曰：『韋氏三宗，世多才俊。純、纁忠懿，爲時元龜。』」三宗謂貫之及祖夐，并嗣立云。

76 冶葛

隋諸葛穎得幸於煬帝，多所譖毁，時人謂之「冶葛」。本傳

本條涵本説郛卷三引，據輯。

77 一條葛

五代葛從周有殊功，鎮青州，人語曰：「山東一條葛，無事莫撩撥。」

校勘記

〔一〕二臣誅而楚寧　四庫考證：「原本脱『寧』字，據陸機連珠補。」

〔二〕同心以獎王室　四庫考證謂：「『同心』，左傳作『同好惡』，與此異。」

〔三〕盧澤　四庫考證：「原本『澤』訛『陣』，據新唐書改。」案：中華書局本新唐書卷九五高儉傳作「盧渾」。

〔四〕案：本條出史記卷一〇三萬石張叔傳，今引録如下：「萬石君名奮，其父趙人也，姓石氏。〔中略〕奮長子建，次子甲，次子乙，次子慶，皆以馴行孝謹，官皆至二千石。於是景帝曰：『石君及四子皆二千石，人臣尊寵乃集其門。』號奮爲萬石君。」

〔五〕案：本條涵本説郛卷三引實賓録與「萬石君」同條，今依四庫本别作一條。

〔六〕後漢秦襲任潁川太守　「後漢」二字原闕，據涵本説郛卷三引實賓録補。「任」，涵本説郛卷三引實賓録作「爲」。

〔七〕故三輔號曰萬石秦氏　「氏」，涵本説郛卷三引實賓録作「家」。

〔八〕本傳　原闕，據涵本説郛卷三引實賓録補。

〔九〕唐白居易爲河州刺史張擇神道碑曰　案：白氏長慶集卷二四唐故通議大夫和州刺史吴郡張公神道碑銘并序云：「時上方思理，詔求二千石之良者，時宰以公塞詔，擢拜和州刺史。」疑「河州」爲「和州」之誤。

〔一〇〕孝行張氏　「張氏」，南史卷七三張楚傳引同，涵本説郛卷三引實賓録作「張家」。
〔一一〕疾時得愈　「時」，南史卷七三張楚傳引同，涵本説郛卷三引實賓録作「因」。
〔一二〕張退之傳　原闕，據涵本説郛卷三引實賓録補。
〔一三〕本傳　原闕，據涵本説郛卷三引實賓録補。
〔一四〕積書萬卷　五代史補卷五周「書」下有「數」字。
〔一五〕號書樓張家　五代史補卷五周「張」下有「公」字。
〔一六〕五代史補　原闕，據涵本説郛卷三引實賓録補。
〔一七〕先第在東都思順里　四庫考證：「原本脱『思』字，據舊唐書補。」
〔一八〕弘靖傳　原闕，據涵本説郛卷三引實賓録補。
〔一九〕組印相輝　舊唐書卷七七崔神慶傳作「組珮輝映」。
〔二〇〕舊傳　原闕，據涵本説郛卷三引實賓録補。
〔二一〕具表以聞　涵本説郛卷三引實賓録作「以獻玄宗」。
〔二二〕皆登進士乙科　唐語林卷四企羨作「皆進士列甲乙科」。
〔二三〕與弟延景爲師友　「師友」，大典卷一二〇一五引實賓録作「同友」，新唐書卷一〇六劉審禮傳作「聞友」。
〔二四〕案：大典卷一二〇一五引實賓録無「再從皆同居」至「子易從又以孝聞」一段文字。

〔二五〕本傳　原闕，據涵本説郛卷三引實賓録補。

〔二六〕夎龍劉氏　原作「國婆」，案：涵本説郛卷三引實賓録「梁祖號爲『國婆』」下有「徐、宋之民謂崇『夎龍劉氏』」，爲四庫本所未録，蓋大典删削原文，致四庫館臣誤以「國婆」爲題。舊五代史卷一〇八漢書劉鼎傳作「夎龍劉家」，今從涵本説郛改。

〔二七〕徐宋之民謂崇爲夎龍劉氏　原闕，據涵本説郛卷三引實賓録補。舊五代史卷一〇八漢書劉鼎傳「崇」下有「家」字。

〔二八〕舊傳　原闕，據涵本説郛卷三引實賓録補。

〔二九〕法名家　涵本説郛卷三引實賓録作「法名吴家」，案：後漢書卷四六郭陳列傳作「爲法名家」，此從四庫本。

〔三〇〕三世廷尉爲法名家　涵本説郛卷三引實賓録作「以明法律三世爲法名家」。

〔三一〕注云名爲明法之家也　原闕，據涵本説郛卷三引實賓録補。

〔三二〕郭躬傳　原闕，據涵本説郛卷三引實賓録補。

〔三三〕案：本條出新唐書卷一一八韋虚心傳，今迻録如下：「初，維爲郎，蒔柳于廷，及虚心兄弟居郎省，對之輒斂容。自叔謙後，至郎中者數人，世號『郎官家』。」

〔三四〕押官告　「告」，涵本説郛卷三引實賓録作「誥」。

〔三五〕新書　原闕，據涵本説郛卷三引實賓録補。

〔三六〕觀察李若初遣官驗實　「李若初」原作「李若」，據大典卷二三四五引實賓録、新唐書卷一九五林攢傳改。又大典「李若初」下作「以其事聞，詔旌異之」，所引較此簡略。

〔三七〕本傳　原闕，據涵本説郛卷三引實賓録補。

〔三八〕鈒鏤王家　「鈒鏤」，涵本説郛卷三引實賓録作「銀樓」。

〔三九〕喻銀質而金飾也　原闕，據涵本説郛卷三引實賓録補。四庫館臣案：「李肇國史補云：『四姓惟鄭氏不離滎陽，有岡頭盧、澤底李、土門崔，皆爲鼎甲。太原王氏亦四姓之匹，而世呼爲『鈒鏤王家』，喻銀質而金飾也。』據此，則四姓乃鄭、盧、李、崔，附識於此。」

〔四〇〕國史補　原闕，據涵本説郛卷三引實賓録補。

〔四一〕唐王擇從昆弟四人　「王擇從」原作「王釋從」，新唐書卷一八五王徽傳：「曾祖擇從，昆弟四人，曰易從、朋從、言從，皆擢進士第。」據改。

〔四二〕至鳳閣舍人　新唐書卷一八五王徽傳下有「者三人」三字。

〔四三〕九國志　原闕，據涵本説郛卷三引實賓録補。

〔四四〕蜀人憤之　涵本説郛卷三引實賓録「蜀」上有「四爲降表」四字。

〔四五〕九國志　原闕，據涵本説郛卷三引實賓録補。

〔四六〕發假收嚴　「假」，北夢瑣言卷一二作「暇」。

〔四七〕四庫館臣案：「北夢瑣言楊收父名『惟直』，非『遺直』。官蘭谿縣主簿，非濠州録事參軍。號曰

『修竹楊家』，非『修行諸楊』。今俱仍其舊，而附録以備考。」案：點校本北夢瑣言卷一二校勘記謂：「明本作『爲直』，傅校作『維直』。按：新、舊唐書楊收傳作『遺直』，『爲』、『維』當是『遺』之音訛，作『遺直』是。」

〔四八〕案：「對節制閭」，頗不辭，舊唐書卷一七六楊汝士傳作「兄弟對居節制」。

〔四九〕宋董陽三世同居　「三」原作「二」，據南史卷七三董陽傳改。

〔五〇〕案：本條出南史卷七三董陽傳，今引録如下：「又元嘉七年，南豫州舉所統西陽縣人董陽三世同居，外無異門，内無異煙。詔榜門曰『篤行董氏之閭』，蠲一門租布。」

〔五一〕兄弟八人皆爲明孝　「皆爲明孝」，涵本説郛卷三引實賓録作「皆有孝名」。

〔五二〕詔表門闕世謂義門裴氏　原闕，據涵本説郛卷三引實賓録補。

〔五三〕本傳　原闕，據涵本説郛卷三引實賓録補。

〔五四〕疾惡推仁　晉書卷三四羊祜傳「推仁」作「邪佞」。

〔五五〕世以此定二王神宇　「世」字原闕，據世説新語卷中雅量補。

〔五六〕高帝以此善之　「善」原作「害」，據南史卷二四王延之傳改。

〔五七〕王匡　四庫考證：「原本缺『王匡』，據書補。」

〔五八〕苟知是鍾書而無由得　世説新語卷下巧藝「鍾」下無「書」字。

〔五九〕並異同而進　魏書卷二一彭城王傳「進」作「建」。

〔六〇〕遇異否泰　魏書卷二一彭城王傳作「遇否大異」。

〔六一〕故駛車委去　「故」，世説新語卷下排調作「即」。

〔六二〕騫與泰也　「騫」原作「蹇」，世説新語卷下排調注引作「騫」，晉書卷三五陳騫傳：「陳騫，臨淮東陽人也。父矯，魏司徒。」據改。

〔六三〕宣帝懿　世説新語卷下排調「帝」下有「諱」字。

〔六四〕祖寔　「寔」原作「實」，二字古通，世説新語卷下排調注作「寔」，三國志卷二十二魏書陳群傳：「陳群字長文，潁川許昌人也。祖父寔，父紀，叔父諶，皆有盛名。」今據改。

〔六五〕時解系與弟結並清身潔己　晉書卷六〇解系傳「結」下有「育」字，解育爲解結之弟。

〔六六〕弟英　「英」，海録碎事卷七上聖賢人事部引襄陽耆舊傳同，北堂書鈔卷七六設官部引襄陽耆舊傳作「奐」，太平御覽卷二二時序部夏中、卷四九二人事部貪並作「奐」，此不知孰誤。

〔六七〕唐武元衡武儒衡　「武儒衡」原作「武孺衡」，武儒衡字庭碩，爲武元衡之從父弟，其事在舊唐書卷一五八武儒衡傳，今據改。

〔六八〕二武爽技精才　「爽技精才」，舊唐書卷一五八史臣曰作「朗拔精裁」。

〔六九〕二馮爭趨於千里　舊唐書卷一六八史臣曰「趨」作「驅」。

〔七〇〕有三十六將　四庫考證謂：「三十六將，漢書作『三十六萬』，與此異。」案：「將」亦作「方」，後漢書卷六一皇甫嵩傳：「角因遣弟子八人使於四方［中略］遂置三十六方。方猶將軍號也。大方萬餘人，小方六千，各立渠帥。」

〔七一〕案：大典卷三三五八六引實賓録無「其後」至「三張」一段。

〔七二〕昔張庭珪牧洪州　「張庭珪」原作「張穉珪」，全唐文卷四〇九衛尉卿洪州都督張公遺愛碑頌并序作「張庭珪」，舊唐書卷一〇一張廷珪傳「庭」作「廷」，其云：「景龍末，爲中書舍人，再轉洪州都督，仍爲江南西道按察使。」唐故贈工部尚書張公（庭珪）墓誌銘：「公諱庭珪［中略］，持節潁、洪、沔、蘇、宋、魏、汴、饒，同等州刺史」，據改。

〔七三〕善諧謔權倖　新唐書卷一七五楊虞卿傳「謔」作「麗」。

〔七四〕當時有蘇景徹　「蘇景徹」，新唐書卷一七五楊虞卿傳作「蘇景胤」，疑避宋諱改。

〔七五〕弟弘讓性簡素　四庫館臣案：「南史『周弘正弟弘讓、弘直』，此書『弘讓』作『弘遜』，似有所避忌而易之者，未詳其説，姑仍原文而附識於此。」案：原書「讓」作「遜」，或避宋英宗父濮安懿王允讓之諱。

〔七六〕梁柳惔　「柳惔」原作「柳澄」，據南史卷三八柳惔傳改。

〔七七〕時人號爲方王　中華書局點校本南史卷三八柳惔傳校勘記引王懋竑讀書記疑：「『方』字疑當作『柳』。」

〔七八〕南齊陸惠曉三子　四庫考證：「『惠』，南史作『慧』，與此異。」案：宋書卷八七蕭惠開傳：「初名慧開，後改『慧』爲『惠』」，周廣業經史避名匯考卷一二帝王以爲避南朝宋後廢帝劉昱小字慧震諱，實賓録作「惠」，未知所據之書是否因諱改，而仍之未改。

〔七九〕四庫館臣謂：「梁書：『子朗嘗爲敗家賦，擬莊周馬捶。』此書誤作『敗家賦，擬其周馬摇。』今改正。」案：「敗家賦」，册府元龜卷八三九總録部文章引同，中華書局點校本梁書卷五〇何子朗傳作「敗家賦」，南史卷七二何子朗傳引同。

〔八〇〕人中爽爽有子朗　「有」，南史卷七二何子朗傳同，梁書卷五〇何子朗傳作「何」。

〔八一〕後魏魏季景清苦自立　四庫考證謂：「原本脱一『魏』字，今增。」

〔八二〕敵京兆三王　「三」原作「二」，舊唐書卷九三張仁愿傳、新唐書卷一一一張仁愿傳並作「三」，據改。

〔八三〕謂其兄子彦曰　「彦」原作「産」，蓋因形近而訛，魏書卷六六崔亮傳、北史卷四四崔亮傳並引作「彦」，據改。

〔八四〕小崔生峭整清徹　「徹」原作「激」，魏書卷六六崔亮傳、北史卷四四崔亮傳並引作「徹」，據改。

〔八五〕爾負吾君　四庫考證：「原本脱『君』字，據北史補。」北齊書卷二九鄭述祖傳作「何忍欺人君」，北史卷三五鄭述祖傳作「何負吾君」。

〔八六〕先是述祖父道昭亦嘗爲兖州刺史　「兖州」，北齊書卷二九鄭述祖傳、北史卷三五鄭述祖傳並作「光州」，案：「兖州」或「光州」之誤，詳見本書卷一一「中岳先生」條校注。

〔八七〕案：王珉乃王獻之之族弟，「王大令」和「王小令」分别爲二人之稱號，世説新語卷上政事劉孝標注引續晉陽秋曰：「王獻之爲中書令，王珉代之，時人曰『大、小王令』。」初學記卷一一職官部引晉陽秋亦云：「王獻之爲中書令，獻之少而標邁，不循常貫，爲一時風流之冠。獻之卒，以王珉爲中書令，世謂之『大王令、小王令』也。」此處卻以王大令、王小令、王獻之、王珉爲四從兄弟，疑本書記載有誤。

〔八八〕僞蜀潘峞累遷宣徽南院使　「潘峞」，蜀中廣記卷一〇二詩話記：「潘峞，字凝夢，溺于美妾解愁。」十國春秋卷四一前蜀、資治通鑑卷二六七後梁紀、能改齋漫録卷一〇議論，並作「潘炕」。

〔八九〕少好文學　「好」字原闕，據南齊書卷五二檀超傳補。

〔九〇〕父子並著高名　後漢書卷六二陳寔傳「名」下有「時號三君」四字。

〔九一〕太丘道廣　後漢書卷六二贊曰「道」作「奥」。

〔九二〕小東陽承弟幼也　點校本南史卷二二王承傳校勘記謂：「『幼』，梁書作『稚』，此避唐諱改。」

〔九三〕南北二玄　原作「二玄」，今據文改。

實賓録卷四

1 一絶

唐元和中，韓公武爲秘書郎，曾挾彈中鶴一眼，時謂之「一絶」〔一〕。

2 二絶三則

北齊楊子華善畫，子冲善棋，號爲「二絶」。

唐張從申書碑，李陽冰多爲之篆額，時人稱爲「二絶」。

唐國子司業崔融，文章獨步當時，莫出其右。時有左司郎中崔融，宦婚絶倫，爲山東甲族，時人謂之「二絶」。

3 二賢二則

晉王濬沖、裴叔則二人總角詣鍾士季，須臾去，後客問鍾：「向二童是誰？」答曰：

「裴、王」。客曰：「何如？」鍾曰：「裴楷清通，王戎簡要。後二十年，此二賢爲尚書，冀爾時天下無滯才。」

羊玄保爲司徒右長史，府公王弘甚知重之，謂左長史庾登之、吏部尚書王准之曰〔二〕：「卿二賢明美朗詣，會悟多通，然弘懿之望，故當共推羊也。」

4 二守二則

魯僖公十二年，齊侯使管夷吾平戎於王〔三〕，王以上卿之禮饗管仲。管仲辭曰：「臣賤有司也，有天子之二守國、高在。若節春秋來承王命，何以禮焉。陪臣敢辭。」受下卿之禮而還。注云：「國子、高子，天子所命守爲齊臣，皆上卿也。節，時也。」

後漢任光、邳彤贊曰〔四〕：「任、邳識幾，嚴城解扉。委佗還旅，二守焉依。」注：「二守謂任光爲信都太守〔五〕，邳彤爲和城太守。時光武失軍而南還，依任、邳以成功。」

5 二伯二則

漢新室王莽大司空甄豐子尋作符命，言新室當分陜，立二伯，以豐爲右伯、太傅平晏爲左伯。

漢册魏公九錫文曰：「昔在周室，畢公、毛公入爲卿佐，周、召師保出爲二伯。」

6 二少

梁謝覽初年二十餘，意氣閒雅，瞻視聰明，武帝目送良久。嘗侍坐，受敕與侍中王暕爲詩答贈，其文甚工，乃使重作，復合旨。帝賜詩曰：「雙文既後進，二少實名家。豈伊爾棟隆，信乃俱國華。」

7 二庶

晉惠帝時張華被誅，齊王欲復其官爵。論者以爲非，温羨駁之曰：「里克之殺二庶，陳乞之立陽生，漢朝之誅諸吕，皆積年之後乃能立事。未有事主見存，而得行其志於數月之内者也。」二庶，謂晉獻公之子奚齊及卓子。

8 二凶五則

唐敬暉與桓彦範等誅二張也，洛州長史薛季昶謂暉曰：「二凶雖除，産、禄猶在，因請誅武三思之屬，以安天下。」暉等不從，季昶曰：「吾不知死所矣。」

唐太子建成、元吉既誅，議者以建成等左右百餘人，並合從坐籍没，唯尉遲敬德執不聽，曰：「爲罪者二凶，今已誅訖，若更及支黨，非取安之策。」由是獲免。又建成贊曰：「建成、元吉，實爲二凶。」

唐杜牧李甘詩曰：「太和八九年，訓注極虓虎。潛身九地底，轉上青天去。吾君不省覺，二凶日威武。操持北斗柄，開閉天關路〔六〕。」

唐舒元輿、李訓同知政事，而深謀詭算，熒惑主聽，以致甘露之變，皆生於二凶也。

唐張孝忠，德宗於定州置義武軍，以孝忠爲義武軍節度〔七〕、易定滄等州觀察等使。及朱滔、王武俊謀叛，易定居二凶之間，四面受敵，孝忠修浚溝壘，感厲將士，竟不受二凶之惑，議者多之。

9　二莊

王中頭陀寺碑文曰〔八〕：「周魯二莊，親昭夜景之鑒；漢晉兩明，並勒丹書之飾〔九〕。」注云：「魯莊七年四月辛卯，恒星不見，夜明，佛生之日。周莊與魯莊公同時。漢明夢見神人，身有日光，飛在前殿，後得其形。晉明亦好佛，手畫形像。」

10 二五耦

魯莊公二十八年，晉獻公驪姬欲立其子奚齊，賂外嬖梁五與東關嬖五，晉人謂之「二五耦」。

11 兩賢

後漢張奉字公先，弟表字公儀〔一〇〕。兄弟少有高節，立精舍教授，惡衣麤食，州郡連徵不起，天下稱張氏兩賢。

12 兩哲

晉劉頌、李重贊曰：「劉頌剛直，義形於詞。自下摩上，彼實有之。李重清雅，志迺無私。推賢拔滯，嘉言在兹。懋哉兩哲，邦家之基。」

13 雙美

唐商仲容官至禮部郎中，善真書，尤精題額。武后嘗詔仲容題資聖寺額，王知恭題清善寺額，當時謂之「雙美」。

14 雙廟

唐張巡、許遠死節睢陽，大中時，并南霽雲圖像於淩煙閣。睢陽至今祀享，號「雙廟」云。

15 三絶 四則

唐鍾紹京位至中書令，朝廷稱紹京有三絶，建立功勳一也，忠鯁謇諤二也，筆翰殊絶三也。

唐何士參爲進士團司，尤善主張宴席，與南院主事鄭容、中書門官張良佐，同時號爲「長安三絶」。

唐僖宗幸蜀，孫位曾於應天寺門左壁畫天王及部從，筆勢奇怪，三十餘年無有敵者。景焕與翰林學士歐陽炯聯騎同遊玆寺，偶畫右壁天王以對之，炯觀其逸勢因作歌以贈之。僧夢龜善草書〔一〕，寫之於壁，成都之人號爲「應天三絶」。

五代蜀道士張素卿畫獻神仙十二軸，歐陽炯爲贊，水部員外郎黄居寀八分題之〔二〕，號三絶。

本條三洞群仙録卷八引，據輯。

16 三賢五則

後漢徐穉，豫章南昌人。清妙高峙，超世絶俗。太守陳蕃請爲功曹，爲設東面之座，辭疾不赴。及蕃爲太尉，桓帝問曰：「徐穉、韋著、袁閎三賢〔一三〕，論德計行，孰當爲先？」蕃曰：「著生於三輔禮教之域。閎出自公族，少聞義方。至於穉，生於江南，孤特寡援，傑立角出。由此言之，穉當爲先。」於是海内以爲定論。

王坦之有風格，尤非時俗放蕩，不敦儒教，頗尚刑名學，著廢莊論曰：「荀卿稱莊子『蔽於天而不知人』，揚雄亦曰『莊周蕩而不法』，何晏亦云『鬻莊體，放玄虚，而不周乎時變』。三賢之言，遠有當乎！」

北齊郎基初任瀛州騎兵，時陳元康爲司馬，畢義雲爲屬，與基並有聲譽，爲刺史元嶷所目，曰：「三賢俱有當世之才，後來皆當遠至。惟郎騎兵任真過甚，恐不足自達。」後陳、畢並顯貴，而基位止郡守。

唐司空圖爲三賢贊曰：「隋大業間，房公、魏公、李公同師文中子，嘗謂其徒曰〔一四〕：『玄

齡也志而密，靖也惠而斷，徵也直而遂。俾其遭時致力，必濟謨庸。』厥後果然，宜有贊云：『三賢志同，夙尚儒風。』」〔一五〕

唐李華兄事元德秀，而友蕭穎士、劉迅。作三賢論曰：「德秀之志當以道紀天下，迅當以六經諧人心，穎士當以中古易今世。」

17 三雄

漢蒯通叙傳曰：「蒯通一説，三雄是敗，覆酈驕韓，田横顛沛。」注：「三雄，謂烹食其，敗田横，驕韓信。」

18 三雋

後魏李瑾美容貌，有才學。爲通直散騎侍郎，與給事黄門侍郎王遵業、尚書郎盧觀典修儀注。王、盧即瑾之外兄。臨淮王謂瑾等爲「三雋共掌帝儀〔一六〕，可爲舅甥之國。」

19 三英

王播并弟起、炎〔一七〕，史臣曰：「王氏三英〔一八〕，播、起位崇將相〔一九〕，善始令終。而炎薄祐短齡〔二〇〕，美鍾於鐸，而能驤首矯翼，淩厲亨衢。」

20 三哲

漢陳湯敘傳曰：「陳湯誕節，赦在三哲〔二一〕。」注云：「誕節，放縱不拘也。三哲，謂劉向、谷永、耿育，皆訟救湯也。」

21 三士

魯僖二十三年，晉公子重耳及鄭，文公不禮焉。叔詹諫曰：「臣聞天之所啓，人弗及也。晉公子有三士足以上人，而從之。晉、鄭同儕，其過子弟固將禮焉，況天之所啓乎！」三士，謂狐偃、趙衰、賈佗。

22 三征

魏嘉平四年，孫權死，議欲伐吳，三征獻策各不同。注：「三征，謂征南大將軍王昶、征東將軍胡遵、鎮南將軍毌丘儉，皆表請征吳，而其計異。」

23 三方

漢末，曹操爲魏公，孫權據吴，劉備據蜀，號三國。辯亡論謂之「三方」。

24 三强

魯成公十六年，晉、楚遇於鄢陵。郤至欲戰，范文子曰：「吾先君之亟戰也，有故。秦、狄、齊、楚皆强，不盡力，子孫將弱。今三强服矣，敵楚而已。惟聖人能内外無患，自非聖人，外寧必有内憂，盍釋楚以爲外懼乎？」注曰：「三强：齊、秦、狄也。」

25 三宰

唐高宗時，武昭儀有寵，上欲立爲后，畏宰相議，未有以發。李義府率先上表，請廢后立昭儀。許敬宗於立后有助，因連后謀逐褚遂良，殺長孫無忌。傅游藝上書詭説符瑞，勸后革姓以明受命。贊謂：「三宰嘯凶，牝雞奪晨」云〔三〕。

26 三凶

唐段文昌爲平淮西碑云：「長淮右地，連山四起。控扼吳、楚〔二三〕，密邇轘轅。二姓三凶，憑阻作孽。」二姓，謂李、吳。三凶，謂希烈、少誠、元濟。

27 三獨夫

漢元帝初，蕭望之、周堪、劉向同心輔政，外戚許、史、宦官恭、顯譖罷之。其春地震，上感悟，下詔賜望之爵關内侯。徵堪、向，欲以爲諫議大夫。冬，地復震。時恭、顯、許、史皆側目於望之等，向懼焉，乃使其外親上變事，曰：「臣聞春秋地震，爲在位執政太盛也，不爲三獨夫動，亦以明矣。」注云：「獨夫，猶言匹夫，謂望之、堪、向也。」

28 京師三穢

唐王怡爲御史中丞，人皆惡之，號爲「憲臺之穢」。吏部侍郎姜晦爲「銓衡之穢」〔二四〕，黄門侍郎崔泰之爲「門下之穢」〔二五〕，時號「京師三穢」。

29　四絶

唐顔真卿善真行書，寫魯山令元德秀墓碑，李華文，李陽冰篆額，後人争打其本〔二六〕，號爲「四絶」〔二七〕。

30　四賢二則

伊尹，有莘之媵臣，而阿衡於商。太公，渭濱之賤老，而尚父於周。百里奚在虞而虞亡，在秦而秦霸，非不才於虞而才於秦也。張良受黄石之符，誦三略之説，以游於群雄，其言也，如以水投石，莫之受也；及遭漢祖也，其言也，如以石投水，莫之逆也。非張良之拙説於陳項，而巧言於沛公也。故彼四賢者，名載於圖籙，事應乎天人。

唐王維爲濟上四賢詠三首。詠崔録事曰：「解印歸田里，賢哉此丈夫。少年曾任俠，晚節更爲儒。遁世東山下，因家滄海隅。已聞能狎鳥，余欲共乘桴。」詠成文學曰：「寶劍千金裝，登君白玉堂。身爲平原客，家有邯鄲倡。使氣公卿坐，論心遊俠場。中年不得志，謝病客游粱。」詠鄭、霍二山人曰〔二八〕：「翩翩繁華子，多出金張門。幸有先人業，早蒙明主恩。童年且未學，肉食鶩華軒。豈乏中林士，無人薦至尊。鄭公老泉石，霍子安丘樊。

賣藥不二價，著書盈萬言。息陰無惡木，飲水必清源。吾賤不及議，斯人竟誰論〔二九〕。」

31 四傑

唐王勃、楊炯、盧照隣、駱賓王，皆以文章齊名，天下之士稱「王、楊、盧、駱」，號「四傑」。炯嘗曰：「吾愧在盧前，恥居王後。」議者謂然。

32 四聰二則

魏諸葛誕爲尚書，與夏侯玄、鄧颺等相善，收名朝廷。誕等當世俊士，共相題表，以玄、疇四人爲四聰。

隋初有趙桓者，與清河崔汪以秀才擢第〔三〇〕，時號「四聰」。桓，即高僧法護之父也。

33 四君

賈誼過秦論曰：「此四君者，皆明智而忠信，寬厚而愛人，尊賢而重士。」四君爲魏無忌、趙勝、田文、黄歇云。

34 **四豪**

晉石崇、王濟、楊琇〔三一〕、何曾，時謂「四豪」。

35 **四叔**

重、該、修、熙，少昊四叔也。實能金木及水，使重爲勾芒，該爲蓐收，修及熙爲玄冥。世不失職，遂濟窮桑。

36 **四公**

後漢謝弼上封事曰：「台宰重器，國命所繫〔三二〕。今之四公，惟司空劉寵斷斷守善，餘皆素餐致寇之人，必有折足覆餗之凶，宜加罷黜。」注云：「四公，謂劉矩爲太尉，許訓爲司徒，胡廣爲太傅，及劉寵也。」

37 **四凶**〔三三〕二則

齊崔祖思有志尚〔三四〕，州辟主簿，與劉懷珍祭於堯廟，廟有蘇侯像。懷珍曰：「堯聖人，而與雜神爲列，欲去之，何如？」祖思曰：「蘇峻今日可謂四凶之五。」懷珍因令雜神盡除。唐陸贄論赦書狀曰：「今重圍雖解，逋寇尚存，裂土假王者四凶，滔天僭帝者二豎。」

38 四罪人

隋文帝平陳，以孔範、王瑳、王儀、沈瓘奸佞諂惑〔三五〕，並暴其過惡，名爲四罪人，流之遠方，以謝吴、越之人。

39 五賢

晉叔向曰：「文公生十七年，有士五人。」注：「五人謂狐偃、趙衰、顛頡、魏武子、司空季子五士從出。」西晉劉琨臨終爲五言詩，贈其別駕盧諶曰：「重耳憑五賢」。

40 五宗

漢孝景皇帝子凡十三人爲王，而母五人，同母爲宗親，作五宗世家。五宗謂栗姬、賈夫人、唐姬、王夫人。又王皇后生孝武皇帝，王夫人即王皇后之妹也。又後漢明帝賜馬融以太史公五宗、外戚世家。〔三六〕

41 五陵

晉傅季友爲宋公至洛陽謁五陵表。注云：「北邙西南晉文帝崇陽陵〔三七〕，陵西武帝峻陽陵，邙之東北宣帝高原陵，景帝峻平陵，邙之南則惠帝陵。」

42 五佞人

隋晉王廣伐陳，入建康，以施文慶受委不忠，曲爲諂佞以蔽耳目；沈客卿重賦厚斂以悦其上；與太常丞陽惠朗、刑法監徐析〔三八〕、尚書都令史暨惠景〔三九〕，皆爲民害，斬於石闕以謝三吴，謂之陳五佞人。

43 五邪　五倖

後漢論桓帝曰：「誅梁冀，奮威怒，天下猶企其休息。而五邪嗣虐，流衍四方。」注云：「五邪謂宦者單超、徐璜、左悺〔四〇〕、唐衡、具瑗也。」又贊云「政移五倖，刑淫三獄」云。

44 **六絶**

李邕文章、書翰、正直、辭辯、義烈、英邁，皆爲時之傑。人之藝術多不兼稱，王逸少以書掩其文，李淳風以術掩其學，公之藝術六絶，古今罕儔。

45 **六代**二則

魏曹元首論封建之利，著六代之論，謂夏、商、周、秦、漢、魏爲六代云。

唐文中子曰：「甚矣！王道之難行也。吾家銅川府君之述，曰興衰要論七篇，其言六代之得失明矣。」注云：「六代：晉、宋、後魏、北齊、後周、隋也。」

46 **六朝**

吴、晉、宋、齊、梁、陳，六代都建業，世號六朝。

47 **六家**

漢律曆志序傳曰：「官失學微，六家分乖，一彼一此，庶研其幾。」注云：「六家，謂黄帝、高陽、夏、商、周、魯曆也。」

48 六齊

漢鄒陽奏書吴王濞曰：「六齊望於惠后。」注：「高后割濟南郡，爲吕王台奉邑，又割琅邪郡，封營陵侯劉澤爲琅邪王。文帝乃立齊悼惠王六子爲王。言六齊不保今日之恩，而追怨惠帝與吕后也。一説惠帝二年悼惠王入朝，吕后欲鴆殺之，獻城陽郡，尊魯元公主，得免，六子以此怨之。」

49 六傑　四元

五代後蜀後主嘗臨軒謂侍臣曰：「漢高帝以三傑定海内，朕今得趙季良、趙廷隱、張業、李昊、張虔釗、孫漢韶，是六傑也。虞舜舉八元而天下治，朕有王處回、毋昭裔、張公鐸、范仁恕，是四元也。宜令御容院圖形宣付史館。」左右皆稱萬歲。

校勘記

〔一〕時謂之一絶　「一絶」，因話録卷五徵部作「五絶」，云：「秘書省内有落星石，薛少保畫鶴，賀監草書，郎餘令畫鳳，相號爲四絕。元和中，韓公武爲祕書郎，挾彈中鶴一眼，時謂之五絕。」唐詩紀事卷七引同。本條蓋只截取「挾彈中鶴一眼」一事，故作「一絕」。

〔二〕吏部尚書王准之曰　「王准之」原作「王淮之」，宋書卷五四羊玄保傳、南史卷三六羊玄保傳並作「王准之」，宋書卷六〇王准之傳：「王准之字元曾，琅邪臨沂人。」據改。

〔三〕齊侯使管夷吾平戎於王　史記卷四周本紀「王」作「周」。

〔四〕邳彤贊曰　四庫考證：「原本『邳彤』二字互倒，據後漢書改。」

〔五〕二守謂任光爲信都太守　「謂」原作「爲」，據後漢書卷二一任李萬邳劉耿列傳注改。

〔六〕開閉天關路　「關」，杜牧樊川文集卷一李甘詩作「門」。

〔七〕以孝忠爲義武軍節度　四庫考證：「原本『孝忠』二字互倒，據唐書改。」

〔八〕王中頭陀寺碑文曰　「王中」，四庫考證：「原本『中』訛『巾』，今改。」案：文選卷五九頭陁寺碑文李善注引姓氏英賢録作「王巾」，云：「王巾，字簡棲，琅邪臨沂人也。」

〔九〕並勒丹書之飾　「書」，文選卷五九頭陁寺碑文作「青」。

〔一〇〕後漢張奉字公先弟表字公儀　案：張表爲張奉之弟，亦見太平御覽卷五〇二逸民，東觀漢記卷二〇云：「張表字公儀，奉之子也。」與此異。

〔一一〕僧夢龜善草書　四庫考證云：「原本脱『僧』字，據名畫記補。」

〔一二〕水部員外郎黃居宷八分題之　「黃居宷」原作「皇居宷」，郭若虛圖畫見聞志卷四云：「黃居宷，字伯鸞，筌之季子也。工畫花竹翎毛，默契天真，冥周物理。」據改。

〔一三〕徐稺韋著袁閎三賢　四庫考證：「原本『閎』訛『宏』，按袁宏係東晉人，與徐稺時代甚遠，今據後漢書改。」

〔一四〕嘗謂其徒曰　「其徒」原作「人」，據大典卷五四一引實賓録、全唐文卷八〇八三賢贊并序改。

〔一五〕宜有贊云三賢志同夙尚儒風　「宜有」二字原闕，據大典卷五四一引實賓録補。全唐文卷八〇八三賢贊并序「贊」下有「激」字。「夙」原作「列」，蓋形近之訛，據全唐文卷八〇八三賢贊并序改。

〔一六〕臨淮王謂瑾等爲三雋共掌帝儀　「臨淮王」原作「臨雝王」，案：臨淮王即北魏宗室元彧，魏書卷一八元彧傳：「彧少有才學，時譽甚美。〔中略〕。彧求復本封，詔許，復封臨淮，寄食相州魏郡。」魏書卷三九李瑾傳引同，據改。

〔一七〕王播并弟起炎　「王播」原訛作「王藩」，舊唐書卷一六四王播傳云：「(王)播子式，弟炎、起。」據改。

〔一八〕王氏三英　舊唐書卷一六四史臣曰「三」作「二」。

〔一九〕播起位崇將相　四庫考證云：「原本脱『相』字，據唐書補。」

〔二〇〕而炎薄祐短齡　「薄祐短齡」，原作「薄有祜齡」，舊唐書卷一六四王炎傳云：「炎，貞元十五年登進士第，累官至太常博士，早世。」王炎早逝故謂之「薄祐短齡」，舊唐書卷一六四史臣曰引同，據改。

〔二一〕赦在三哲　「赦」，漢書一〇〇叙傳作「救」。

〔二二〕牝雞奪晨云　新唐書卷二二三贊曰「牝」下無「雞」字。

〔二三〕控扼吴楚　「扼」原作「振」，據全唐文卷六一七平淮西碑改。

〔二四〕吏部侍郎姜晦爲銓衡之穢　太平廣記卷二五九嗤鄙引朝野僉載作「姜晦爲掌選侍郎，吏部之穢。」

〔二五〕黄門侍郎崔泰之爲門下之穢　「崔泰之」原作「崔泰」，四庫考證謂：「朝野僉載作『崔泰之』，與此稍異。」案：太平廣記卷二五九嗤鄙引朝野僉載同，大唐故銀青光禄大夫守工部尚書贈荆州大都督清河郡開國公上柱國崔公（泰之）墓誌銘并序：「公諱泰之，字泰之，清河東武城人也。」據改。

〔二六〕後人争打其本　「争打其本」，舊唐書卷一九〇李華傳作「争模寫之」。

〔二七〕號爲四絶　舊唐書卷一九〇李華傳「四絶」下有「碑」字。

〔二八〕詠鄭霍二山人曰　四庫館臣謂：「『鄭、霍二山人』，河嶽英靈集、文苑英華並作『崔、鄭二山人』，今姑仍其舊而附記於此。」

〔二九〕斯人竟誰論　四庫館臣：「『斯人覺誰論』，『覺』字乃『竟』字之誤，今改正。」

〔三〇〕與清河崔汪以秀才擢第　「崔汪」原誤作「崔注」，文苑英華卷九五六引劍南節度判官崔君墓誌銘：「故人清河崔汪，字巨源，舉秀才校文。」續高僧傳卷一三引亦作「崔汪」，據改。

〔三一〕楊琇　四庫館臣案：「晉書有『羊琇』無『楊琇』，『楊』恐是『羊』字之誤。」

〔三二〕國命所繫　四庫考證：「原本『繫』訛『繼』，據後漢書改。」

〔三三〕四庫館臣案：「四凶名目始於左傳，似不應録此遺彼。」

〔三四〕齊崔祖思有志尚　「崔祖思」原作「崔思祖」，南齊書卷二八崔祖思傳云：「崔祖思字敬元，清河東城人，崔琰七世孫也。」南史卷四七崔祖思傳引並同，據改，下改同。

〔三五〕沈瓘奸佞諂惑　「沈瓘」原作「沈璀」，據南史卷七七孔範傳改。

〔三六〕四庫館臣案：「前漢司馬遷傳：『五宗世家第二十九。』顔師古注曰：『景帝子凡十三人爲王，而母五人所生。遷謂同母者爲一宗，故云五宗也。』」

〔三七〕北邙西南晉文帝崇陽陵　「陽」字原闕，據文選卷三八宋公至洛陽謁五陵表補。

〔三八〕與太常丞陽惠朗刑法監徐析　「陽惠朗」，南史卷七七沈客卿傳引同，隋書卷三煬帝紀、資治通鑑卷一七七隋紀並作「陽慧朗」。「監」原誤作「濫」，據隋書卷三煬帝紀改。「徐析」原作「徐哲」，南史卷七七施文慶傳、北史卷一二隋本紀、隋書卷三煬帝紀、資治通鑑卷一七七隋紀並作「徐析」，據改。

〔三九〕尚書都令史暨惠景　「暨惠景」，南史卷七七沈客卿傳作「暨慧景」，隋書卷三煬帝紀、資治通鑑卷一七七隋紀並作「暨慧」。

〔四〇〕左悺　原作「左綰」，據後漢書卷七孝桓帝紀注、卷三四梁統列傳改。

實賓録卷五

1 七國

漢興，孝文施大德，天下懷安。至孝景，不復憂異姓，而晁錯刻削諸侯，遂使七國俱起，合從而西鄉，以諸侯太盛，而錯爲之不以漸也。七國謂吴王濞、楚王戊、趙王遂、膠西王卬、濟南王辟光、菑川王賢、膠東王雄渠。

2 七貴

潘安仁西征賦曰：「窺七貴於漢庭，疇一姓之或在？」注云：「七貴，謂吕、霍、上官、趙、丁、傅、王也。」

3 八凱

唐張説爲隴右節度大使郭知運神道碑曰：「郭氏亭之玄孫友，友之昆孫武威太守憲〔一〕，憲之猶子散騎常侍芝，俱有名迹，見於魏晉。爾乃一門連礜，時人號曰三儒；四海齊名，天下謂之八凱〔二〕。」

4 八虞

晉胥臣曰：「昔文王之即位也，詢于八虞而諮于二虢，度於閎夭而謀於南宫，諏於蔡、原而訪於辛、尹，重之以周、召、畢、榮，億寧百神，而柔和萬民。」注云：「八虞，謂之八士。」

5 八世

後漢崔寔政論曰：「今既不能純法八世，故當參以霸政〔三〕。」注云：「八世謂三皇、五帝也。」陸士衡辨亡論云〔四〕：「講八代之禮。」注謂：「三皇、五帝」云。

6 八顧

後漢黨錮傳以「郭林宗、宗慈、巴肅、夏馥、范滂、尹勳、蔡衍、羊陟爲『八顧』。顧者，言能以德行引人也。」三君八俊録云：「有道太原介休郭泰字林宗。天下和雍郭林宗。太常陳留圉夏馥字子治。天下慕恃夏子治。尚書令河南鞏尹勳字伯元〔五〕。天下英藩尹伯元。河南尹太山平陽羊陟字嗣祖。天下清苦羊嗣祖。議郎東郡陽平劉儒字叔林。天下寶金劉叔林。冀州刺史陳國項蔡衍字孟喜。天下雅志蔡孟喜。潁川太守渤海東城巴肅字恭祖。天下卧虎巴恭祖。議郎南陽安衆宗慈字孝初。天下通儒宗孝初。至朱並，又告以田林、張隱、劉表、薛郁、王訪、劉祇、宣靖、公緒恭爲「八顧」。劉表傳又謂之「八交」云。

7 八廚

後漢黨錮傳以「度尚、張邈、王考、劉儒、胡母班、秦周、蕃嚮、王商爲『八廚』〔六〕。廚者，言能以財救人者也。」名士録云：「八人並輕財赴義，振濟人急〔七〕，世謂八廚。」三君八俊録云：「少府東萊曲城王商字伯義。海内賢智王伯義。郎中魯國蕃嚮字嘉景。海内脩整蕃嘉景。北海相陳留己吾秦周字平王。海内貞良秦平王。侍御史太山奉高胡母班字季皮。海内珍奇胡母季皮。太尉掾潁川潁陰劉翊字子相〔八〕。海内輝光劉子相。冀州刺史東平壽張王考字文祖。海内依怙王文祖。陳留相東平壽張張邈字孟卓〔九〕。海内嚴恪張孟卓。荆州刺史山陽湖陸度尚字博平。海内清明度博平。皆傾財竭己，解釋怨結，拯救危急，謂之八廚。」

8 八慈

後漢荀淑有子八人，儉、緄、靖、燾、汪〔一〇〕、爽、肅、旉〔一一〕，並有名稱，皆以「慈」爲字，事見「八龍」事中。贊曰：「二方承則，八慈繼塵。」二方，謂陳元方、季方。

9 八仙

五代南唐保大中有翰林學士八員，游簡言〔一二〕、湯悦〔一三〕、江文蔚、李夷業、朱鞏〔一四〕、常夢錫、王仲連、張義方，謂之八仙。

10 八神　八翌　八英　八力

帝嚳之妃，鄒屠氏之女。帝納以爲妃，妃常夢吞日，則生一子，凡經八夢而生八子，世謂爲八神。亦謂八翌，翌，明也。亦謂八英，亦謂八力，言其神力英明，翌成萬象〔一五〕。

11 九師

漢淮南王安聘明易者九人，撰道訓二十篇，號九師易〔一六〕。王通曰：「九師興而易道微。」

12 九工

宋王融策文曰：「九工開于黄序，庶績其凝。」注云：「黄帝將興，有瑞雲，故以雲爲官名有五。又有同德者四人，以五合四爲九官也。黄序，則黄帝也。」

13 九侯

漢李尋説大司馬曲陽侯王根曰：「將軍一門九侯，二十朱輪，漢興已來，臣子貴盛，未嘗至此。」

14 十一公

漢新室既篡位，按金匱，輔臣皆封拜。以太傅、左輔、驃騎將軍安陽侯王舜爲太師，封安新公；大司徒就德侯平晏爲太傅，就新公；少阿、羲和、京兆尹紅休侯劉歆爲國師，嘉新公；廣漢梓潼哀章爲國將，美新公：是爲四輔，位上公。太保、後承承陽侯甄邯爲大司馬，承新公；丕進侯王尋爲大司徒，章新公；步兵將軍成都侯王邑爲大司空，隆新公：是爲三公。大阿、右拂、大司空、衛將軍廣陽侯甄豐爲更始將軍，廣新公；京兆王興爲衛將軍，奉新公；輕車將軍成武侯孫建爲立國將軍，成新公；京兆王盛爲前將軍，崇新公：是爲四將。凡十一公。王興者，故城門令史。王盛者，賣餅。莽按符命求得此姓名十餘人，兩人容貌應卜相，徑從布衣登用，以視神焉。餘皆拜爲郎。

15 十二子

荀子非十二子：它囂、魏牟、陳仲、史鰌、墨翟、宋鈃、慎到、田駢、惠施、鄧析、子思、孟軻，十二子説息，則天下之害除，聖人之迹著矣。

16 十八賢

晉沙門惠遠於廬山集，一時名士劉遺民等十八人，會於般若臺精舍阿彌陀像前，立誓同修净行，俱爲佛國之遊，時號十八賢。

17 十九侯

後漢宦者孫程等立濟陰王，是爲順帝。遂封程爲浮陽侯、王康爲華容侯、王國爲酈侯、黄龍爲湘南侯、彭愷爲西平昌侯、孟叔爲中廬侯、李建爲復陽侯、王成爲廣宗侯、張賢爲祝阿侯、史汎爲臨沮侯、馬國爲廣平侯、王道爲范縣侯、李元爲褒信侯、楊佗爲山都侯〔一七〕、陳予爲下雋侯、趙封爲析縣侯、李剛爲枝江侯、魏猛爲夷陵侯、苗光爲東阿侯，是爲十九侯。

18 二十賢

唐皮日休請韓文公配饗書曰：「國家以二十賢者代用其書，垂于國胄，並配饗于孔聖廟堂。」二十賢謂：丘明、卜子夏、公羊高、穀梁赤、伏勝、高堂生、戴聖、毛萇、孔安國、劉向、范甯、杜子春、馬融、盧植、鄭康成、服虔、何休、王肅、王弼、杜元凱。唐儒學傳加鄭衆，凡二十一人。

19 二十四賢

魏文帝初爲丞相、魏王，所旌表後漢太尉杜喬等號二十四賢，後明帝乃述撰其狀。〔一八〕

20 五經笥二則

後漢邊韶，字孝先。以文學知名，教授數百人。韶口辯，曾晝日假卧，弟子私嘲之曰：「邊孝先，腹便便。懶讀書，但欲眠。」韶聞之，應時對曰：「邊爲姓，孝先字〔一九〕。腹便便，五經笥。但欲眠，思經事〔二〇〕。師而可嘲，出何典記？」嘲者大慙。

梁任昉，字彦昇。任秘書監，自齊永元以來〔二一〕，秘閣四部，篇卷紛雜，手自讎校，由是第目定焉。時稱五經笥。

21 五經紛綸

後漢井丹，字大春。少受業太學，通五經，善談論，故京師爲之語曰：「五經紛綸井大春〔二二〕。」

22 五經復興

後漢魯丕，字叔陵。深沉好學，孳孳不倦，兼通五經，拜趙相。門生就學者常有百餘人，關東號之曰「五經復興魯叔陵。」本傳〔二三〕

23 五經指南

王元感年雖老，讀書不廢夜，所撰書糾繆、春秋振滯、禮繩愆等凡數十百篇上之〔二四〕。魏知古見其書，嘆曰：「五經指南也。」下詔褒美，以爲儒宗。

24 任氏經苑

後漢任末學無常師，每言人而不學則無以成。臨終誡曰：「夫人好學，雖死若存。不學者雖存，謂之行尸走肉爾！」河洛秘奥，非典籍所載，皆注記於柱壁及園林樹木，慕學者來輒寫之〔二五〕。時人謂任氏爲「經苑」。

25 易聖二則

唐衛大經卓然高行，口無二言，尤邃於易，人謂之「易聖」。豫筮死日，鑿墓自爲誌，如其言終。

唐昭宗時有董賀者〔二六〕，以卜筮爲業，凶吉必效，時人謂之「易聖」〔二七〕。

26 詩宗

漢博士江公世爲魯詩宗。後漢卓茂傳注云：「江生，魯人江翁也。昭帝時爲博士，號魯詩宗〔二八〕。」原注：「儒林傳稱宣帝。」

27 詩史

唐杜子美爲詩善陳時事，律切精深，至千言不少衰，時號「詩史」。

28 詩仙　詩魔

唐白居易與元稹論文曰：「今年春遊城南，與足下馬上相戲，因各誦新艷小律，不雜他篇。迭吟遞唱，不絶聲者二十里餘。樊、李在傍，無所措口。知我者以爲詩仙，不知我者以爲詩魔。何則？勞心慮〔二九〕，役聲氣，連朝接夕，不自知其苦，非魔而何？」〔三〇〕

29 漢聖

沛國劉顯子臻〔三一〕，博覽經籍，精兩漢書，時人稱爲漢聖〔三二〕。性好啖蜆〔三三〕，以音同父諱，呼爲扁螺。

30 學直

唐裴耀卿數歲能屬文，擢童子舉，稍遷秘書正字、相王府典籤，與掾丘悦、文學韋利器更直〔三四〕，備顧問，府中號「學直」。

31 書窟

孟景翼，字輔明。寬裕弘雅，少眠嗜學，手不釋卷，博總文義。行輒載書隨，所坐之處不過膝，四面卷軸盈滿，時人謂之「書窟」。

32 幕府書廚

五代朱遵度，博學好著書，客梁、宋二十年，公卿多與之游。契丹耶律德光聞其名，使晉高祖召之。遵度懼，挈其妻孥携書，雜商賈奔楚。王待之甚薄，杜門卻掃。諸學士每爲文章，先問古今首末於遵度，時人號爲「幕府書廚」。

33 周禮庫〔三五〕

唐李涪以開元禮及第。涪多文而好著述，朝廷重其博學，禮樂之事多咨訪之，時人號爲「周禮庫」，蓋尤精於舊典也。

34 文陣雄帥

唐張九齡嘗覽蘇廷碩文卷，謂同列曰：「蘇生之才俊贍無敵，真文陣雄帥也。」

35 大手筆三則

晉王珣，孝武時爲左僕射。珣夢人以大筆如椽與之，既覺，語人曰：「此當有大手筆事。」俄而帝崩，哀册謚議，皆珣所草。

唐蘇頲封許國公，自景龍後，與燕國公張説以文章顯，稱望略等〔三六〕，故時號「燕許大手筆」。

五代前蜀馮涓大夫，恃其學富，所爲輕薄，然於清苦直諫〔三七〕，比風箴規，章奏悉寓教化。所著文章迥超群品，諸儒稱之爲「大手筆」。

36 高手筆　按孔子

唐司刑司直陳希閔以非才任官，庶事凝滯。司刑府史目之爲「高手筆」，言秉筆支額，半日不下，故名「高手筆」。又號「按孔子」，言竄削至多，紙面穿穴，故名「按孔子」。

37 五言長城

唐秦系與劉長卿善，以詩相贈答。權德輿曰：「長卿自以爲五言長城，系用偏師攻之，雖老益壯。」

38 三十六體

唐李商隱博學强記，下筆不能自休，與太原温庭筠、南郡段成式齊名，時號「三十六體」。文思清麗，視庭筠過之〔三八〕，而俱無特操，恃才詭激，爲當塗者所薄，名宦不進，坎壈終身。

39 **一字師**

五代僧齊己善於風雅，鄭谷任袁州，齊己一日携所爲詩往謁之，中有早梅云：「前村深雪裏，昨夜數枝開。」谷笑曰：「數枝非早也，未若一枝爲佳。」齊己躍然叩地設拜。稱爲「一字師」〔三九〕。

40 **青牛師**

後漢封衡，字君達，方士也。幼學道，通老莊之書，勤訪真訣。能行容成御婦人術，愛嗇精氣，不極視大言，號「青牛師」〔四〇〕。

41 **負卷從師**

北齊張雕武好學，精力絶人，負卷從師，不遠千里，後爲侍中加開府。

本條大典卷九二二一引，據輯。

42 許洞庭

唐咸通十二年，禮部侍郎高湜知貢舉。榜内孤貧者，許棠有洞庭詩尤工，時人謂之「許洞庭」。

43 劉仙掌

五代劉象郎中詠仙掌得名，時號「劉仙掌」。其詩曰：「萬古亭亭倚碧霄，不成奇刻不成招〔四一〕。何如掬取蓮花水，洒向人間救旱苗。」

44 劉鑰匙

五代隴右木門村劉氏以舉債爲業，取人資財如秉鑰匙，開人箱篋無異，故人以「劉鑰匙」稱之。玉堂閒話

本條涵本説郛卷三引，據輯。

45 夏江城　劉夜坐

五代南唐夏寶松少孤貧好學，與詩人劉洞爲唱和儔侶，頗有贈答。時百勝軍節度使陳德誠鎮南康，善吟諷，寶松聞之，遂往焉。大爲德誠所厚遇，因以詩紀之云：「建水舊聞劉夜坐，螺川新有夏江城。」以劉洞有夜坐詩爲時所尚。寶松有宿江城詩云：「雁飛南浦砧初動〔四二〕，月滿西樓酒半醒。」又云：「曉來羸馹依前去，雨後遥山數點青。」由是聲價百倍，遠聞他郡。

46 釘坐梨〔四三〕

崔遠有文而風致，世目爲「釘坐梨」，言座所珍也。本傳

本條涵本説郛卷三引，據輯。

47 小聖

宋王僧虔以爲右軍書，江左中朝莫有及者。獻之骨力遠不及父，而媚趣過之，小真書窮微入聖，筋骨緊密，不減於父，後人謂之「小聖」。

48 得筋得肉

漢張芝字伯英，善草書，論者謂衛瓘得伯英筋，索靖得伯英肉。

49 草賢

後漢崔瑗字子玉，安平人。曾祖蒙，父駰。子玉官至濟北相，文章蓋世。善章草書，師於杜度，媚趣過之。點畫精微，神變無礙，利金百鍊，美玉天姿，可謂冰寒於水也。袁昂云：「如危峰阻日〔四四〕，孤松一枝。」王隱謂之「草賢」。

50 庾賢

晉庾衮隱於林慮山，言忠信，行篤敬。比及期年，而林慮之民歸之，咸曰「庾賢」。

51 賢者

魏管寧嘗坐一木榻上，兩膝皆穿着布衣，遼郡圖其形於府殿，號爲賢者。

52 賢輔

後漢順帝之世，梁商稱爲賢輔，豈以其弟居亢滿〔四五〕，而能以愿謹自終者乎？　本傳

本條大典卷一四九一二引，據輯。

53 霸王之輔

周呂尚，東海上人。西伯將出獵〔四六〕，卜之，曰：「所獲非龍非彲，非虎非羆，所獲霸王之輔。」於是周西伯獵，果遇太公於渭之陽。

本條大典卷一四九一二引，據輯。

54 神品妙品

魏鍾繇精思學書，意外巧妙，正書入神品。子會，正書入妙品。唐李嗣真云：「吾家有小鍾正書洛神賦，河南長孫氏雅所珍重，用獻之草書數紙易之。」

55 畫聖

北齊楊子華，世祖時任直閣將軍。常畫馬於壁，聞蹄齧長鳴〔四七〕，如索水草聲。圖龍於素，舒卷之輒雲氣縈集〔四八〕。帝重之，天下號爲「畫聖」。

56 畫師

唐閻立本善畫。初，太宗與侍臣泛舟春苑池，中有異鳥容與波上，上詔坐者賦詩，而召立本倖狀。閣外傳命呼畫師閻立本，是時立本已爲主爵郎中，俯伏池左，研吮丹粉，望坐者羞悵流汗。歸戒其子曰：「吾少讀書，文辭不減儕輩，今獨以畫見名，與厮役等，汝曹毋習！」然性所好，雖被訾屈，亦不能罷也。

57 棋聖

晉阮蘭爲開封令〔四九〕，縣側有劫賊，外白甚急數。蘭方圍棋長嘯，吏曰：「劫急。」蘭曰：「局上有劫亦甚急。」其耽樂如是。語林曰：王中郎以圍棋爲坐隱，或謂之手談，又謂棋聖。〔五〇〕

58 圍棋州都大中正

宋明帝好圍棋，置圍棋州邑，以建安王休仁爲圍棋州都大中正，王諶、沈勃、庾珪之、王抗四人爲小中正。褚思莊、傅楚之爲清定訪問。王諶傳〔五一〕

59 下水船二則〔五二〕

唐裴延裕文書敏捷〔五三〕，號「下水船」。摭言

沈顔爲文敏速有才〔五四〕，舉進士，場中相語曰：「下船至矣。」言爲文敏速，無不載也。九國志

本條涵本説郛卷三引，據輯。

60 没字碑二則

唐趙崇凝重清介，慕王濛、劉真長之風，標質堂堂〔五五〕，不爲文章，時號「没字碑」。

五代後唐丞相崔協不識文字，而虚有其表，爲世所鄙，號爲「没字碑」。瑣言

本條涵本説郛卷三引，據輯。

校勘記

〔一〕友之昆孫武威太守憲　「昆」字原闕，據張説之文集卷一七贈涼州都督上柱國太原郡開國公郭君碑奉敕撰補。

〔二〕天下謂之八凱　「八凱」，張説之文集卷一七贈涼州都督上柱國太原郡開國公郭君碑奉敕撰作「八碩」，全唐文卷二二七引作「八顧」。四庫館臣案：「八元、八愷，事見左傳，非創自燕公文集，疑實賓録原本係兩書並載，而大典互有去留，故詳略失宜，今亦不敢意爲增入，姑附識考訂於此。」

〔三〕故當參以霸政　「當」，後漢書卷五二崔駰列傳作「宜」。

〔四〕陸士衡辨亡論云　四庫考證：「原本脱『亡』字，今補。」

〔五〕尚書令河南鞏尹勳字伯元　「伯元」原作「元伯」，陶淵明集卷九聖賢群輔録作「伯元」，後漢書卷五七尹勳傳：「(尹)勳字伯元，河南人。」據改，下同。

〔六〕王商爲八廚　「王商」，王應麟小學紺珠卷六名臣類引同，後漢書卷六七黨錮傳作「王璋」，云：「王璋字伯儀，東萊曲城人，少府卿。」同卷引另作「王章」，點校本後漢書校勘記謂：「上文王章爲八廚，字本作『章』，此又作『璋』，必有一誤。」

〔七〕振濟人急　三國志卷六魏書袁紹傳裴注引名士録「急」作「士」。

〔八〕太尉掾潁川潁陰劉翊字子相　「潁陰」，「潁」字原闕，據後漢書卷八一劉翊傳補。「劉翊」，陶淵明集卷九集聖賢群輔録引同，後漢書卷六七黨錮傳作「劉儒」。

〔九〕陳留相東平壽張張邈字孟卓　四庫考證：「原本脱一『張』字，今補。」

〔一〇〕儉緄靖燾汪　「緄」，四庫考證：「原本『緄』訛『混』，據漢書改。」「汪」，王應麟小學紺珠卷七氏族類引同，三國志卷一〇魏書荀彧傳裴注作「詵」。

〔一一〕旉　「旉」原作「專」，據三國志卷一〇荀彧傳裴注改。

〔一二〕游簡言　「簡」原作「間」，陸游南唐書卷三游簡言傳謂「游簡言，字敏中，建安人。〔中略〕元宗嗣位，遷翰林學士、禮部侍郎。」據改。

〔一三〕湯悦　「湯」原作「陽」，馬令南唐書卷二三湯悦傳：「湯悦，其先陳州西華人。父殷文圭，唐末有才名。悦本名崇義，仕南唐爲宰相。建隆初，避宣祖廟諱改姓湯。」據改。

〔一四〕朱鞏　案：文淵閣本實賓録「鞏」字模糊難辨，核之文津閣本似當作「華」字，然諸書所載南唐時人皆無「朱華」其人。今檢江表志卷中南唐李璟文臣録，其朱姓者有「朱鞏」，本條翰林學士八員皆載録其中，蓋「華」與「鞏」亦形近，疑作「朱鞏」爲是，據正。

〔一五〕案：大典卷二二九四八引實賓録無「亦謂八翌」至「翌成萬象」一段。

〔一六〕號九師易　「易」，漢書卷三〇藝文志作「説」。

〔一七〕楊佗爲山都侯　四庫考證：「原本『山都』下多一『陽』字，據後漢書删。」

〔一八〕四庫館臣案：「魏文所旌表：杜喬、張奂、向詡、陳蕃、施延、李膺、朱寓、杜密、韓融、荀爽、房植、姜肱、陳球、王暢、申屠蟠、張儉、鄭玄、冉璆、李固、郭泰、朱穆、魏朗、徐稺、皇甫規，共二十四人，見陶潛群輔録，今備載以補實賓録之闕。」

〔一九〕孝先字　後漢書卷八〇邊韶傳作「孝爲字」。

〔二〇〕思經事　後漢書卷八〇邊韶傳「事」下有「寐與周公通夢，静與孔子同意。」

〔二一〕自齊永元以來　「永元」原倒作「元永」，據乙。

〔二二〕五經紛綸井大春　四庫考證：「原本『井丹』二字互倒，據漢書改。」

〔二三〕本傳　原闕，據大典卷七九六二引實賓録補。

〔二四〕所撰書糾繆春秋振滯禮繩愆等凡數十百篇上之　新唐書卷一九九王元感傳「篇」下有「長安時」三字，則句斷當作「撰書糾繆、春秋振滯、禮繩愆等凡數十百篇，長安時上之」。

〔二五〕慕學者來輒寫之　「輒」原作「趣」，據拾遺記卷六改。

〔二六〕唐昭宗時有董賀者　「董賀」，天中記卷四〇卜筮引耳目記同，太平廣記卷二一七卜筮引耳目記作「黄賀」。

〔二七〕時人謂之易聖　太平廣記卷二一七卜筮引耳目記「聖」下有「公」字。

〔二八〕號魯詩宗　「號魯」二字原闕，據後漢書卷二五卓茂傳補。

〔二九〕勞心慮　舊唐書卷一六六白居易傳「慮」作「靈」。

〔三〇〕案：四庫館臣於「非魔而何」下增補「詩仙」一段，謂：「上云『詩仙』、『詩魔』，似不應祇録『詩魔』一段，今據舊唐書補入。」四庫館臣以意補入，未有確據，實賓録引録文字多有删削，其上既已言「詩仙」、「詩魔」之號，則下文省略原文，亦符原書之例，今據删，以存其舊。

〔三一〕沛國劉顯子臻　四庫考證：「原本脱『子臻』二字，據隋書補。」

〔三二〕時人稱爲漢聖　隋書卷七六劉臻傳引同，顔氏家訓卷六書證：「沛國劉顯博覽經籍，偏精班漢，梁代謂之漢聖。」與此異。

〔三三〕性好啖蜆　四庫考證：「『啖蜆』原本訛作『嚵哯』，今改。」

〔三四〕文學韋利器更直　「韋利器」原作「韋利」，舊唐書卷九八裴耀卿傳、新唐書卷一二七裴耀卿傳並作「韋利器」，據改。

〔三五〕周禮庫　「周」原作「司」，北夢瑣言卷九、類説卷四三並作「周」，疑形近之訛，據改，下改同。

〔三六〕稱望略等　「稱」下原衍「位」字，據新唐書卷一二五蘇頲傳删。

〔三七〕然於清苦直諫　原作「然清苦直」，據鑑誡録卷四輕薄鑑改。

〔三八〕視庭筠過之　舊唐書卷一九〇李商隱傳無「視」字。

〔三九〕稱爲一字師　大典卷二八〇八引實賓録無此句。

〔四〇〕號青牛師　「青牛師」亦稱「青牛道人」，後漢書卷八二甘始傳注引漢武帝内傳曰：「封君達，隴西人。初服黃連五十餘年，入鳥舉山，服水銀百餘年，還鄉里，如二十者。常乘青牛，故號『青牛道士』。」

〔四一〕不成奇刻不成招　「刻」，鑑誡録卷九卓絶匹作「剋」。

〔四二〕雁飛南浦砧初動　「動」，苕溪漁隱叢話後集卷一八作「斷」。

〔四三〕釘坐梨　新唐書卷一八二崔遠傳「釘」作「飣」。

〔四四〕如危峰阻日　「日」原作「石」，據書斷卷中改。

〔四五〕豈以其弟居亢滿　「亢」原作「充」，據後漢書卷三四梁統傳改。

〔四六〕西伯將出獵　「伯」原作「北」，據史記卷三二齊太公世家改。

〔四七〕聞蹄囓長鳴　「聞」原作「間」，蓋形近之訛，據太平廣記卷二一一引名畫記改。又太平廣記「聞」上有「夜聽」二字。

〔四八〕舒卷之輒雲氣縈集　太平廣記卷二一一引名畫記無「卷」字。

〔四九〕晉阮蘭爲開封令　案：「阮蘭」，諸書引名各異，四庫考證：「阮蘭，字茂弘，圍棋事載林坤誠齋雜記，原本訛作『阮簡』，今據改。」水經注卷二二渠「阮蘭」作「阮簡」，太平御覽卷七五三工藝部引陳留志：「阮簡字茂弘，爲開封令。」

〔五〇〕四庫館臣案：「抱朴子云：『善圍棋之無敵者，則謂之棋聖，故嚴子卿、馬綏明於今有棋聖之名焉。』『棋聖』二字，似當昉於此書也。」

〔五一〕王諶傳　原闕，據涵本説郛卷三引實賓録補。

〔五二〕案：説郛原作一則，今據文改作兩則。

〔五三〕唐裴延裕文書敏捷　「裴延裕」，海録碎事卷一八文學部、類説卷二九引並同，唐摭言卷一三、新唐書卷五八藝文志並作「裴廷裕」。

〔五四〕沈顔爲文敏速有才　「沈顔」二字原闕，據郡齋讀書志卷一八補。

〔五五〕標質堂堂　「堂堂」，太平廣記卷五〇〇雜録引北夢瑣言作「清峻」。

實賓録卷六

1 神父三則

漢鮑德修志節，有名稱，累官爲南陽太守。時歲多荒災，唯南陽豐穰，吏人悦愛，號曰「神父」。

漢宋登少傳歐陽尚書，教授數千人。爲汝陰令，政爲明能，號稱「神父」。

陳弇爲蘄長，時一州旱蝗，弇請雨即大降，蝗即出境，一縣遍熟，號曰「神父」。

2 慈父二則

後魏宗室孚爲冀州刺史，勸課農桑，境内稱爲「慈父」。

李哲任相州安陽縣令，政術有方，百姓號稱「慈父」。

3 賈父二則

後漢賈琮爲交趾太守，叛民蕩定，百姓以安。巷路爲歌曰：「賈父來晚，使我先反；今見清平，吏不敢飯。」

後漢賈彪爲新息長，小民困貧，多不養子，彪嚴爲其制，與殺人同罪。數年間，養子者千數，僉曰「賈父所生」〔一〕，長男名爲「賈子」，生女名爲「賈女」。

4 杜父

晉杜預守荆州，修召信臣遺跡，激用滍淯諸水以浸原田萬餘頃〔二〕，分疆刊石，使有定分，公私同利。衆庶賴之，號曰「杜父」。

5 柳父

柳鎮少樂閒静，不慕榮貴。天監中，自司州遊上元，愛其風景，于鐘山之西買地結茅，開泉種植，隱操如耕父，其左右居民皆呼爲「柳父」。

6 巢父

巢父，堯時隱人。嘗山居，不營世利。年老，以樹爲巢而寢其上，故時人號爲「巢父」。晉王康琚招隱詩曰〔三〕：「昔在太平時，亦有巢居子。」或言即「許由」也。

7 漢陰老父

後漢桓帝過雲夢，有老父獨耕不輟。問其姓名，不告而去，史謂「漢陰老父」。

本條涵本説郛卷三引，據輯。

8 伊川田父

唐郗純自號也〔四〕。　本傳〔五〕

本條涵本説郛卷三引，據輯。

9 賀兄

唐陸象先，賀知章族姑子也。象先嘗謂人曰：「賀兄言論調態〔六〕，可謂風流之士。吾與子弟離闊，都不思人〔七〕，一日不見賀兄，則鄙吝生矣。」

10 二兄二則

唐高力士事玄宗最親寵，肅宗在東宫，以兄事力士，呼爲「二兄」。

唐段成式與張希復善繼、鄭符夢復遊精舍〔八〕，共徵高力士事。力士呼「二兄」柯，呼「阿翁」繼，呼「將軍」柯〔九〕。

11 寧哥

唐寧王憲，睿宗長子。睿宗將建東宫，以憲嫡長，而玄宗時爲楚王有大功，故久不定。憲固辭，乃立楚王爲皇太子。玄宗友悌，古無有者，至呼憲爲「寧哥」云。

12 邠哥

唐邠王守禮，章懷太子之子也。每與諸王内讌，方積陰累日，守禮知其欲晴〔一〇〕，果晴。逖陽涉旬，守禮曰：「即雨。」果連雨〔一一〕。岐王等奏之，曰：「邠哥有術。」守禮曰：「臣無術也。則天時以章懷遷謫，臣幽閉宫中十餘年，每歲被敕杖數頓，瘢痕甚厚。欲雨臣背上即沉悶，欲晴則輕健，臣以此知之，非有術也。」涕泗沾襟，玄宗亦憫然。

13 奇兒

後唐莊宗，克用長子也。初，克用破孟方立於邢州，還軍上黨，置酒三垂崗，伶人奏百年歌，至於衰老之際，聲甚悲，坐上皆悽愴。克用慨然捋鬚，指而笑曰：「吾行老矣，此奇兒也，後二十年，其能代我戰于此乎！」莊宗年十一，從克用破王行瑜，遣獻捷于京師，昭宗異其狀貌，賜以鸂鶒卮、翡翠盤，而撫其背曰：「兒有奇表，無忘予家。」克用卒，梁夾城兵聞晉有大喪，因頗懈，莊宗欲乘怠擊之。乃出兵趨上黨，行至三垂崗，嘆曰：「此先王置酒處。」集攻夾城，破之，梁軍大敗，凱旋告廟。

14 禄兒

唐明皇每座及宴會，必令安禄山坐於御側，以金鷄障隔之。太真又以爲子，上亦呼爲「禄兒」。

15 癡兒

五代馬嗣孫爲相不通世務〔一二〕，時右散騎常侍孔昭序建言：「常侍班當在僕射前。」嗣孫責御史臺檢例〔一三〕，臺言：「故事無所見，據今南北班位，常侍在前。」嗣孫即判狀施行。崔居檢揚言於朝：「孔昭序解語，是朝廷無解語人也！且僕射師長百僚〔一四〕，中丞、大夫就班修敬，而常侍在南宮六卿下，況僕射乎？昭序癡兒，豈識事體？」朝士聞居檢言，流議稍息。

16 吴兒〔一五〕

晉夏統，會稽人，隱居不仕。後以母病，詣洛市藥。會三日上巳，洛中王公以下並至浮橋，士女駢填，車服燭路。統時在曝藥，諸貴人車乘來者如雲，統不之顧。太尉賈充就船與語，其應如響。充欲耀以文武鹵簿，覬其來觀，遂命建朱旗，舉幡校，分羽騎爲隊，軍伍肅然。須臾，鼓吹亂作，胡笳長鳴，車乘紛錯，縱横馳道，又使妓女服袿襹，肱金翠〔一六〕，繞其船三匝。統顔色如故，若無所聞。充等各散，曰：「此吴兒是木人石心也。」

17 買聲兒

後魏李謐神士賦，歌曰：「周孔重儒教，莊老貴無爲。二途雖如異，一是買聲兒。」

18 乳臭兒二則

吴越杜建徽位宰相，其孫昭達爲内都監使，盛治第宅。建徽曰：「乳臭兒不諳事，其能久乎？」後昭達果以罪誅。

唐莊宗命魏王繼岌伐蜀，滅之，以孟知祥節度西川。莊宗館知祥於宫中，酒酣，謂知祥曰：「吾輩老矣！繼岌乳臭兒，今年代父破賊，慰喜外，復增悲爾。」

19 小兒王

陳釋智凱，江表揚都人。年幼童丱，雅重嘲謔，引群小兒數百人同戲街衢，以爲自得。陳氏臺省，門無衛禁，凱乃率其戲侣在太極殿前號令而過。朝宰江總等顧其約束銓叙，駐步迎之，相視笑曰：「此小兒王。」

20 聖童

傅長通年十七〔一七〕，禮、易貫洞三十萬言，兼通春秋，鄉里號曰「聖童」。

21 神童五則

魏胡康年十五，以異才見送。又陳損益，求試劇縣。詔特引見。衆論翕然，號爲「神童」。原注：「劉劭傳裴松之云：『魏朝不聞有胡康，疑是孟康。』」

魏任嘏幼以至性見稱。年十四始學，疑不再問，三年中誦五經，皆究其義，兼包群言，無不總覽，於是學者號之「神童」。原注：「海録碎事：『魏任嘏先世皆早成人，時語曰『蔣氏翁，任氏童。』』」

晉杜育幼便岐嶷，號曰「神童」。原注：「文士傳：『杜育童孺，奇才博學，能著文章，心解性達，無所不綜，一時稱爲「武陽杜孔子〔一八〕。」』」

晉封孚與弟懿總角知名，時人謂之「關東神童」。

唐楊收七歲而孤〔一九〕，善屬文，所賦輒就，時號「神童」〔二〇〕。里人多造門觀賦詩，至壓敗其藩，收嘲之曰：「爾非羸角者，何用觸吾藩？」由是觀者益奇之。

22 才童

朱勃〔二一〕，字叔陽。年十二誦書説詩〔二二〕，號曰「才童」。原注：「語林、高僧傳云：『朱勃年十二能讀書詠詩，時號曰「才童」。』」

23 神鷄童〔二三〕

賈昌自言解鳥語音。明皇喜鬬鷄，養數千於鷄坊，昌爲五百小兒長，加以忠厚謹密，天子甚愛幸之，金帛日至其家。開元十三年，籠鷄三百從封東嶽。父忠死歸葬，雍州縣官爲葬，喪車乘傳洛城道。十四年三月，衣鬬雞服，會帝於温泉，時天下號爲「神鷄童」。時人爲之語曰：「生兒不用識文字，鬬鷄走馬勝讀書。賈家小兒年十三，昌盛榮華代不如。能令金距期勝負，白羅繡衫隨軟轝。父死長安千里外，差夫持道挽喪車。」異聞録〔二四〕

24 孝友童子

唐陳饒奴年十二歲，親並亡，窶弱居喪，又歲饑，或教其分弟妹可全性命。饒奴流涕，身丐訴相全養。刺史李復異之，給資儲，表其門曰「孝友童子」。

25 神仙童子

唐元嘉少聰俊。左手畫圓，右手畫方，口誦經史，目數群羊，兼成四十字詩，一時而就，足書五言一絶，六事齊舉，時號「神仙童子」。

26 童子學士

梁宋懷少有天材，好學不倦，鄉里號稱「童子學士」。

27 將種

西晉胡貴嬪名芳，奮之女也〔二五〕。晉武帝與之摴蒲〔二六〕，争矢，遂傷上指。帝怒曰：「此固將種也！」芳曰：「北伐公孫，西拒諸葛，非將種而何？」帝甚有慚色。本傳〔二七〕

28 人種

晉阮仲容先幸姑家鮮卑婢，及居母喪，姑當遠移，初云當留婢，既發，乃將去。仲容乘驢著重服自追之〔二八〕，累騎而返。曰：「人種不可失！」即遥集之母。

本條涵本説郛卷三引，據輯。

29 播種〔二九〕

漢張堪爲漁陽太守，開稻田，教民耕種，漁陽百姓以至豐富焉。

本條大典卷一三一九四引，據輯。

30 李老

唐中宗朝，御史大夫裴談妻悍妬，談畏之如嚴君。時韋庶人頗襲武后之風，中宗漸畏之。内宴，牙唱迴波詞〔三〇〕。有優人詞曰：「迴波爾時栲栳，怕婦也是大好。外邊祇是裴談，裏面無過李老。」韋后意色自得，以束帛賜之。

31 賀老

唐禪月鑒題李太白詩集云：「賀老成異物，顛狂誰敢和。寧知江邊墳，不是猶醉卧。」〔三一〕

32 王老

唐陳通方，閩縣人。貞元十年顧少連下進士及第。年二十五，第四人及第〔三一〕，年少名高，輕薄自負。與王播同年〔三二〕，王時年五十六，通方薄其成事。後時，因期集拊王背曰：「王老王老，奉贈一第。」言其日暮途遠，及第同贈官也。王曰：「擬應三篇。」通方又曰：「王老一之謂甚，其可再乎？」王心每貯之。通方尋值家艱還歸，王果累捷高科，官漸達矣。通方入關，王已丞郎判鹽鐵。通方窮悴寡助，不知王素銜其言，投之求救。同年李虛中時爲副使，通方亦有詩扣之，求爲汲引云：「應念路旁憔悴翼，昔年喬木幸同遷。」王不得已，署之江西院官。赴職未及其所，又改爲浙東院。僅及半程，又改爲南陵院。嗣是往復數四，困躓日甚。退省其咎，謂甥姪曰：「吾偶戲謔，不知王生乃爲深憾。」尋值王真拜，禮分懸絶，追謝無地，悵望病終。

33 長樂老

五代馮道爲宰相，視喪君亡國未嘗屑意。是時天下大亂，戎狄交侵，生民之命，急于倒掛，道方自號爲「長樂老」，著書數百言，陳己更事四姓及契丹所得階勳官爵〔三四〕。

34 擣蒜老

後唐安重霸，任京兆尹。先是，秦、雍之間〔三五〕，令長設酒食，私丐於部民者，俗謂之「擣蒜」。及重霸之鎮長安，亦爲之，故秦人目重霸爲「擣蒜老」。本傳〔三六〕

35 宗室遺老

漢劉向方成帝時，上無繼嗣，政由王氏出，災異寖甚。向雅奇陳湯智謀〔三七〕，與相親友，獨謂湯曰：「災異如此，而外家日盛，其漸必危劉氏。吾幸同姓爲宗室遺老，歷事三主。吾而不言，誰當言者？」遂上封事極諫。

36 旱母

梁宗室蕭推，歷淮南、晉陵、吴郡太守。所臨必赤地大旱，人呼爲「旱母」。

37 暗燭底覓虱老母

唐舍人齊處沖好瞑目視日〔三八〕，左拾遺魏光乘目爲「暗燭底覓虱老母」。

38　乾阿嬭

後魏穆提婆母陸令萱，以其夫駱超謀叛伏法配入掖庭〔三九〕，提婆爲奴。後主在襁褓中，令鞠養，謂之「乾阿嬭」，呼「姨姨」〔四〇〕。　本傳

本條涵本説郛卷三引，據輯。

39　陳姥

隋末，杜伏威兵起，煬帝遣右禦衛將軍陳稜以精兵討之。稜不敢戰，伏威遺以婦人之服，書稱「陳姥」。

40　蕭娘呂姥

梁呂僧珍，佐臨川王宏侵魏，宏畏懦不進，議欲旋師，僧珍稱善。魏人知其不武，遺以巾幗。魏人畏之言曰：「不畏蕭娘與呂姥，但畏合肥有韋虎〔四一〕。」蕭娘謂臨川王宏，呂姥謂呂僧珍，韋虎謂韋叡也。

本條大典卷一八二〇八引實賓録至「巾幗」，僅截取其半，四庫館臣未輯，而所録「魏人畏之言曰」一段，疑爲本條下半，今據大典、四庫輯本，並參酌南史卷五一蕭宏傳校輯。

41 齋娘

唐中宗郊祀〔四二〕，取大臣李嶠等女爲「齋娘」。本傳

本條涵本説郛卷三引，據輯。

42 劉三娘

齊劉孝綽三妹，一適瑯琊王叔英，一適吴郡張嵊，一適東海徐悱〔四三〕，並有才學。悱妻文尤清拔，所謂「劉三娘」者也。本傳

本條涵本説郛卷三引，據輯。

43 娘子軍

唐平陽公主，世祖之女，下嫁柴紹。主初聞高祖起義兵於太原，乃於鄠縣招集亡命。帝渡河，詔以數百騎迎，主引精兵與秦王會渭北〔四四〕，時號「娘子軍」。劉餗傳紀

本條涵本説郛卷三引，據輯。

44 楊烈婦

唐李侃妻也。希烈陷汴，謀襲陳州。侃爲項城令，希烈略定諸縣，侃以城小欲逃去。婦曰：「寇至當守，力不足，則死焉。」侃乃率吏民守城，婦自爨以享衆。侃中流矢，還家，婦責曰：「君不在，人誰肯固守？死於城外，猶愈於牀也。」侃遽登城。會賊將中矢死，遂引去，縣卒完。詔遷侃太平令。　本傳

本條涵本説郛卷三引，據輯。

45 狗頭新婦

唐賈耽爲滑州節度使〔四五〕，酸棗縣有俚婦事姑不謹，姑年甚老，無目，晨食，婦餅裹犬糞授姑。姑食之覺異。子遠出外還，姑仰天大哭〔四六〕。頃雷震霆發，有人入載婦首以犬首續之。耽令牽行於境中，以戒不孝者。時人謂之「狗頭新婦」。　獨異志

本條涵本説郛卷三引，據輯。

46 李阿婆　王伯母　曹新婦

唐中書令李敬玄爲元帥討吐蕃，至樹敦城，聞劉尚書没蕃，著鞾不得，狼狽而走。時將軍王果〔四七〕、副總管曹懷舜等驚退，遺卻麥飯，首尾千里，地上尺餘。時軍中謡曰：「洮河李阿婆，鄯州王伯母。見賊不能鬬，總由曹新婦。」

47 誠節夫人

唐契丹寇平州，鄒保英爲刺史，城且陷，妻奚率家僮女子乘城不下〔四八〕，賊去〔四九〕，詔封誠節夫人。　楊烈女傳

本條涵本説郛卷三引，據輯。

48 義成夫人〔五〇〕

漢崔篆母師氏，能通經學、百家之言，王莽賜號「義成夫人」。　崔駰傳

本條涵本説郛卷三引，據輯。

49 崇義夫人

唐薛仁杲將旁㕵地，羌豪也。至始州，掠王氏女，醉寢于野，王取㕵地刀斬首，送涼州，詔封崇義夫人。仁杲傳

本條涵本説郛卷三引，據輯。

50 西堂夫人

五代楚馬希範，少愛倡妓徐降真，及嗣位，號「西堂夫人」。十國紀年

本條涵本説郛卷三引，據輯。

51 左右夫人

晉賈充前妻李氏坐流徒，以大赦得還。時詔充置左右夫人，充後妻郭氏怒，乃答詔，託以謙〔五一〕，不敢當兩夫人盛禮，實畏郭也。本傳

本條涵本説郛卷三引，據輯。

52 夾寨夫人

五代後唐莊宗攻梁軍于夾城，得符道昭妻侯氏，宮人謂之「夾寨夫人」。劉后傳

本條涵本説郛卷三引，據輯。

53 秃翁

漢武帝怒韓安國曰：「與長孺共一秃翁，何爲首鼠兩端？」，注：「秃翁，言無官位扳援也〔五二〕。首鼠，一前一卻。安國，字長孺。」

本條涵本説郛卷三引，據輯。

54 田舍翁

五代南唐馮延巳好論兵事，嘗笑其主昪戢兵，以爲齷齪無大略，曰：「田舍翁安能成大事！」

55 多田翁

唐盧從愿爲刑部尚書，充考校使，升退詳確。御史中丞宇文融方用事，將以括田户功爲上下考，從愿不許，融恨之，乃密白「從愿盛植産，占良田數百頃」，帝自此薄之，目爲多田翁。後欲用爲相屢矣，卒以是止。

56 吴老翁

北齊神武語杜弼曰：「江東有一人吴老翁蕭衍〔五三〕，專事衣冠禮樂，中原士大夫望之以爲正朔所在。」

57 千歲翁

秦安期先生，阜鄉人。受老子於河上丈人，常賣藥海邊，老而不仕，時人謂之「千歲翁」。

58 丹崖翁

唐元結爲丹崖翁宅銘，序曰：「零陵隴下三十里〔五四〕，得丹崖翁宅。有唐節督者，爲隴水令，去官家於崖下，自稱丹崖翁。湘水之異者〔五五〕，翁湘中得道之逸者。愛其水石，爲之作銘。」其略曰：「丹崖數岸〔五六〕，爲其四墉。竹幽石皚〔五七〕，飛泉户中。怪石澄淵，硱硱石巔。何得石巔，翁獨醉眠。吾欲與翁，東西茅宇。飲啄終老，翁亦悦許。」

59 足穀翁

唐韋宙善治生〔五八〕，有積穀，帝目之云。北夢瑣言

本條涵本説郛卷三引，據輯。

60 囁嚅翁

唐李補闕林宗、杜殿中牧與白公輦下較文，具言元白詩體舛雜，而爲清苦者見嗤，因兹有恨。白爲河南尹，李爲河陽令，道上相遇，尹乃乘馬，令則肩輿，似乖趨事之禮，常謂樂天爲「囁嚅翁」，聞者笑之，樂天之名稍減矣。白尹曰：「李君，吾之猘子也，其鋒不可

當。」〔五九〕

61 三癖翁

唐湖州崔郎中以三癖詩寄劉禹錫，自言癖於詩與琴酒，其辭逸而高，禹錫以詩答之，曰：「視事畫屏中，自稱三癖翁。」

62 賣藥翁

賣藥翁，莫知其姓名。人或詰之，曰：「此真姓名也。」有自童稚見之，迨乎暮齒，顏貌不改。嘗提一大葫蘆賣藥，人以疾苦求藥，得錢不得錢悉與之，無不神效。或戲問之：「有大還丹賣否？」曰：「有，一粒厥直千緡。」人皆笑之以爲風狂。後於長安賣藥，其葫蘆已空，只餘一丸大者而安掌中，曰：「百年賣藥，凡億兆人無一人買者，深可哀哉〔六〇〕！今當自喫。」藥方入口，足下五色雲生，騰空而去也。

63 皂江漁翁

五代後蜀蜀州隱者張立〔六一〕，召之不至，賜錢十萬。立博學能吟，詩數百篇，號皂江漁

翁集。十國紀年〔六二〕

64 眇目老翁

魏左慈於天柱山石室中得九丹金液經〔六三〕，能變化萬狀。後入東吴，吴有徐墮者，亦道術之士，居丹徒。慈過之，墮門下有宿客，車牛六七乘，欺慈言：「徐公不在。」慈知宿客詐己，便即去。宿客見牛在楊樹杪行，適上樹則不知所在，下樹即復牛在樹上。又車轂皆生荆棘，長一二尺，斫之不斷，推之不動也。宿客大懼，即報徐公，説有一眇目老翁，吾欺之言公不在，及去車，牛如此。徐曰：「此左慈也，汝曹那得欺之。」諸客分布逐慈，叩頭謝之。慈意解，即遣去。此人還，見車牛如故。

65 新豐折臂翁

唐天寶徵兵討雲南，户有三丁點一丁，新豐縣有人年二十四，當赴兵役，夜以大石鎚折臂，遂免行。時楊國忠爲相，重搆閣羅鳳之難，後募人討之，前後發二十餘萬衆，去無返者。又捉人連枷赴役，天下怨哭，民不聊生。故禄山得乘人心而盜天下。元和初，折臂翁猶存，白樂天因歌之，云：「新豐老翁八十八，頭鬢眉鬚皆似雪。玄孫扶向店前行，左臂憑肩右臂折。問翁臂折來幾年？兼問致折何因緣？翁云貫屬新豐縣，生逢聖代無征戰。慣聽梨園歌管聲，不識旗槍與弓箭。無何天寶大徵兵，户有三丁點一丁。點得驅將何處去？五月萬里雲南行。聞道雲南有瀘水，椒花落時瘴烟起。大軍徒涉水如湯，未過十人二三死。村南村北哭聲哀，兒別爺娘夫別妻。皆云前後征蠻者，千萬人行無一回。是時翁年二十四，兵部牒中有名字。夜深不敢使人知，偷將大石鎚折臂。張弓簸旗俱不堪，從茲始免征雲南。骨碎筋傷非不苦，且圖揀退歸鄉土〔六四〕。此臂折來六十年〔六五〕，一肢雖廢一身全。至今風雨陰寒夜，直到天明痛不眠。痛不眠，終不悔，且喜老身今獨在。不然當時瀘水頭，身死魂飛骨不收。應作雲南望鄉客〔六六〕，萬人塚上哭呦呦。原注：「雲南有萬人塚，即鮮于仲通、李宓曾覆軍之所也。」老人言，君聽取。君不聞，開元宰相宋開府，不賞邊功防黷武。原注：「開元初，突厥數寇邊，時天武軍牙將郝雲岑出使〔六七〕，因引特勒、回鶻部落斬突厥默啜，獻首于闕下，自謂有不世之功。時宋璟爲相，以天子年少好武，恐徼功者生心，痛抑其黨，逾年始授郎將。雲岑遂慟哭嘔血而死也。」又不聞，天寶宰相楊國忠，欲求恩幸立邊功。邊功未立生人怨，請問新豐折臂翁。」

66 李叟

晉趙景真與嵇茂齊書曰：「昔李叟入秦，及關而嘆；梁生適越，登岳長謡。」注云：「列子云：『楊朱南之沛，見老聃西游于秦，邀于郊，至梁而遇老子。老子中道仰天而嘆云〔六八〕。』」

67 于叟

梁劉峻辯命論曰：「于公高門以待封，嚴母埽墓以望喪。」又云：「于叟種德，不逮勛華之高〔六九〕；延年殘獷，未甚東陵之酷。爲善一，爲惡均，而禍福異其流，廢興殊其迹，蕩蕩上帝，豈如是乎？」

68 邪叟

齊竟陵王行狀云：「邪叟忘其西昃，龍丘狹其東皋。」注云：「後漢劉寵自會稽太守徵爲將作大匠。山陰有五六老叟，自若邪山出送，曰：『聞當棄去，故自扶奉送。』」

69 應叟

齊竟陵王行狀云：「良田廣宅，符仲長之言；邙山洛水，協應叟之志。」注云：「應璩與程文信書曰：『故求遠田，在關之西。南臨洛水，北據邙山。託崇岫以爲宅，因茂林以爲蔭。』」

70 北叟三則

淮南子云：「北叟〔七〇〕，塞上翁。其馬亡入胡中，人皆弔之。翁曰：『何知非福？』居數月〔七一〕，其馬引胡駿馬而歸，人皆賀之。翁曰：『何知非禍？』及家富馬良，其子好騎，墮而折髀〔七二〕，人皆弔之。翁曰：『何知非福？』居一年，胡人大入〔七三〕，丁壯皆戰死者十九，其子獨以跛之故，父子相保。」

後漢蔡邕贊曰：「伯喈抱鉗杻〔七四〕，徙幽裔。董卓一旦入朝，信宿三遷。資同人之先號，得北叟之後福。」注云：「北叟，塞上叟也。」

班固幽通賦云：「北叟頗識其倚伏。」

71 俞叟

唐王公潛節制荆南，有吕氏子窮窘來謁，公不爲禮。寓逆旅月餘，窮益甚，遂鬻所乘驢于市中。市門監俞叟者，召生問其所由，生曰：「吾家渭北，家貧親老，王公吾之重表丈也。今不遠而來，公不以顧，豈非命也。」叟曰：「我見子有饑色，今夕吾爲具食，幸宿我宇下。」于是延于一陋室，共坐弊席，陶器進脱粟飯而已。夜深謂生曰：「當爲子設小術致歸洛之費。」因取一缶合于地上，食頃，舉而視之，見一人長五寸許，紫綬金章。俞曰：「此王公之魄也。」呂生視之，乃王公也。俞因戒之曰：「呂，汝之表姪，家貧遠來，而曾不爲禮，豈親親之道耶！可厚其資，以一馬一僕二百縑遺之。」紫衣者俯而受教，于是卻以缶合於上，有頃視之，亡矣。明日，王公果召生愧謝宴遊，累月生告去，贈以僕馬及二百縑。生益奇之，不敢形言，歸渭北，後數年方告于人。

72 遁叟

唐陸希聲力學，通易、春秋，雖寢食不釋卷。初從方鎮辟，韋保衡爲相，忌賢怙勢，希聲絶意仕進，乃構室義興。號「遁叟」，谷曰「頤」，溪曰「蒙」。後拜相云。僖宗實録（七五）

73 巢箕叟

晉陸機連珠云：「頓網探淵，不能招龍；振綱羅雲，不必招鳳。是以巢箕之叟，不盼丘園之幣；洗渭之民，不發傅巖之夢。」

74 群玉峰叟

五代江南孟賓于自號。野録〔七六〕

本條涵本説郛卷三引，據輯。

75 周郎二則

吴周瑜少精意於音樂，雖三爵之後，其有闕誤，瑜必知之，知之必顧，故時人謡曰：「曲有誤，周郎顧。」

梁周弘正年十歲，通老子、周易。十五，召補國子生，仍于國學講易，諸生傳習其義。以季春入學，孟冬應舉，有司以日淺不許。博士到洽曰〔七七〕：「周郎講經〔七八〕，豈俟策試？」

76 沈郎

吴沈友弱冠博學，華歆行風俗，見而異之，因呼：「沈郎，可登車語乎？」友曰：「先生銜命，將以裨補先王之教，整齊風俗，而輕脱威儀，猶負薪救火，無乃更崇其熾乎！」

77 苻郎

晉苻堅年七歲，嘗戲於路，徐統遇之，執其手曰：「苻郎，此官之御街，小兒敢戲於此，不畏司隸縛耶？」堅曰：「司隸縛罪人，不縛我小兒戲也。」

78 顧郎

梁顧協少清介，有志操。初爲廷尉正，冬服單薄，寺卿蔡法度欲解襦與之，憚其清嚴，不敢發口，謂人曰：「我願解身上襦與顧郎，顧郎難衣食者。」竟不敢以遺之。

79 石郎

五代晉高祖皇后，後唐明宗女也。廢帝立，疑高祖必反，公主自太原入朝千春節，辭歸，留之不得，廢帝醉，語公主曰：「爾歸何速，欲與石郎叛邪？」既醒，悔之。後以反聞，群臣請帝親征，帝心憂懼，常惡言高祖事，每戒人曰：「爾毋説石郎事，令人心膽墮地。」

80 陸郎　蕭郎

唐陸象先爲洛陽尉，蕭嵩未仕〔七九〕，人不之異。夏榮者善相，云：「陸郎十年内位極人臣，然不及蕭郎一門盡貴。」

81 楊三郎

隋宗室，滕穆王瓚也。　本傳〔八〇〕

本條涵本説郛卷三引，據輯。

82 王四郎

唐王處士者，洛陽尉王琚之孽姪四郎也。幼隨母他適，琚赴調入京，過天津橋，四郎布衣草履，形貌山野，琚初不之識，四郎曰：「叔今赴選，姪有少物奉獻。」即出金五兩，色如雞冠，曰：「此不與常金等，可訪金市張蓬子，付之當領二百千。」某比居王屋小有洞，今將家往峨眉山。」琚往訪之，則已行矣。金市果有蓬子，出金示之，驚喜曰：「此道者王四郎所化金也，且無定價。」因如其數酬之。

83 王郎子

唐王仙客者，建中中朝臣劉震之甥。初，仙客父亡，與母劉同歸外氏。震有女曰無雙，小仙客數歲，皆幼稚，戲弄相狎，震之妻常戲呼仙客爲「王郎子」云。

84 烏衣諸郎

宋王僧虔仕爲御史中丞，甲族由來多不居憲臺，王氏分枝居烏衣者，位官微減〔八一〕，僧虔爲此官，乃曰：「此是烏衣諸郎坐處，我亦可試爲爾。」

85 四友

宋謝靈運與族弟惠連、何長瑜、荀雍、羊璿之，以文章賞會，共爲山澤游，時人謂之四友。

86 小友

唐李泌方幼，張九齡尤所奬愛，常引至卧内。九齡與嚴挺之、蕭誠善，挺之惡誠佞，勸九齡謝絶之。九齡忽獨念曰：「嚴太苦勁，然蕭軟美可喜。」方命左右召蕭，泌在旁，率爾曰：「公起布衣，以直道至宰相，而喜軟美者乎？」九齡改容謝之，因呼「小友」。

87 良友

晉周顗〔八二〕，初王敦舉兵，劉隗勸帝盡除諸王氏，司空導率群從詣闕請罪，值顗將入，導呼顗謂曰：「伯仁，以百口累卿！」顗直入不顧。既見帝，言導忠誠，申救甚至，帝納其言。敦欲誅顗，問導，導無言。後科檢中書故事〔八三〕，見顗表救己，殷勤款至。導執表流涕，悲不自勝，告諸子曰：「吾雖不殺伯仁，伯仁由我以死。幽明之中，負此良友。」

88 死友二則

後漢范式字巨卿，受業太學，時諸生長沙陳平子亦同在學，與式未相見，而平子被病將亡，謂其妻曰：「吾聞山陽范巨卿，烈士也，可以託死。吾没後，但以屍埋巨卿户前。」乃裂素爲言，以遺巨卿。既終，妻從其言。式覩書見瘞，愴然感之，哭爲死友。於是護平妻子〔八四〕，身送喪於臨湘。

魏初有白玠謗毁太祖，太祖怒甚。侍中和洽陳玠素行有本，求案實其事。罷朝，太祖令曰：「今言事者白玠不但謗吾也，乃復爲崔琰觖望。此損君臣恩義，妄爲死友怨歎，不可忍也。」

89 素友〔八五〕

王僧達祭顔延年曰：「清交素友。」〔八六〕

本條涵本説郛卷三引，據輯。

90 忘年友

五代後蜀趙崇祚以門第爲列卿，而儉素好士。大理少卿劉曷、國子司業王昭圖，年德俱長，時號宿儒，崇友之爲忘年友。

91 陳君友皓

後漢鍾皓以篤行稱，陳寔年不及皓，皓引與爲友。贊曰「陳君友皓」云。

92 古人交

吴潁川周昭著書稱諸葛瑾、步丞相隲、嚴衛尉畯三君，昔以布衣俱相友善，卒無虧損，豈非古人交哉。

93 君子之交二則

宋柳世隆幼孤，挺然自立，不與衆同，當時名士張緒、王延之相從推慕，以爲君子之交。

齊孔稚珪早立名譽，當時名士陸慧曉、謝瀹、張融、何點相與爲君子之交。

94 館客

後魏後主雖溺於群小，而頗好詠詩。因畫屏風，敕蕭放等録古賢烈士及近代輕艷諸詩以充圖畫，帝珍重之。後復追蕭慤、顔之推同入撰録〔八七〕，猶依霸朝，謂之館客。

95 談客

唐蕭穎士聰俊過人，富詞學，有名於時，賈曾、席豫、韋述、張垍皆引爲談客。

96 揖客

或説汲黯拜大將軍，黯曰〔八八〕：「大將軍有揖客，反不重耶？」本傳

本條涵本説郛卷三引，據輯。

97 風月主人

僞蜀歐陽彬爲嘉州刺史，喜曰：「青山緑水中爲二千石，作詩飲酒爲風月主人，豈不佳哉。」檮杌〔八九〕

98 菊松主人〔九〇〕

唐韋表微也。本傳〔九一〕

本條涵本説郛卷三引，據輯。

99 一鳴先輩

五代妓萊兒指趙光遠爲一鳴先輩〔九二〕。

校勘記

〔一〕僉曰賈父所生 「僉曰」二字原闕，據後漢書卷六七賈彪傳補。

〔二〕激用滍淯諸水以浸原田萬餘頃 四庫考證：「原本『滍淯』訛『溰涓』，據晉書改。」

〔三〕晉王康琚招隱詩曰 「王康琚」原作「王康倨」，文選卷二二反招隱詩注引古今詩英華：「晉王康琚，然爵里未詳也。」據改。

〔四〕唐郗純自號也 「郗純」原誤作「郤純」，據舊唐書卷一五七郗士美傳、新唐書卷一四三郗士美傳改。

〔五〕案：本條並見兩唐書，今迻録舊唐書卷一五七郗士美傳如下：「郗士美字和夫，高平金鄉人也。父純，字高卿，爲李邕、張九齡等知遇，尤以詞學見推，與顏真卿、蕭穎士、李華皆相友善。舉進士，繼以書判制策，三中高第，登朝歷拾遺、補闕、員外、郎中、諫議大夫、中書舍人。處事不迴，爲元載所忌。魚朝恩署牙將李琮爲兩街功德使，琮暴横，於銀臺門毁辱京兆尹崔昭。純詣元載抗論，以爲國恥，請速論奏，載不從，遂以疾辭。退歸東洛凡十年，自號伊川田父，清名高節，稱於天下。」

〔六〕賀兄言論調態　「調態」，舊唐書卷一九〇賀知章傳作「倜儻」。

〔七〕都不思人　「人」，舊唐書卷一九〇賀知章傳作「之」。

〔八〕鄭符夢復遊精舍　「夢復」原倒作「復夢」，酉陽雜俎續集卷五寺塔記上：「武宗癸亥三年夏，予與張君希復善繼同官祕丘，鄭君符夢復連職仙局。」據乙。

〔九〕呼將軍柯　酉陽雜俎續集卷六寺塔記下「柯」作「夢復」，案：「柯」即段成式、「繼」即張希復，三人之稱獨欠鄭夢復，故下呼「將軍」者疑當作「夢復」。

〔一〇〕守禮知其欲晴　舊唐書卷八六李守禮傳「晴」下有「白於諸王曰欲晴」七字。

〔一一〕果連雨　舊唐書卷八六李守禮傳「雨」作「澍」。

〔一二〕五代馬嗣孫爲相不通世務　「馬嗣孫」，原當作「馬胤孫」，蓋避宋太祖「胤」諱改。

〔一三〕嗣孫責御史臺檢例　「例」原作「到」，據新五代史卷五五馬胤孫傳改。

〔一四〕且僕射師長百僚　「師」原作「司」，據新五代史卷五五馬胤孫傳改。

〔一五〕吴兒　原作「木人石心」，據涵本説郛卷三引實賓録改。

〔一六〕胠金翠　四庫考證：「原本『胠』訛『袪』，據晉書改。」中華書局點校本晉書卷九四夏統傳「胠」作「炫」。

〔一七〕傅長通年十七　「傅長通」，太平御覽卷三八五人事部引會稽先賢傳作「淳于長通」，云：「淳于長通年十七，説宓氏易經，貫洞内事萬言。」唐開元占經卷一二〇引會稽典録曰：「淳于翼，字叔通。」余嘉錫四庫提要辨證卷一九周易參同契通真義謂：「草書『叔』字與『長』筆劃頗相近，傳寫致誤耳。」然本條「淳于」又作「傅」，通志卷三〇氏族略：「淳于氏避唐憲宗諱改爲于氏」，知唐人或避憲宗諱改作「于」，惟諸書未見作「傅」者，未詳孰是。

〔一八〕一時稱爲武陽杜孔子　太平御覽卷三八五人事部引文士傳「武陽」作「舞陽」。

〔一九〕唐楊收七歲而孤　「而孤」二字原闕，案：新唐書卷一八四楊收傳謂楊收：「七歲而孤」，「母長孫親授經，十三通大義」，今據補。

〔二〇〕時號神童　四庫館臣案：「此條原書脱『時號神童』四字，今據唐書補正，附神童類下。」

〔二一〕朱勃　原作「朱敦」，東觀漢記卷一六、後漢書卷二四馬援列傳、太平御覽卷四四二人事部並作「朱勃」，據改，下同。

〔二二〕年十二誦書説詩　「十二」原作「十三」，下文注引語林、高僧傳並作「十二」，東觀漢記卷一六、後漢書卷二四馬援列傳、太平御覽卷四四二人事部引並同，據改。

〔二三〕神鷄童　涵本説郛卷三引實賓録作「神鸖」。

〔二四〕異聞録　原闕，據涵本説郛卷三引實賓録補。

〔二五〕西晉胡貴嬪名芳奮之女也　原闕，據涵本説郛卷三引實賓録補。

〔二六〕晉武帝與之摴蒲　「之」原作「胡貴嬪芳」，據涵本説郛卷三引實賓録改。

〔二七〕本傳　原闕，據涵本説郛卷三引實賓録補。

〔二八〕仲容乘驢著重服自追之　「乘驢」，世説新語卷二三任誕作「借客驢」。

〔二九〕播種　案：此則名號未詳，疑有闕文，今姑以大典所録爲題。

〔三〇〕牙唱迴波詞　「牙」，太平廣記卷二四九詼諧引本事詩作「玄」，疑避宋諱改。

〔三一〕四庫館臣案：「太白詩『東山無賀老，卻棹酒船迴』，則稱賀知章爲『賀老』，實始於李白詩。」

〔三二〕第四人及第　「及第」二字原闕，據太平廣記卷二六五輕薄引閩川名士傳補。

〔三三〕與王播同年　「王播」原作「王璠」，太平廣記卷二六五輕薄引閩川名士傳作「王播」，新唐書卷一六七王播傳：「王播字明敭，其先太原人，父恕爲揚州倉曹參軍，遂家焉。播，貞元中與弟炎、起皆有名，並擢進士，而播、起舉賢良方正異等。」據改。

〔三四〕陳己更事四姓及契丹所得階勳官爵　新五代史卷五四馮道傳「爵」下有「以爲榮」三字。

〔三五〕秦雍之間　「秦」原作「蔡」，據舊五代史卷六一唐書安重霸傳改。

〔三六〕本傳　原闕，據涵本説郛卷三引實賓録補。

〔三七〕向雅奇陳湯智謀　四庫考證：「原本『雅奇』二字互倒，據漢書改。」

〔三八〕唐舍人齊處沖好瞑目視日　「日」字原闕，據太平廣記卷二五五嘲誚引朝野僉載補。「瞑」，太平廣記作「眇」。

〔三九〕以其夫駱超謀叛伏法配入掖庭　「駱超」原作「略超」，北史卷九二穆提婆傳：「穆提婆本姓駱，漢陽人也。父超，以謀叛伏法……」知「略」當爲「駱」之形訛，據改。

〔四〇〕呼姨姨　「姨姨」，北史卷九二穆提婆傳作「姊姊」。

〔四一〕但畏合肥有韋虎　「韋虎」，南史卷五一蕭宏傳作「韋武」。

〔四二〕唐中宗郊祀　「祀」字原闕，據新唐書卷三四服妖傳補。

〔四三〕一適東海徐悱　「徐悱」原作「陳悱」，梁書卷三三劉孝綽傳、南史卷三九劉孝綽傳並引作「徐悱」，據改。

〔四四〕主引精兵與秦王會渭北　「主」原作「至」，據新唐書卷八三平陽公主傳改。

〔四五〕唐賈耽爲滑州節度使　「滑州」原作「渭州」，獨異志卷上作「滑洲」，舊唐書卷一二德宗本紀：「以東都畿唐鄧汝等防禦觀察使賈耽檢校尚書右僕射，兼滑州刺史」，據改。

〔四六〕姑仰天大哭　案：獨異志卷上：「其子出遠還，姑問其子：『此何物？向者婦與吾食。』其子仰天大哭。」與此異。

〔四七〕時將軍王果　「王果」，太平廣記卷二五五嘲誚引朝野僉載作「王杲」。

〔四八〕妻奚率家僮女子乘城不下　新唐書卷二〇五楊烈婦傳「子」作「丁」。

〔四九〕賊去　新唐書卷二〇五楊烈婦傳無「去」字，則「賊」字當屬上讀。

〔五〇〕義成夫人　「義」原作「美」，據後漢書卷五二崔駰傳改，下改同。

〔五一〕託以謙　晉書卷四〇賈充傳「謙」下有「沖」字。

〔五二〕言無官位扳援也　漢書卷五二灌夫傳服虔注「言」下有「嬰」字。
〔五三〕江東有一人吴老翁蕭衍　北齊書卷二四杜弼傳「吴」下有「兒」字。
〔五四〕零陵隴下三十里　「隴下」，元次山文集卷六丹崖翁宅銘并序作「瀧下」。
〔五五〕湘水之異者　元次山文集卷六丹崖翁宅銘并序作「湘中水石之異者」。
〔五六〕丹崖數岸　「數岸」，元次山文集卷六丹崖翁宅銘并序作「千仞」。
〔五七〕竹幽石皚　「皚」，元次山文集卷六丹崖翁宅銘并序作「磴」。
〔五八〕唐韋宙善治生　「韋宙」原作「盧韋宙」，北夢瑣言卷三：「唐相國韋公宙，善治生。〔中略〕懿皇曰：『此可謂之「足穀翁」也。』」據改。
〔五九〕四庫館臣案：「舊唐書竇鞏傳：白居易以鞏不能持論，亦目爲『囁嚅翁』。」
〔六〇〕深可哀哉　「哉」下原衍「深可哀哉」四字，據太平廣記卷三七神仙引續仙傳删。
〔六一〕五代後蜀蜀州隱者張立　「張立」原作「張丘」，涵本説郛卷三引實賓録作「張立」，曹學佺蜀中廣記卷九七：「皂江漁翁集，張立著。立，新津人，少博學，尤長詩什，隱居山谷中。」據改，下改同。
〔六二〕十國紀年　原闕，據涵本説郛卷三引實賓録補。
〔六三〕魏左慈於天柱山石室中得九丹金液經　「九丹金液經」原作「丸丹金經」，據太平廣記卷一一引神仙傳改。

〔六四〕且圖揀退歸鄉土　「揀」原作「捒」，據白氏長慶集卷三諷諭新豐折臂翁改。

〔六五〕此臂折來六十年　四庫考證：「原本『折來』訛『來來』，據白居易集改。」

〔六六〕應作雲南望鄉客　白氏長慶集卷三諷諭新豐折臂翁「客」作「鬼」。

〔六七〕時天武軍牙將郝雲岑出使　四庫考證案：「『郝雲岑』，長慶集作『郝靈筌』，新唐書作『郝靈佺』，與此異。」

〔六八〕老子中道仰天而嘆云　「老子」二字原闕，據文選卷四三與嵇茂齊書李善注補。

〔六九〕不逮勛華之高　四庫考證：「原本『逮』訛『達』，據文選改。」

〔七〇〕北叟　「北叟」原闕，據後漢書卷六〇蔡邕列傳注補。

〔七一〕居數月　「月」原作「日」，蓋形近之訛，據後漢書卷六〇蔡邕列傳注改。

〔七二〕墮而折髀　「髀」原作「體」，後漢書卷六〇蔡邕列傳注作「髀」，據改。

〔七三〕胡人大入　「人」，淮南子卷一八人間訓引同，太平御覽卷八九七獸部引淮南子作「夷」。

〔七四〕伯喈抱鉗杻　四庫考證：「原本『鉗』訛『鉛』，據漢書改。」

〔七五〕僖宗實録　原闕，據涵本説郛卷三引實賓録補。

〔七六〕案：本條出江南野史卷八，今引録如下：「孟賓于，湖湘連上人。少修儒學，早失其父，事母以孝聞。［中略］未幾求致隱於玉笥山。自號『群玉峰叟』，與道家流游處。」

〔七七〕博士到洽曰　「到洽」原作「劉洽」，陳書卷二四周弘正傳、南史卷三四周弘正傳並作「到洽」，據改。

〔七八〕周郎講經　南史卷三四周弘正傳「郎」下有「弱冠」二字。

〔七九〕蕭嵩未仕　四庫館臣案：「新唐書蕭嵩傳：嵩娶會稽賀晦女，與吴都陸象先爲僚壻，夏榮者善相，云：『陸郎十年内位極人臣，然不及蕭郎一門盡貴，官位高而有壽。』據此則蕭郎爲蕭嵩，非蕭瑀。瑀，初唐時人，與象先時代甚遠，今改正。」

〔八〇〕案：本條分見北史卷七一滕穆王瓚傳、隋書卷四四滕穆王瓚傳，今迻録北史如下：「滕穆王瓚字恒生，一名慧。仕周，以武元軍功，封竟陵郡公，尚周武帝妹順陽公主。保定四年，累遷納言。瓚貴公子，又尚公主，美姿容，好書愛士，甚有當時譽，時人號曰楊三郎。」

〔八一〕位官微減　「位官」原倒作「官位」，大典卷七三二八引實賓録、南齊書卷三三王僧虔傳並作「位官」，據乙。

〔八二〕晉周顗　四庫館臣：「原本『顗』訛『覬』，據晉書改。」

〔八三〕後科檢中書故事　「故」原作「政」，據晉書卷六九周顗傳改。

〔八四〕於是護平妻子　「平妻子」，後漢書卷八一范式傳作「平子妻兒」。

〔八五〕素友　「友」原作「有」，據沈本説郛改，下改同。

〔八六〕案：本條見文選卷六〇王僧達祭顔光禄文：「清交素友，比景共波。」

〔八七〕顔之推同入撰録　「同」原誤作「間」，據北史卷八三文苑傳改。

〔八八〕黯曰　「黯」上原衍「青」字，據史記卷一二〇汲黯列傳删。

〔八九〕檮杌　原闕，據涵本説郛卷三引實賓録補。

〔九〇〕菊松主人　陳景沂全芳備祖後集卷一四木部引同，新唐書卷一七七韋表微傳作「松菊主人」。

〔九一〕案：本條見新唐書卷一七七韋表微傳，今引録如下：「韋表微字子明〔中略〕擢進士第，數辟諸使府。久之，入授監察御史裏行，不樂，曰『爵禄譬滋味也，人皆欲之，吾年五十，拭鏡擺白，冒游少年間，取一班一級，不見其味也。將爲松菊主人，不愧陶淵明』云。」

〔九二〕五代妓萊兒指趙光遠爲一鳴先輩　「趙光遠」，原作「趙光逢」，案：本條見北里志：「長妓曰萊兒，字蓬仙，貌不甚揚，齒不卑矣，但利口巧言，詼諧臻妙。陳設居止處，如好事士流之家，由是見者多惑之。進士天水光遠，故山北之子，年甚富，與萊兒殊相懸，而一見溺之，終不能捨。萊兒亦以光遠聰悟俊少，尤諂附之。又以俱善章程，愈相知愛。天水未應舉時，已相昵狎矣。及應舉，自以俊才，期於一戰而取，萊兒亦謂之萬全。是歲冬，大誇於賓客，指光遠爲一鳴先輩。」紺珠集卷九引北里志亦作「趙光遠」，蓋「遠」與「逢」形近而訛，據改。

實賓録卷七

1 蒼頭公

宋沈慶之任建威將軍，每患頭風，好着狐皮帽，群蠻畏之，號曰「蒼頭公」。

2 尖頭奴

後魏古弼事太祖，爲尚書令。帝獵於河西，詔以肥馬給騎人。弼命給弱者，太武大怒，曰：「尖頭奴！敢裁量朕也？朕還，先斬此奴。」屬官懼誅，弼曰：「吾爲臣事君，使田獵不過盤遊，其罪小也；不備不虞，其罪大也。今北狄孔熾，南虜未滅，故選肥馬，備軍資，爲不虞之遠慮。苟使國家有利，寧避死乎〔一〕？」帝聞而嘆曰：「有臣如此，國之寶也。」賜衣一襲、馬二疋、鹿十頭。

3 大頭仙人

中印度在贍波國，西南山石澗中，有阿修羅窟。有人因遊山修道遇此窟，入其中見有修羅宮殿，如類天宮，園林之異不可盡述。修羅因告曰：「汝能久住此否？」答曰：「欲還。」修羅因施一桃。食訖，告曰：「汝宜急出，恐汝身大，窟不能容。」言訖走出，身忽增長，其頭纔出，身大孔塞，遂不盡出。自爾已來，年向數百餘〔二〕，唯有大頭如三石甕〔三〕。人見共語，具説此緣。時人遂號「大頭仙人」。

4 白面少年

晉庾翼卒于荆州。翼臨終，表以後任委息爰之。于時論者並以諸庾世在西藩，人情所歸，宜依翼所請，以安物情。何充曰：「不然。荆楚國之西門，得賢則中原可定，勢弱則社稷同憂，豈可以白面少年猥當此任哉！桓温英略過人，有文武識度，西夏之任，無出温者。」議者又曰：「庾爰之肯避温乎？如令阻兵，恥懼不淺。」充曰：「温力能制之，諸君勿憂。」乃使温西。爰之果不敢争。〔四〕

5 羞面見人

齊司徒褚淵入朝，以腰扇障日，劉祥從側過，曰：「作如此舉止，羞面見人，扇障何益？」

6 柴黑〔五〕

五代吴柴再用沈毅有斷，面色如鐵，人望而畏之曰：「柴黑驍勇善騎，仕吴有戰功。」

7 一丈黑

唐楊守亮，宦者楊復恭之養子。長七尺，姿色如鐵，時人目云南山「一丈黑」。

8 黄頷小兒

北齊崔㥄有文學偉貌〔六〕，以簡貴自居。神武葬後，㥄竊言：「黄頷小兒堪當任重不〔七〕？」文襄知之，絶㥄朝謁。㥄要拜道左。文襄發怒曰：「黄頷小兒，何足拜也〔八〕！」後以其勳舊捨之。㥄進謁奉謝，文襄復怒曰：「我雖無堪，忝當大任，被卿以爲黄頷小兒，金石可消，此言難滅！」

9 白眉

蜀馬良，字季常，襄陽人。兄弟五人，並有才名，鄉里爲之語曰「馬氏五常，白眉最良。」良眉中有白毛，故以稱之。

10 朱深眼

五代南唐朱令贇，大將朱業之從子。少隨業征伐，初爲小校，拳捷善射，軍中號爲「朱深眼」，以軍功累爲神衛軍都虞候。

11 大鼻二則

晉王湛〔九〕，司徒渾弟也。少有識度，身長七尺八寸，龍顙大鼻，少言語。初有隱德，人莫知之，兄弟宗族皆以爲癡，其父昶獨異焉。

五代後唐劉景巖，昂藏巨鼻，時人目之爲「大鼻」。歷四鎮，官至使相云。

12 鱸王

後魏王惠龍〔一〇〕，晉尚書僕射愉之孫也。崔浩弟恬聞惠龍王氏子，以女妻之。浩既婚姻，及見惠龍，曰：「信王家兒也。」王氏世鱸鼻，江東謂之「鱸王」。惠龍鼻漸大，浩曰：「真貴種矣！」

13 天閹

北齊李庶無鬚，人呼爲「天閹」。

本條涵本説郛卷三引，據輯。

14 天口

齊田駢好談論，言不可窮盡，其口如天，時人號曰「天口」。

15 神口

後魏祖瑩有才學，尚書令王肅曾於省中詠悲平城詩，云：「悲平城，驅馬入雲中。陰山常晦雪，荒松無罷風。」彭城王勰甚嘆其美，欲使肅更詠，乃失語云：「可更爲誦悲彭城詩〔一一〕。」肅因戲勰云：「何意呼平城爲彭城〔一二〕？」勰有慚色。瑩在坐，即云：「悲彭城，王公自未見。」肅云：「可爲誦之。」瑩應聲曰：「悲彭城，楚歌四面起；屍積石梁亭，血流睢陽裏〔一三〕。」肅甚嗟賞之。勰亦大悦，退謂瑩曰：「卿定是神口。今日若不得卿，幾爲吴子所屈。」

16 虎口 三則

莊子云：「孔子既見盜跖，謂柳下季曰：『疾走料虎頭〔一四〕，編虎鬚，幾不免虎口哉。』」

漢司馬遷報任安書曰：「李陵提步卒不滿五千，深踐戎馬之地，足歷王庭，垂餌虎口，横挑强胡，仰億萬之師，與單于連戰十有餘日，所殺過當〔一五〕，虜救死扶傷不給。」

後漢光烈陰皇后，世祖詔曰：「吾微賤之時，娶於陰氏，因將兵征伐，遂各别離。幸得安全，俱脱虎口。」

17 白鬚公

後魏崔伯謙爲南鉅鹿太守，導以禮遜，豪族皆改心整肅。事無巨細，必自親覽。在縣有貧弱未理者，皆曰：「我自有白鬚公，不慮不決。」在都七年，獄無停囚。

18 髭王

周靈王泄心，簡王子也。生而有髭，謂之「髭王」。

19 長頸王

毗騫國去扶南八千里，傳其王身長丈二，頸長三尺〔一六〕，自古不死，莫知其年。

20 瘻揚

後漢光武，時真定王劉揚造作讖記云：「赤九之後，瘻揚爲主。」揚病瘻，欲以惑衆，與綿曼賊交通。謀未發，耿純誘殺之。

21 心狠面狠

晉宣子將以知瑶爲後，知果曰：「不如霄也。」宣子曰：「霄也狠。」對曰：「霄之狠在面，瑶之狠在心。心狠敗國，面狠不害。」

22 肚中鑄劍

李林甫常以甘言如蜜，朝中相謂曰：「李公雖面有笑容，而肚中鑄劍也。」人日憎怨，異口同音。

23 楊大肚

北齊文宣帝雖以楊愔爲宰輔，使進厠籌，以其體肥呼爲「楊大肚」。

24 楊剥皮

楊思恭以善聚斂，人謂之「楊剥皮」。　九國志

本條涵本説郛卷三引，據輯。

25 潘鐵脚

五代潘環事晉爲宿州刺史〔一七〕，有牙將微過，環紿言笞之，牙校托一尼，致鐵脚銀兩鋌求贖。怒曰：「鐵本幾脚？」曰：「三脚。」環曰：「今兩能爲鐵乎？」尼笑爲足其數，時人目

爲「潘鐓腳」。

26 辣手

陳彭年方咸平中，更科場體式，結怨士人，時謂之「辣手」〔一八〕。　野録〔一九〕

27 有腳陽春

唐宋璟檢校貝州刺史，歷杭相二州，遷洛州長史，楚兗冀魏幽雍睦廣，所至有惠政，時號「有腳陽春」。　開元遺事〔二〇〕

28 皮裏晉書

梁劉諒有才文，尤悉晉代故事，時人號曰「皮裏晉書」。　本傳

本條涵本説郛卷三引，據輯。

29 皮裏陽秋

晉褚裒，字季野。桓彝見而目云：「季野有皮裏陽秋〔二一〕。」　本傳

本條涵本説郛卷三引，據輯。

30 玉而冠者

唐崔澹，河中節度使璵之子也。舉止秀峙，時謂「玉而冠者」。

31 徐嗔〔三〕

五代吴徐温佐楊氏，政舉大綱，民皆安堵。性儉約，剛毅寡言，望之凜然可畏，雖大將莫敢仰視，時人謂之「徐嗔」。

32 柳顛

後魏柳遠，性豪放無拘檢，好彈琴耽酒。每出行返，家人或問消息，答云：「無所聞，縱聞亦不解。」時號「柳顛」。

33 蕭啞

南齊宗室蕭坦之，肥黑無鬚，語聲嘶，時人號「蕭啞」。剛狠專執，群小畏而憎之。

34 鄧渴

唐弘道元年，以中書舍人鄧元挺爲尚書吏部侍郎。元挺無藻鑑之目，又患消渴，人因號曰「鄧渴」。

35 郭尖

後魏郭景尚，祚子也。涉歷書傳，曉星歷占候，爲太尉從事中郎。公强當世，善事權寵，號曰「郭尖」。位至中書侍郎。

36 王獨坐

漢王閎遷冀州刺史，乘傳到州，彈治貪濁。性廉克，不發私書，不交豪族，時號「王獨坐」。

37 鮑不鬧

五代吴越鮑君福，餘姚人。少羈貧，性淳厚，有膽勇。餘姚有井，面濶丈餘，横以雙梁，深不可測。君福每醉，必寢其上。及從軍，以驍果聞，累從征討有功，能馬上輪雙劍，望之若飛雹。沈默少語，軍中謂之「鮑不鬧」。

38 畢不管

唐畢紹顔，諴之子也。爲諫議大夫中書舍人，遷江南尹。居官無政，時號「畢不管」。時盜四起，乃詐病乞免，朝廷亦不能加罪。僖宗實録〔二三〕

39 王惹鬧

五代南唐王建封爲信州節度使同平章事。建封不識大體，求中書政事。嗣主曰：「卿乃使相，安可亂常僭於台輔。汝無惹鬧。」自是人皆號爲「王惹鬧」。江南野録〔二四〕

40 張百會

唐有儒士博覽古今，時人呼爲「張百會」。一日來謁洛京南院和尚，師曰：「莫是張百會麽？」曰：「不敢。」師以手空畫一畫：「會麽？」曰：「不會。」師曰：「一尚不會，什麽處得『百會』來？」

41 張萬言

唐張涉，初依國學爲諸生講説，稍遷國子博士，亦能爲文，常詣有司日試萬言，時呼「張萬言」。

42 温八吟

唐温庭筠敏於爲文，未嘗起草燈燭下，籠袖憑几，每賦一韻一吟而已，故場中號爲「温八吟」。

43 崔四入

唐崔胤，凡四拜宰相，權震天下，世號爲「崔四入」。

44 三不開

五代唐馬裔孫純儒，性多凝滯，遽登相位，堂判有「援據」二字，中書百職素未嘗諳練，臨事多不能決，但書名而已。又少見賓客，時人號爲「三不開」，謂其不開口論議，不開印行事，不開門延士大夫也。

45 三不肯

魏劉類，歷位宰守，苛慝尤甚，以善修人事，不廢於世。爲弘農太守，吏民患之。舊俗，民謗官長者有三不肯，謂遷、免與死者也，至是人題其門曰：「劉府君三不肯〔二五〕。」類雖聞之，猶不能自改。

46 三不辜

楚郤宛直而和，國人説之。費無極比而惡之，令尹子常賄而信讒，無極譖郤宛焉，盡滅郤氏之族、黨，殺陽令終與其弟完及佗〔二六〕，與晉陳及其子弟。沈尹戌言於子常曰〔二七〕：「仁者殺人以掩謗，猶弗爲。今吾子殺人以興謗，而弗圖，不亦異乎！今殺三不辜，以興大謗，幾及子矣。」注云：「三不辜，謂郤氏、陽氏、晉陳氏。」

47 萬事休

宋五代荆南高保勉〔二八〕，季興之幼子也。季興鍾愛尤深，在世時或因事盛怒〔二九〕，左右

不敢竊視，唯保勉一見，則其怒自解，故荆人目之「萬事休」。本傳〔三〇〕

48 安穩朝

唐楊德裔拜御史中丞，性遲澹，嘗因朝會舞，舉袖舒回，發聲遲緩，久而不輟。列侍相顧，忍笑不禁，西臺舍人杜範固號爲「安穩朝」。

49 三短

後魏李諧使梁，諧既見〔三一〕，及出，梁武目送之，謂左右曰：「朕今日遇勍敵，卿輩常言北間都無人物，此等何處來？」諧爲人短小，六指，因癭而舉頤，因跛而緩步，因蹇而徐言，人言李諧善用三短。

50 三反

劉實謂王肅方於事上而好下佞己〔三二〕，此一反也。性嗜榮貴而不求苟合，此二反也。吝惜財物而治身不穢，此三反也。

51 詩癖

梁簡文帝雅好賦詩，其自序云：「七歲有詩癖，長而不倦。」本傳〔三三〕

52 馬癖二則

晉王濟，字武子。善解馬性，又甚愛之，常乘一馬，著連乾鄣泥，前有水，終不肯渡。濟曰：「此必是惜鄣泥。」使人解去，便渡。杜預謂濟有馬癖。本傳〔三四〕

唐老杜驄馬行云：「鄧公馬癖人共知，初得花驄大宛種。」謂李鄧公云。

53 錢癖

晉和嶠家産豐富，擬於王者，然性至吝，以是獲譏於世，杜預謂嶠有錢癖。

54 地癖

唐李憕頗治産伊川〔三五〕，占膏腴〔三六〕，自都至闕口〔三七〕，疇野彌望，時謂「地癖」。本傳

本條涵本説郛卷三引，據輯。

55 礜兒癖

唐王福畤子三，皆著才名。福畤嘗說韓思彥〔三八〕，思彥曰：「君有礜兒癖。」王勃傳〔三九〕

本條涵本說郛卷三引，據輯。

56 左傳癖

晉杜預對武帝曰：「臣有左傳癖。」本傳

本條涵本說郛卷三引，據輯。

57 錢愚

梁武帝弟宏愛聚錢〔四〇〕，武帝子綜作錢愚論譏之〔四一〕。本傳

本條涵本說郛卷三引，據輯。

校勘記

〔一〕寧避死乎　册府元龜卷四六六臺省部「寧」作「吾」。

〔二〕年向數百餘　法苑珠林卷五第三部阿修羅部「百」下無「餘」字。

〔三〕唯有大頭如三石甕　「石」，法苑珠林卷五第三部阿修羅部作「碩」。

〔四〕四庫館臣案：「世説：『小庾臨終，自表以子園客爲代。』注：『園客，爰之小字也。字仲真，翼第二子。陶侃別傳亦曰「庾翼表其子爰之代爲荆州」。』此書『爰之』訛作『愛之』，今改正。」

〔五〕柴黑　「柴黑」，九國志卷一吴柴再用傳作「柴黑子」。

〔六〕北齊崔㥄有文學偉貌　四庫考證：「原本『北齊』訛『後漢』，據北史改。」

〔七〕黄頷小兒堪當任重不　「不」字原闕，據北齊書卷二三崔㥄傳補。

〔八〕黄頷小兒何足拜也　「小兒」二字原闕，據北齊書卷二三崔㥄傳補。

〔九〕晉王湛　「王湛」原作「王諶」，據晉書卷七五王湛傳改。

〔一〇〕後魏王惠龍　「王惠龍」，北史卷三五王慧龍傳作「王慧龍」。

〔一一〕可更爲誦悲彭城詩　四庫考證：「原本『誦悲彭城詩』訛作『誦平城詩』，據魏書改。」

〔一二〕何意呼平城爲彭城　北史卷四七祖瑩傳「平」、「彭」上均有「悲」字。

〔一三〕血流睢陽裏　「睢陽」，北史卷四七祖瑩傳作「睢水」。

〔一四〕疾走料虎頭　四庫考證：「原本『走』訛『行』，『料』訛『疑』，據莊子改。」

〔一五〕所殺過當　四庫考證：「原本『當』字下多『半』字，據漢書删。」

〔一六〕頸長三尺　「頸」原作「頭」，梁書卷五四扶南國傳作「頸」，校勘記謂：「下云：『南方號曰長頸王』，是『頭』當爲『頸』字之譌。」據改。

〔一七〕五代潘環事晉爲宿州刺史　「五代」二字原闕，據涵本説郛卷三引實賓録補。

〔一八〕時謂之辣手　「辣手」，江南野史卷七作「耕田手」。

〔一九〕野録　原闕，據涵本説郛卷三引實賓録補。

〔二〇〕開元遺事　原闕，據涵本説郛卷三引實賓録補。

〔二一〕季野有皮裹陽秋　案：本條出晉書卷九三褚裒傳，「秋」下有「言其外無臧否而内有所褒貶也」。

〔二二〕徐嗔　四庫考證：「『嗔』，馬令南唐書作『瞋』，與此異。」

〔二三〕僖宗實録　原闕，據涵本説郛卷三引實賓録補。

〔二四〕江南野録　原闕，據涵本説郛卷三引實賓録補。

〔二五〕劉府君三不肯　三國志卷一五魏書梁習傳注引魏略「君」下有「有」字。

〔二六〕殺陽令終與其弟完及佗　「佗」原作「他」，據左傳昭公二十七年改。

〔二七〕沈尹戌言於子常曰　「沈尹戌」，左傳昭公二十七年作「沈尹戌」。

〔二八〕宋五代荆南高保勉　「高保勉」，舊五代史卷一三三高保勗傳、宋史卷四八三高保勗傳並作「高保勗」，「勗」作「勉」，蓋避宋諱改。

〔二九〕在世時或因事盛怒　「在世時」原作「季興」，與上文覆，今據舊五代史卷一三三高保勗傳改。

〔三〇〕本傳　原闕，據涵本説郛卷三引實賓録補。

〔三一〕諧既見　「既」，北史卷四三李諧傳作「等」。
〔三二〕劉寔謂王肅方於事上而好下佞己　「劉寔」，三國志卷一三魏書評曰注作「劉寔」。
〔三三〕本傳　原闕，據涵本説郛卷三引實賓録補。
〔三四〕本傳　原闕，據涵本説郛卷三引實賓録補。
〔三五〕唐李憕頗治産伊川　「李憕」原作「李澄」，據新唐書卷一九一李憕傳改。
〔三六〕占膏腴　「占」字原闕，據新唐書卷一九一李憕傳補。
〔三七〕自都至闕口　「都」原作「相」，據新唐書卷一九一李憕傳改。
〔三八〕福時嘗説韓思彦　「説」，新唐書卷二〇一王勃傳作「詑」。
〔三九〕王勃傳　「王勃」，原作「王穀」，案：本條出新唐書卷二〇一王勃傳，蓋「穀」爲「勃」之形訛，據改。
〔四〇〕梁武帝弟宏愛聚錢　「弟」字原闕，案：蕭宏爲梁武帝之六弟，今據南史卷五一蕭宏傳補。
〔四一〕武帝子綜作錢愚論譏之　「錢愚」二字原闕，案：本條題作「錢愚」，事見南史卷五一蕭宏傳：「晉時有錢神論，豫章王綜以宏貪吝，遂爲錢愚論，其文甚切。帝知以激宏，宣旨與綜。」據此「錢愚」之名實源於蕭綜之諷諭文，蓋説郛删節過簡，致「錢愚」二字脱失，今據補。

實賓録卷八

1 一龍

魏華歆與邴原、管寧俱遊學，三人相善〔一〕，時人號三人爲一龍。歆爲龍頭，原爲龍腹，寧爲龍尾。

2 二龍四則

漢許劭，汝南平輿人。與兄虔俱知名〔二〕，汝南人稱平輿淵有二龍焉。今豫州汝陽縣東北〔三〕，有二龍鄉、月旦里。

柳惔工製文，少與長兄悦齊名，世隆之子也。王儉謂人曰：「柳氏二龍，可謂一日千里。」

梁建安王爲雍州刺史，表求江革爲征北記室參軍，弟觀爲征北行參軍。沈約、任昉與革書曰：「此段雍府妙選英才，文房之職，總卿昆季，可謂馭二龍於長途，騁騏驥於千里。」

五代南唐徐鉉稟性真純，顧視差近。釋褐之初，嘗與弟鍇謁宰相孫晟，晟曰：「徐氏二龍，信爲名士，然厥兄頗似倨傲，以此少之。久而方知其端謹，大加器重。」

3 雙龍

晉二陸制曰：「穴碎雙龍，巢傾兩鳳。」

4 三龍二則

蜀李劭〔四〕，字永南。兄朝，字偉南。又有一弟早亡，各有才望，時人號之「李氏三龍」。

虞綸，字孝序，兄弟俱有譽於當時，謂之「三龍」。

5 四龍四則

後漢李元禮祖父脩，安帝時爲尚書，生四子亮、叔、訓、秀〔五〕，皆爲牧守，號曰「四龍」。

南燕房堪，後漢尚書令植八代孫也。爲廣平太守，慕容德時家濟南，生四子：豫、坦、邃、熙，號「四龍」〔六〕。

唐楊炎爲范陽大都督忠烈李公神道碑云：「公諱楷，本出隴西。八代祖節，後魏雁門太守。公禦戎安邊，動罔不濟〔七〕。元子太尉中書令臨淮郡王光弼、少子太保御史大夫武威郡王光進，名一門四龍，一作元老。」

唐張從申尤善真行書，握管用筆，其於結字緊密，近古未有。弟從師、從義、從約，並工書，皆得右軍風規，人謂之「四龍」。

6 五龍二則

重合令子輿，居宋里。櫟陽令子羽，居東觀里。東海太守子仲，居宜唐里。兖州刺史子明，居西商里。潁陽令子良，居遂興里。郡決曹掾汝南周燕少卿之五子，號曰「五龍」。各居一里，子孫並以儒素退讓爲業。

辛攀兄弟五人並有才識，秦雍爲之語曰「五龍一門，金枝玉昆〔八〕。」

7 八龍

荀儉，字伯慈。儉弟緄，字仲慈。緄弟靖，字叔慈。靖弟壽〔九〕，字慈光。壽弟汪，字孟慈。汪弟爽，字慈明。爽弟肅，字敬慈。肅弟旉，字幼慈。朗陵令潁川荀季和之八子，並有德業，時人號之「八龍」。

8 十龍

魏張魯有十子，第二子廣，清浄退默，仕至金城太守。第五子文，法度清敏，兼美容儀。武帝因文謂魯曰：「卿積善之家，足以有餘慶。」時人爲之語曰：「張氏十龍，儒雅温恭。」

9 卧龍三則

晉習鑿齒二舅羅罘〔一〇〕、羅友，相繼爲襄陽都督，鑿齒與弟秘書曰：「每定省家舅，從北門入，西望隆中，想卧龍之吟；東眺白沙〔一一〕，思鳳雛之聲；北臨樊墟，存鄧老之高；南眷城邑，懷羊公之風。」

晉庾亮在江州，聞翟湯之風，束帶躡屐詣焉。湯見亮，備主客之禮甚恭，亮怪曰：「君道高世表，僕敢忘其恭耶！」湯曰：「使君忽敬其枯木朽株耳！」亮服其言，語主簿張諶曰〔一二〕：「此卧龍，不可動也〔一三〕。」

唐侯翮累遷中書舍人〔一四〕，僖宗幸蜀，擢學士，後辭職隱導江別業，號「卧龍館」。〔一五〕

10 潛龍

後漢馬略年十七，閉室讀書，九年不出，三日一食，纔命而已。鄉里謂之「潛龍」。年三十，拜關内侯、光州刺史。棄官入海，惡蟲猛獸見悉避路。

11 不睡龍

五代吴越錢鏐少在軍中未嘗寢，末年少倦，乃刻木爲枕以自警，或命諸孫諷詩以達旦。既薨，晉天福中，契丹使至朝廷，以近侍李泳爲監伴使，虜有判官者〔一六〕，幽薊人，謂泳曰：「吴越王日常不睡乎？」泳詰其故，對曰：「常聞五臺山王子太師言，浙中不睡龍，今已歸矣。」訪所聞，乃長興壬辰之後也〔一七〕。

12 海龍王

後唐吴越錢鏐分兩浙爲數鎮，功臣諸子皆領節制。授而後請命，子孫甥姪，軒陛服飾，窮極侈靡，吴人號爲「海龍王」。

13 人中龍

後漢蔡邕題曹娥碑背曰：「黄絹幼婦，外孫虀臼。」曹公與楊脩讀之，問曰：「解否？」答曰：「解。」公令脩勿語，待吾思。行三十里方解，乃歎曰：「有智無智，較三十里。」後乃殺脩。操諸子皆救，公曰：「此是人中龍，恐非汝能駕馭。」遂殺之。碑背八字，蓋謂「絶妙好辭」也。

14 火龍子

後唐太祖嘗隨衆征龐勛，臨陣出没如神，號爲「火龍子」。新書一云「龍虎子」〔一八〕。

15 釋奴龍子

北齊盧昌衡，小字龍子。沉靖有才識，風神澹雅，容止可法。博經史，工草行書。從弟思道，小字釋奴，宗中稱英妙，昌衡與之俱被推重。故幽州爲之語曰：「盧家千里，釋奴、龍子。」

16 土龍乞雨

後魏劉獻之雅好讀書，時有從其學者，獻之輒曰：「人之立身，要以德行爲首，子若入孝出悌〔一九〕，忠信仁遜，不待出户，天下自知。儻不能然，則雖下帷針股，躡屩從師，正可博聞多識〔二〇〕，不過爲土龍乞雨，眩惑將來，其於立身之道有何益哉？」

17 兩虎

梁韋叡攻魏合肥，下之。初，右軍司馬韓景略與前軍趙祖悦同軍交惡，志相陷害〔二一〕，景略一怒，自齧其齒，齒皆流血。叡以將帥不和，將致患禍，酌酒自勸景略，曰：「且願兩虎勿復私鬭。」故終於此役得無害焉。

18 虎子二則

吴凌統爲將既卒，二子列、封，年各數歲，權内養於宫，愛與諸子同，凡賓客進見，呼示之曰：「此吾虎子。」及八九歲，教之讀書，十日一令乘馬。

吴越杜建徽，稜子也。治軍嚴整，累從征伐，未嘗介甲，所至輒有功，軍中謂之「虎子」也。

19 熊虎 三則

吴周瑜，初劉備領荆州牧，治公安。備詣京見孫權，瑜上疏曰：「備以梟雄之姿，而關、張熊虎之將，必非久屈爲人用者。徙備置吴，盛爲築宫室，多其美女玩好，以娱其耳目，分此二人〔二二〕，各置一方，使如瑜者得挾與攻戰，大事可定。今猥割土地以資業之，聚此三人，俱在疆埸，恐蛟龍得雲雨，終非池中物也。」

吴魯肅代周瑜，當之陸口，過吕蒙。蒙曰：「君受重任，與關羽爲鄰，將何計略，以備不虞？」肅造次應曰：「臨時施宜。」蒙曰：「今東西雖爲一家，而關羽實熊虎也，計安可不豫定？」因爲肅畫三策〔二三〕。

唐王晙氣貌偉特，時謂爲「熊虎相」。感慕節義，有古人風。

20 筆虎

李陽冰善小篆，時謂之「筆虎」。字苑

本條涵本説郛卷三引，據輯。

21 白虎王

枝江縣有陳留王子香廟。子香，漢和帝時爲荆州刺史，有惠政，天子召之，道卒枝江亭中。嘗有三白虎出入人間，送喪踰境。百姓追美，設祠立石銘德，號曰「枝江白虎王」〔二四〕。今猶謂之「白虎王」。

22 飛虎子

唐李克用年十五，從征，摧鋒陷陣，出諸將之右，軍中目爲「飛虎子」。

23 飛豹

晉王彌有才幹，博涉書記。少遊俠京師，隱者董仲道見之曰：「君豺聲豹視，好亂樂禍，若天下騷擾，不作士大夫矣。」及入長廣山爲盜，弓馬迅捷，膂力過人，青土號爲「飛豹」。

24 清河騏驥

魏管輅，清河太守華表召爲文學掾，安平趙孔曜薦輅於冀州刺史裴徽，曰：「清河郡有一騏驥，拘縶後廐歷年，去王良、伯樂百八十里，不得騁天骨，起風塵。」徽言：「騏驥何在？」孔曜曰：「平原管輅，雅性寬大，與世無忌。仰觀天文則妙同甘公，俯覽周易則思齊季主〔二五〕。」由是召爲文學從事。一見，清論終夕。再見，轉爲鉅鹿從事。三見，轉治中。四見，轉别駕。〔二六〕

25 驥子龍文

北齊裴景鸞、景鴻，河東聞喜人，並有逸才，河東呼景鸞爲驥子，景鴻爲龍文。

26 千里駒 三則

前趙劉曜，元海族子也。八歲，從元海獵于西山，遇雨，止樹下，迅雷震樹，旁人莫不顛仆，曜神色自若。海曰：「此吾家千里駒。」

宋丘仲孚少好學讀書，嘗以中宵鐘鳴爲限〔二七〕。從祖靈鞠有人倫鑒，每稱之曰：「此千里駒也。」

唐宗室仁，鬱林王，恪長子也。嘗使江左，州人遺以金，拒不納。武后遣使勞曰：「兒，吾家千里駒。」更名千里。

27 驎駒鳳雛

漢董卓孫年七歲，愛以爲己子。作鎧胄，使騎駃騠馬，玉軸一具，出入以爲驎駒鳳雛。

28 白馬生

後漢張湛，光武時拜光禄勳。湛在鄉黨時，詳言正色，三輔以爲儀表。或謂湛詐僞，聞而笑曰：「我誠詐也。人皆詐惡，我獨詐善，不亦可乎？」光武臨朝，或有惰容，湛輒陳諫其失。常乘白馬，帝每見湛，輒言曰：「白馬生且復諫矣。」〔二八〕

29 黄驄年少

後魏裴果爲陽平郡丞。永安末，盜賊蜂起。果從征討，乘黄驄馬，衣青袍，每先登陷陣，時人號爲「黄驄年少」。

30 鬱屈蜀馬

唐郎中張元一以唐波若矮短，目爲「鬱屈蜀馬」。

31 栗犢

漢長安有儒生曰惠莊，聞朱雲折五鹿充宗之角，乃嘆曰：「栗犢反能爾耶！吾終耻溺死溝中。」遂裹糧從雲。雲與言，莊不能對。逡巡而去，拊心謂人曰：「吾口不能劇談，此中多有。」

32 閣道大牛

晉潘岳爲河陽令，負其才而鬱鬱不得志。尚書僕射山濤、領吏部王濟、裴楷等並爲帝所親遇，岳内非之，乃題閣道爲謡曰：「閣道東，有大牛。王濟鞅、裴楷鞧，和嶠刺促不得休。」

33 千斤犗特捲角牸

晉明帝問伯仁："真長何如人？"答曰："故是千斤犗特。"王公笑其言。伯仁曰："不如捲角牸，有盤辟之好。"注云："以戲王也。"

34 五羖

漢揚雄解嘲曰："五羖入而秦喜，樂毅出而燕懼。"注曰："五羖謂百里奚也。買以羖羊之皮五，故稱五羖。"

35 羊公鶴

謂晉劉爰之也〔二九〕。世説〔三〇〕

本條涵本説郛卷三引，據輯。

36 羘羊羖羱

魏焦先隱居，人以爲狂。時大發卒將伐吴，有問先："今討吴何如？"先不肯應，而謬歌曰：「祝衂祝衂，非魚非肉，更相追逐，本爲當殺牂羊〔三一〕，更殺其羖攊邪！」郡人不知其所謂。會諸軍敗，好事者乃推其意，疑牂羊謂吴，羖攊謂魏也。

37 三羊五馬

龐巨昭精天文緯候之學，或問湖南、淮南國祚長短，巨昭曰：「吾聞童謡曰：『三羊五馬，馬子離群，羊子無舍。』馬氏當五主，楊氏當三主。」後如其言。

38 山鹿野麋

晉陸雲與荀隱素未相識，嘗會張華坐，華曰：「今日相遇，可勿爲常談。」雲因抗手曰：「雲間陸士龍。」隱曰：「日下荀鳴鶴。」鳴鶴，隱字也。雲又曰：「既開青雲睹白雉，何不張爾弓，挾爾矢？」荀未答，華曰：「荀何遲應聲？」曰：「本謂是雲龍騤騤，今乃是山鹿野麋。獸微弩强，是以發遲〔三二〕。」華撫掌大笑。

39 驢王

後魏元坦，一名穆。傲狠凶麤。從叔安豐王延明每切責之曰：「汝兇悖性與身而長。」

昔宋有東海王褘，志性凡劣，時人號曰『驢王』。我熟觀汝所作，亦恐不免驢號。」當時聞者號爲「驢王」。

40 夏侯驢子

唐夏侯藉學吟詩，入西川依託勳臣，爲幕下從事，時人號爲「夏侯驢子」，言其鄙也。

41 麒麟楦

唐衢州盈川縣令楊炯，詞學優長，恃材簡倨，不容於時。每見朝官，目之曰「麒麟楦」〔三三〕。人問其故，楊曰：「今假弄麒麟者，刻畫頭角，修飾皮毛，覆之驢上，巡場而走。及脱皮褐，還是驢馬。無德衣朱紫者，與覆麒麟皮何以異！」聞者不平，故爲時所忌。（朝野僉載〔三四〕）

42 鄒駱駝

唐西京富商鄒鳳熾，肩高背曲，有似駱駝，時人號爲「鄒駱駝」。其家巨富，金寶不可勝計。嘗因嫁女，邀諸朝士，賓客數千。夜擬供帳，備極華麗。及女郎將出，侍僕圍繞，綺羅珠翠，垂釵曳履，尤艷麗者，至數百人。衆皆愕然，不知誰是新婦。

43 郭槖駝

唐郭槖駝，不知始何名。病僂，隆然伏行，有類槖駝者，故鄉人號之「槖駝」〔三五〕。駝聞之曰：「甚善，名我固當。」因捨其名，亦自謂槖駝云。善種樹，所種或移徙，無不活，且碩茂早實以蕃。有問之，對曰：「槖駝非能使木壽且孳也，以能順木之天，以致其性焉爾。」

44 王駱駝

五代蜀龍州軍事判官王延鎬，頎然而長，書札飲博，觸事不能，時號「王駱駝」。

45 望柳槖駝〔三六〕

唐天官侍郎吉頊長大〔三七〕，好昂頭行，視高而望遠，郎中張元一目之爲「望柳槖駝」。

46 鄧駞子

五代湖南進士鄧洵美少嗜學，爲文典麗，而貌陋背傴，時人謂之「鄧駞子」〔三八〕，言其壯如駞子負物也。

47 鼉精

晉郭璞性放散，不修威儀，爲佐著作。後轉王敦記室參軍。敦謀逆，而爲敦所害。有人見其睡形變鼉，云「鼉精」也。

48 張大蟲〔三九〕

五代後蜀張洪從孟知祥入蜀，屢有戰功，强勇猛厲，軍中號爲「張大蟲」。

49 李大蟲〔四〇〕

五代楚李瓊有戰功，討平桂林。瓊魁岸力多，每食肉十斤餘，踞案大嚼耽耽然，軍中號曰「李大蟲」。先是桂林兒童聚戲衢路，忽相驚走，曰：「大蟲來！」至是果應。

50 何蟲豸

五代唐莊宗以盧程故唐時巨族，命以爲相。人有假驢夫於程者，帖興唐府給之，府吏啓無例，程怒笞吏背。少尹任圜，莊宗姊婿也，詣程訴言不可。程戴華陽巾，衣鶴氅，據几決事，視圜駡曰：「爾何蟲豸，恃婦家力也！宰相取給州縣，何爲不可！」

51 封豕

左傳魯昭公二十八年，叔向母曰：「昔有仍氏黰黑而甚美[四一]，光可以鑑，名曰『玄妻』。樂正后夔取之，生伯封，實有豕心，貪惏無厭，忿類無期，謂之封豕。」

52 豬王

宋前廢帝子業，狂悖無道，誅害群公，忌憚諸父，並聚之殿内，毆箠陵曳，無復人理。建安王休仁及明帝、山陽王休祐形體並肥，帝乃以籠盛之，以明帝尤肥，號爲「豬王」，休仁爲「殺王」，休祐爲「賊王」。東海王禕尤凡劣，號之爲「驢王」。明帝踐祚，亦以禕類驢，改封爲「廬陵王」。

53 豬突狶勇

漢王莽既僭位，盗賊蜂起，大募天下丁男及死罪囚、吏民奴，名曰「豬突狶勇」，以爲鋭卒。注云〔四二〕：「豬性觸突〔四三〕，取以爲喻。東方名豕曰豨。一曰豨，豕走也。」

54 猿猴

宋何尚之與顔延之少相狎，二人並短小，尚之嘗謂延之爲猿，延之目尚之爲猴。

本傳

55 沐猴而冠

本條涵本説郛卷三引，據輯。

漢韓生説項羽都關中，羽曰：「富貴不歸故鄉，如衣錦夜行。」韓生曰：「人謂楚人沐猴而冠，果然。」羽聞之斬韓生。　本傳〔四四〕

56 獼猴面

後魏宋遊道剛直，使氣黨俠〔四五〕，時人語曰：「遊道獼猴面，陸操科斗形，意識不關見〔四六〕，何謂醜者必無情。」　本傳〔四七〕

57 獮猴騎土牛

魏南陽州泰善用兵，爲宣王所知。泰頻經考、妣、祖喪，宣王留缺待之，至三十六日，擢爲新城太守。宣王爲泰會，使尚書鍾繇調泰：「君釋褐登宰府，三十六日擁麾蓋，守兵馬郡；乞兒乘小車，一何駛乎？」泰曰：「誠有此。君，名公之子，少有文采，故守吏職；獮猴騎土牛，又何遲也！」衆賓咸悦。原注：「鄧艾傳作『周泰』〔四八〕。」

58 劉黑獺

五代江南劉鄂好學，博貫群籍，體貌瘠黑，號爲「劉黑獺」。或被襴褙，又謂之白雲抱幽石。

59 屠狢子

晉王珍與劉曜攻陷京邑〔四九〕，遷帝平陽。珍謂曜曰：「洛陽，天下山河四險之固〔五〇〕，城池宫室無假營造，可徙平陽都之。」曜不從，焚燒而去。珍怒曰：「屠狢子〔五一〕，豈有帝王之意乎！」

60 狢子

蜀關羽圍樊，孫權遣將助之，敕使莫速進，遣主簿先致命於羽。羽忿其淹遲，又自已得于禁，乃罵曰：「狢子敢爾〔五二〕，如使樊城拔〔五三〕，吾不能滅汝邪！」權聞之，知其輕己，僞手書以謝羽〔五四〕，許以自往。

61 猘子

五代楚高郁沉毅有謀，善治軍旅〔五五〕，有佐命功。楚王子希聲，忌其奢侈，請罷其兵。乃左遷行軍司馬，郁謂所親曰：「猘子漸長能咋人矣，吾將營西山而老焉。」希聲聞之甚怒，遂害郁。

62 三狗

魏曹爽爲大將軍，以何晏、丁謐、鄧颺爲尚書。謐爲人外似疏略，而内多忌。又其意輕貴〔五六〕，多所忽略，雖與晏、颺同列，而皆少之，唯以勢屈于爽。爽亦敬之，言無不從。于時謗書，謂「臺中有三狗，二狗啀柴不可當，一狗憑默作疽囊。」三狗，謂何、鄧、丁也。默者，爽小字也。其意言三狗皆欲嚙人，而謐尤甚也。

63 **庸狗**

後漢董卓初與吕布誓爲父子，甚愛信之。卓自知凶恣，每懷猜畏，行止常以布自衛。後王允結布，圖卓入朝，騎都尉李肅以戟刺之，卓衷甲不入，傷臂墮車，顧布大呼曰：「吕布何在？」布曰：「有詔討賊臣。」卓大怒曰：「庸狗敢如是耶！」布應聲持矛刺卓，趣兵斬之。

64 **死狗**

吴諸葛恪圍合肥新城，城中遣士劉整出圍傳消息，爲賊所得，考問所歷〔五七〕，語整曰：「諸葛公欲活汝，汝可具服。」整駡曰：「死狗，此何言也！我當必死爲魏國鬼，不苟求活，逐汝去也。欲殺我者，便速殺之。」終無他辭。至明帝時，追賜爵關内侯。

65 **吴狗**

晉將毛炅者，爲吴將陶璜所獲，炅不爲屈，璜怒面詰之曰：「晉賊。」炅厲聲曰：「吴狗，何等爲賊？」吴人殺之。

66 狗鼠

唐宇文融方進用事，中書令張説素惡之。融每建白，説輒引大體廷争。融揣説不善[五八]，欲先事中傷之。張九齡謂説曰：「融新用事，辯給多詐，公不可以忽[五九]。」説曰：「狗鼠何能爲！」尋爲融所譖罷相。

67 鼠子 六則

漢宗室敞爲廬江都尉，歲餘，遭旱，行縣，人持枯稻，自言稻皆枯。吏强責租。敞曰：「太守事也。」載枯稻至太守所。酒數行，以語太守，太守曰：「無有。」敞以枯稻視之，太守曰：「都尉事也。」敞怒叱太守曰：「鼠子何敢爾！」刺史舉奏，王莽徵到長安，免就國。

後漢胡文才、楊整脩皆涼州人，司徒王允素所不善也。及李傕之叛，允乃召文才、整脩使東曉諭之。不假借以温顔，謂曰：「關東鼠子亦何爲乎？卿往曉之。」於是二人往，實召兵而還。

魏遼東太守公孫淵遣使稱藩於吴，孫權遣太常張彌等將兵萬人，九錫備物，乘海授淵。舉朝大臣，諫以淵未可信，而寵待太厚。淵果斬彌等，送於魏[六〇]，没其兵資。權大怒曰：「朕年六十，世事難易，靡所不嘗，近爲鼠子所前卻，令人氣踊如山。不自截鼠之頭以擲於海，無顔復臨萬國。就令顛沛，不以爲恨。」尚書僕射薛綜等切諫乃止。

晉郗超字嘉賓，愔之子也。少卓犖不羈，有曠世之度，凡所交友，皆一時秀美。死之日，貴賤操筆爲誄者四十餘人，其爲衆所宗貴如此。王獻之兄弟，自超未亡，見愔，常躡履問訊，甚修舅甥之禮。及超亡，見愔慢怠，履而候之，命席便遷延辭避〔六一〕。愔每慨然曰：「使嘉賓不死，鼠子敢爾邪！」

前趙劉聰將起鵖儀殿於後庭，陳元達諫，聰怒曰：「吾爲萬幾主，將營一殿，豈問汝鼠子乎！」將斬之，元達叫曰：「臣下言者，社稷計也。」劉后在後宮，密以手疏救之，乃解。

前秦桃豹少以膽勇稱〔六二〕，常攘袂有言〔六三〕：「丈夫若遭魏太祖，不封萬户侯、位上將者，非丈夫也！」時類多笑之，豹曰：「汝鼠子輩，安知君子豹變之志乎！」後起中原〔六四〕，豹爲十八騎之雄。

68 鼠輩

魏華佗善醫，太祖召，華佗常在左右。佗本作士人，以醫見業，意常自悔。久遠家思歸，到家，辭以妻病。太祖累書不至，大怒，檢知其詳付獄，考驗首服。荀彧請曰：「佗術實工，人命所懸，宜含宥之。」太祖曰：「不憂，天下當無此鼠輩耶？」遂考竟佗。

69 **覷鼠貓兒**〔六五〕

唐黄門侍郎盧懷慎好視地，左拾遺魏光乘目爲「覷鼠貓兒」。

70 **失窟老鼠**

唐蘇徵任汜水縣令，舉止輕薄，郎中張元一目爲「失窟老鼠」。一云「失孔老鼠」。

71 **麞頭鼠目子**〔六六〕

唐李揆，字端卿。初，苗晉卿數薦元載，揆輕載地寒，謂晉卿曰：「龍鳳姿士不見用，麞頭鼠目子乃求官耶？」載聞，銜之。及秉政，揆流落十六年。載誅，始拜禮部尚書。本傳〔六七〕

72 **逆流蝦蟆**

唐郎中張元一性滑稽，有口才，喜題目人而已。腹𪋿脚短，項縮眼跌〔六八〕，吉相國目爲

「逆流蝦蟆」。　僉載〔六九〕

73 飽水蝦蟆

唐魏光乘目黄門侍郎李廣爲「飽水蝦蟆」。坐此品題朝士，自左拾遺貶新州新興縣尉。　僉載〔七〇〕

74 媪〔七一〕

唐禮部尚書祝欽明頗涉經史，不閑時務，魁碩肥腯，頑滯多疑，臺中小吏號爲「媪」。媪者，秦穆公時野人所得肉塊而無七竅。　朝野僉載〔七二〕

75 鳳雛

蜀龐統，龐德公之從子。德公謂統爲鳳雛。統少未有識者，惟德公重之，年十八，使見司馬德操。與語，既而嘆曰：「德公誠知人也，實盛德也。」

76 鳳毛二則

晉王劭姿容似父，桓公曰：「大奴故自得鳳毛」。大奴，劭小字也。世說

齊謝超宗有文辭，帝曰：「超宗殊有鳳毛。」

以上兩則涵本說郛卷三引，據輯。

77 鳳翔龍飛

晉何邵、王濟俱爲侍中，傅咸贈詩曰：「吾兄既鳳翔，王子亦龍飛。」邵乃咸之從内兄也。

78 鳳之一毛

唐宇文融傳史臣曰：「宋璟、裴耀卿、許景先獲居重任，因融薦之，此亦鳳之一毛也。」

79 鵞入鳳池

孔魯丘爲拾遺〔七三〕，有武夫氣，時人謂之「外軍主帥」，張元一目爲「鵞入鳳池」。

80 雙鳳連飛

北齊崔㥄與弟仲文並有文學。時㥄爲侍中，仲文爲銀青光禄大夫，同日受拜，時云「雙鳳連飛」。

81 鳩集鳳池

唐王及善庸猥鈍濁〔七四〕，爲内史，時人號爲「鳩集鳳池」。　僉載

本條涵本説郛卷三引，據輯。

82 雙鸞

晉何邵、王濟皆爲侍中，傅咸贈詩曰：「雙鸞遊蘭渚，二離揚清暉。」注：「蘭渚，喻中書也。二離，日月也。」

83 皂鵰

唐王志愔，神龍中，爲左臺侍御史，以剛鷙爲治，所居人吏畏讋〔七五〕，呼爲「皂鵰」。所

至破碎姦猾，令行禁止〔七六〕，境内肅然。

84 楊鵰

僞蜀楊昭儉仕孟昶，爲御史中丞，擊搏權貴，正色當官，時號「楊鵰」。

85 王鷂子

五代蜀王建初圍陳敬瑄、田令孜於成都，有屠狗王鷂子者，謂建曰：「請爲公入城反間，使敬瑄不備，而吏民畏公，上下不一，未有不亡者也。」及暮，造城下呼曰：「得罪于行宫，欲逃死可乎？」城中縋而入，見敬瑄，言建軍罷憊，朝夕遁逃，不足慮。出告吏民，稱神武兵勢强盛。敬瑄不爲備，而人心危懼，成都遂下。

86 南鷂北鷹

晉崔洪，博陵安平人。少以清勵顯名，骨鯁不同於物。武帝世，爲御史治中〔七七〕。時長樂馮恢父爲弘農太守，愛少子淑，欲以爵傳之〔七八〕。恢父終，服闋，乃還鄉里，結草爲廬，陽瘖不能言，淑得襲爵。恢始仕爲博士祭酒，散騎常侍翟嬰薦恢高行邁俗。洪奏恢不敦儒業，嬰爲浮華之目。遂免嬰官，朝廷憚之。尋爲尚書左丞，時人語曰：「叢生荆刺，來自博陵。在南爲鷂，在北爲鷹。」

87 姦兔兒

五代周張可復，依霍彦威爲從事〔七九〕，滑稽避事，彦威目爲「姦兔兒」。本傳

本條涵本説郛卷三引，據輯。

88 李鴉兒二則

五代後唐李克用少驍勇，善騎射，軍中號曰「李鴉兒」。黄巢陷京師，克用舉兵赴難，進屯乾坑。巢驚曰：「鴉兒至矣！」京師平，克用功第一。

唐西川節度使陳敬瑄遣將以蜀兵戍興平，數敗黄巢軍，賊號蜀兵爲「鴉兒」。每戰，輒戒曰：「毋與鴉兒戰鬬。」僖宗實録云：「巢衆以王師衣皂，名爲鴉兒。」

89 薄地鴉

五代蜀吕彦德驍勇善騎射，常從王宗播、宗壽征討，冠牛革帽，披漆甲，跨烏馬，執斫

刺刀〔八〇〕，軍中目爲「薄地鴉」。

90 白頸鴉〔八一〕

五代契丹入寇之初，所在群盜蜂起，戎人患之。陳州有一婦人，爲賊帥，號「白頸鴉」，形質粗短，髮黃體黑。來詣戎王，稱男子姓名，衣服拜跪皆男子。戎以爲懷化將軍，委之招輯山東諸盜。其屬數千男子，皆服役之。前後有夫數十人，少不如意，皆手刃之。僞燕王趙延壽問之〔八二〕，自云：「能左右馳射，被雙鞬，日可行三百里。盤矛擊劍，皆所善也。」後爲兖州節度使符彦卿戮之〔八三〕。玉堂閒話

本條涵本說郛卷三引，據輯。

91 鴈子都

五代梁鄆州朱瑾募其軍中勇者，黥雙鴈于其頰，號「鴈子都」。

92 白鸜鵒

唐韓偓與姚洎皆爲翰林學士，從昭宗幸岐。偓每與兩敕使會棋，兩使稍不勝，洎即以

手壞之，偓呼爲「白鸚鵡」，如此者不一。若洎不在坐，兩使將輸，必大呼「白鸚鵡」，洎應聲而至，即爲壞局。偓曰：「求知之道，一何卑耶！壞棋得用，亦將用何〔八四〕？」因撥局而起。金鑾密記曰〔八五〕：「白鸚鵡壞局，事見明皇雜録『雪衣娘』。」

93 **趂蛇鸖雀**〔八六〕

唐魏光乘任左拾遺，題品朝士，丞相姚元崇長大行急，目爲「趂蛇鸖雀」，坐此貶新州新興尉。

94 **霍亂禿梟**〔八七〕

唐曲江令朱隨侯，女夫李逖，遊客爾朱九，並姿相少媚，廣州人號爲「三樵」〔八八〕。人歌曰：「奉敕追三樵，隨侯道傍走。回頭語李郎，唤取爾朱九。」隨侯舉止輕脱，張鷟目爲「霍亂禿梟。」

95 **衣冠土梟**

唐蘇楷〔八九〕，河朔人目爲「衣冠土梟」。瑣言〔九〇〕

本條涵本説郛卷三引，據輯。

96 角鴟

北齊陸仁惠，幽州刺史，世號「角鴟」。濟州長史李翥嘗爲主人，朝士咸集，仁惠不至，翥先眇一目，著作郎魏彦淵曰：「一目之羅，豈能獲鳥。」以陸號「角鴟」故也。

97 黄鶯

唐申王府長史崔恪〔九一〕，趨權附勢之士也。鼕鼕鼓聲，即造形要直至夜，號爲「黄鶯」，竟無所得。

98 人蟺

唐單道宗病風疾〔九二〕，愈後聞食具不復經口，但啖飲土水以終身，時人謂之「人蟺」。兩京記

本條涵本説郛卷三引，據輯。

99 人貓

唐李義府爲相，柔而害物，號曰「人貓」。　本傳

本條涵本説郛卷三引，據輯。

100 井底蛙

馬援曰：「子陽井底蛙耳。」　本傳〔九三〕

本條涵本説郛卷三引，據輯。

101 喜鵲

唐竇申，參族也。參親愛之，每除吏多訪申，申因得招賂，漏禁密語，故申所至，人目爲「喜鵲」。　本傳

本條涵本説郛卷三引，據輯。

校勘記

〔一〕三人相善　「三人」二字原闕，據三國志卷一三魏書華歆傳注引魏略補。

〔二〕與兄虔俱知名　「虔」原誤作「度」，據後漢書卷六八許劭傳改。

〔三〕四庫館臣案：「『豫州』，今本漢書許劭傳注作『豫章』，據郡國志所載，汝陽縣屬豫州，若豫章自隸揚州，實賓録所引，可正今本漢書之誤。」

〔四〕蜀李劭　「李劭」，三國志卷一五蜀書李永南傳作「李邵」，其云：「永南名邵，廣漢郪人也。先主定蜀後，爲州書佐部從事。」裴松之注引益部耆舊雜記曰：「朝又有一弟，早亡，各有才望，時人號之李氏三龍。」案：華陽國志卷一〇先賢士女總贊論：「李朝，字永南；弟邵，字偉南。」所載與上互異。

〔五〕生四子亮叔訓秀　「秀」原作「季」，職官分紀卷四〇、事類備要後集卷六六監司門引東觀漢記並作「秀」，據改。

〔六〕豫坦邃熙號四龍　「豫」、「四龍」，新唐書卷七一宰相世系作「裕」、「四祖」。

〔七〕動罔不濟　「濟」，全唐文卷四二二唐贈范陽大都督忠烈公李公神道碑銘并序作「剋」。

〔八〕金枝玉昆　「枝」，太平御覽卷四九五人事部引崔鴻前涼録作「友」。

〔九〕靖弟壽　「壽」原作「燾」，據陶淵明集卷一〇集聖賢群輔録改，下改同。

〔一〇〕晉習鑿齒二舅羅罘　案：「羅罘」，晉書卷八二習鑿齒傳：「鑿齒與其二舅羅崇、羅友俱爲州從事。」疑「羅罘」爲「羅崇」之誤。

〔一一〕東眺白沙　「白沙」原作「白阿」，晉書卷八二習鑿齒傳、建康實録卷九並作「白沙」，據改。

〔一二〕語主簿張諶曰　「張諶」，世説新語卷下棲逸劉孝標注引尋陽記作「張玄」，案：宋真宗時以趙玄朗爲趙氏始祖，此疑避宋諱「玄」改。

〔一三〕此卧龍不可動也　世説新語卷下棲逸劉孝標注引作「亮稱其能言，表薦之，徵國子博士，不赴。主簿張玄曰：『此卧龍，不可動也。』」則此句當爲張諶之言。

〔一四〕唐侯翮累遷中書舍人　「侯翮」，北夢瑣言卷五作「侯翮」。

〔一五〕四庫館臣案：「按蜀志諸葛亮傳：徐庶謂先主曰：『諸葛孔明者，卧龍也。』『卧龍』字始此，疑實賓録原有此文，而大典偶失載者，附記于此。」

〔一六〕虜有判官者　「虜」，原作「敵」，案：四庫館臣於戎虜等字多加以篡改，今據天中記卷九六引九國志改。

〔一七〕乃長興壬辰之後也　「壬辰」原作「王辰」，案：吴越錢元瓘長興三年壬辰立，吴越備史卷二正作「壬辰」，蓋「壬」與「王」形近而訛，據改。

〔一八〕案：太平廣記卷一三六徵應引北夢瑣言作「龍虎子」，本卷下文則稱「飛虎子」。

〔一九〕子若入孝出悌　「入孝出悌」原作「出孝入悌」，據魏書卷八四劉獻之傳、北史卷八一劉獻之傳改。

〔二〇〕正可博聞多識　「正」原作「止」，魏書卷八四劉獻之傳、北史卷八一劉獻之傳並作「正」，據改。

〔二一〕右軍司馬韓景略與前軍趙祖悦同軍交惡志相陷害　「韓景略」，南史卷五八韋叡傳作「胡景略」。「害」原作「吞」，南史卷五八韋叡傳作「害」，據改。

〔二二〕分此二人　「分」字原闕，據三國志卷五四吴書周瑜傳補。

〔二三〕因爲肅畫三策　「三」，三國志卷五四吴書吕蒙傳作「五」，注引江表傳則云：「（吕蒙）密爲肅陳三策，肅敬受之，祕而不宣。」

〔二四〕號曰枝江白虎王　水經注卷三四江水引「王」下有「君」。

〔二五〕俯覽周易則思齊季主　「思齊」原倒作「齊思」，據三國志魏書卷二九管輅傳注引輅别傳乙。

〔二六〕四庫館臣案：「按輅本傳，年四十七卒，自言無禄命相，過此當得别駕，説與此文相反。」

〔二七〕嘗以中宵鐘鳴爲限　「鐘」原作「鍾」，據梁書卷五三丘仲孚傳改。

〔二八〕四庫館臣案：「大典所録此段至『不亦可乎』止，與實賓録書意未協，今據後漢書本傳增入數語。」案：實賓録之名號皆見於文中，大典未録「白馬生」一名，蓋删節之故，四庫據以補録，今仍其舊。

〔二九〕謂晉劉爰之也　「劉爰之」原作「劉爽之」，海録碎事卷九聖賢人事部引同，史略卷三作「劉爰之」，世説新語卷下排調注引徐廣晉紀：「劉爰之字遵祖，沛郡人。」據改。

〔三〇〕案：本條出世説新語卷下排調，今引録如下：「劉遵祖少爲殷中軍所知，稱之於庾公。庾公甚忻然，便取爲佐。既見，坐之獨榻上與語。劉爾日殊不稱，庾小失望，遂名之爲『羊公鶴』。」

〔三一〕本爲當殺牂羊　三國志卷一一魏書胡昭傳注引魏略「本」下有「心」字。

〔三二〕是以發遲　四庫考證：「原本『發』字上多『應』字，據世説删。」

〔三三〕目之曰麒麟楦　太平廣記卷二六五輕薄引朝野僉載「楦」下有「許怨」二字。

〔三四〕朝野僉載　原闕，據涵本説郛卷三引實賓録補。

〔三五〕故鄉人號之橐駝　「橐駝」，柳宗元集卷一七種樹郭橐傳無「橐」字。

〔三六〕望柳橐駝　「橐」，朝野僉載卷四作「駱」。

〔三七〕唐天官侍郎吉頊長大　「吉頊」原作「吉瑣」，舊唐書卷六則天皇后紀、新唐書卷一八六吉頊傳並作「吉頊」，據改。

〔三八〕時人謂之鄧馳子　「鄧馳子」，三楚新録卷二作「鄧駄」。

〔三九〕張大蟲　原作「大蟲」，據文改。

〔四〇〕李大蟲　原作「大蟲」，據文改。

〔四一〕昔有仍氏黰黑而甚美　四庫考證：「原本『黰』訛『點』，據左傳改。」又左傳昭公二十八年「有仍氏」下有「生女」二字。

〔四二〕注云　「注云」原作「本傳」，案：以下爲服虔及師古注，似不應逕稱「本傳」，據改。

〔四三〕豬性觸突　漢書卷二四食貨志服虔注「突」下有「人」字。

〔四四〕本傳　原闕，據涵本説郛卷三引實賓録補。

〔四五〕使氣黨俠　「黨俠」二字原闕，據大典卷七七五六引實賓録補。

〔四六〕意識不關見　「見」，大典卷七七五六引實賓録同，北齊書卷四七宋遊道傳作「貌」，點校本北史卷三四宋遊道傳校勘記謂：「『貌』本作『皃』，與『見』形似致訛。」

〔四七〕本傳　原闕，據大典卷七七五六引實賓録補。

〔四八〕原注鄧艾傳作周泰　四庫考證案：「魏志鄧艾傳注仍作『州泰』，未詳原注何據。」

〔四九〕晉王珍與劉曜攻陷京邑　「王珍」，晉書卷一〇〇王彌傳作「王彌」。

〔五〇〕洛陽天下山河四險之固　晉書卷一〇〇王彌傳「天下」下有「之中」二字，則句斷當作「洛陽天下之中，山河四險之固」。

〔五一〕屠狢子　「狢」，晉書卷一〇〇王彌傳作「各」。

〔五二〕狢子敢爾　「敢爾」，原倒作「爾敢」，據三國志卷三六蜀書關羽傳裴注引典略乙。

〔五三〕如使樊城拔　「使」，原作「是」，據三國志卷三六蜀書關羽傳裴注引典略改。

〔五四〕僞手書以謝羽　「僞」原作「爲」，據三國志卷三六蜀書關羽傳裴注引典略改。

〔五五〕五代楚高郁沉毅有謀善治軍旅　「善」原與上文「謀」互倒，今據大典卷三〇〇〇引實賓録改。

〔五六〕又其意輕貴　「貴」字原闕，據三國志卷九魏書曹真傳裴注引魏略補。

〔五七〕考問所歷　「歷」，三國志卷四魏書三少帝紀作「傳」。

〔五八〕融揣説不善　「善」原作「喜」，據新唐書卷一三四宇文融傳改。

〔五九〕公不可以忽　「忽」原作「忍」，據新唐書卷一三四宇文融傳改。

〔六〇〕送於魏　三國志卷四七吴書孫權傳「送」下有「其首」二字。

〔六一〕命席便遷延辭避　「避」原作「遜」，據晉書卷六七郗超傳改。

〔六二〕前秦桃豹少以膽勇稱　「桃豹」，原作「姚豹」，太平御覽卷三九一人事部引十六國春秋作「桃豹」。案：「桃豹」爲石勒之將，晉書各傳均作「桃豹」，魏書卷九五石勒傳作「姚豹」，中華書局點校本校勘記謂：「廣韻卷二豪韻『桃』字下引何氏姓苑云：『後趙石勒將有桃豹。』晉書中有關記載都作『桃豹』，『姚』字因形近而訛。」據改。

〔六三〕常攘袂有言　「攘袂有言」，太平御覽卷三九一人事部引十六國春秋作「攘臂大言」。

〔六四〕後起中原　「中」，原作「平」，據太平御覽卷三九一人事部引十六國春秋改。

〔六五〕覤鼠貓兒　「覤」，原作「戲」，據太平廣記卷二五五嘲誚引朝野僉載改，下改同。

〔六六〕麞頭鼠目子　「子」字原闕，據涵本説郛卷三引實賓録補。

〔六七〕本傳　原闕，據涵本説郛卷三引實賓録補。

〔六八〕項縮眼趺　「趺」，朝野僉載卷四引同，涵本説郛卷三引實賓録作「徒」。

〔六九〕僉載　原闕，據涵本説郛卷三引實賓録補。

〔七〇〕僉載　原闕，據涵本説郛卷三引實賓録補。

〔七一〕媪　四庫考證：「『媪』，述異記作『蝹』。」

〔七二〕朝野僉載　原闕，據涵本説郛卷三引實賓録補。

〔七三〕孔魯丘爲拾遺　「孔魯丘」原作「魯姓者」，案：本條出朝野僉載卷四，其云：「時同州孔魯丘爲拾遺」，據改。

〔七四〕唐王及善庸猥鈍濁　「王及善」原作「王伋善」，太平廣記卷二五八嗤鄙引朝野僉載作「王及善」，舊唐書卷六則天皇后本紀、新唐書卷四則天皇后本紀並載：「前益州大都督府長史王及善爲内史」，據改。

〔七五〕所居人吏畏讋　「讋」原作「警」，據新唐書卷一二八王志愔傳改。

〔七六〕令行禁止　「止」，新唐書卷一二八王志愔傳作「信」。

〔七七〕爲御史治中　「中」，晉書卷四五崔洪傳作「書」。

〔七八〕欲以爵傳之　「欲」字原闕，據晉書卷四五崔洪傳補。

〔七九〕依霍彦威爲從事　「霍彦威」原作「翟彦威」，舊五代史卷六四唐書霍彦威傳：「霍彦威，字子重，洺州曲周人也。梁將霍存得之於村落間，年十四，從征討。存憐其爽邁，養爲己子。」據改。

〔八〇〕執斫刺刀　「刀」下原衍「刃」字，據古今合璧事類備要卷七二引十國紀年删。

〔八一〕白頸鴉　「頸」，太平廣記卷三六七人怪引玉堂閒話作「項」，二字義近可通。

〔八二〕僞燕王趙延壽問之　「趙延壽」原作「趙廷壽」，據太平廣記卷三六七人怪引玉堂閒話改。

〔八三〕後爲兖州節度使符彦卿戮之　「符彦卿」原作「馬彦卿」，舊五代史卷一〇〇漢書高祖紀「以徐州節度使、檢校太師、同平章事、岐國公符彦卿爲兖州節度使」，太平廣記卷三六七人怪引玉堂閒話亦作「符彦卿」，據改。

〔八四〕壞棊得用亦將用何　原闕，據大典卷一九七八二引實賓録補。

〔八五〕金鑾密記曰　原作「原注」，據大典卷一九七八二引實賓録改。

〔八六〕趂蛇鸛雀　「趂」，朝野僉載卷四引作「趕」。

〔八七〕霍亂秃梟　太平廣記卷二五四嘲誚引朝野僉載作「矐亂土梟」。

〔八八〕廣州人號爲三樵　「樵」原作「穛」，據太平廣記卷二五四嘲誚引朝野僉載改，下改同。

〔八九〕唐蘇楷　「蘇楷」原作「蘇稭」，案：舊唐書卷二〇哀帝紀：「（蘇）楷，禮部尚書循之子，凡劣無藝。」北夢瑣言卷一七引亦作「楷」，據改。

〔九〇〕案：本條出北夢瑣言卷一七，今引録如下：「昭宗先謚聖穆景文孝皇帝，廟號昭宗。起居郎蘇楷等駁議，請改爲恭靈莊閔皇帝，廟號襄宗。［中略］梁祖建號，詔曰：『蘇楷、高貽休、蕭聞禮，皆人才寢陋，不可塵污班行，並停見任，放歸田里。蘇循可令致仕。』河朔人士，目蘇楷爲『衣冠土梟』。」

〔九一〕唐申王府長史崔恪　案：册府元龜卷一五二帝王部明罰載崔恪爲鄭王府長史，與此異。

〔九二〕唐單道宗病風疾　「單道宗」，兩京新記卷三作「單道琮」。

〔九三〕案：本條出後漢書卷二四馬援傳，今引録如下：「是時公孫述稱帝於蜀，囂使援往觀之。［中略］援曉之曰：『天下雄雌未定，公孫不吐哺走迎國士，與圖成敗，反修飾邊幅，如偶人形。此子何足久稽天下士乎？』因辭歸，謂囂曰：『子陽井底蛙耳，而妄自尊大，不如專意東方。』」

唐宋史料筆記叢刊

新輯實賓録

下

〔宋〕馬永易 撰
陳鴻圖 輯校

中華書局

實賓録卷九

1 謫仙三則

南齊永明中，鍾山有人姓蔡，不知名。隱山中，養鼠數十頭，呼來即來，遣去即去。言語狂易，時人謂之「謫仙」。

瑕邱仲，甯人也。賣藥於甯百餘年，人以爲壽。已而地動舍壞，死〔一〕，弟子取屍棄水中，俄復見之，人因謂之「謫仙人」。

唐李白，字太白。白之生，母夢長庚星，因以名之。蘇頲爲益州長史，見白異之，曰：「是子天才英特，少益以學，可比相如。」賀知章見其文，嘆曰：「子，謫仙人也。」又曰：「真太白星精。」白遊金陵，與諸賢送權十一序曰〔二〕：「吾希風廣成，蕩漾浮世，受寶訣〔三〕，爲三十六帝之外臣。即四明逸老賀知章呼之爲謫仙人，蓋實録云」。

2 地仙二則

唐開元中，有僵人在地下一千年，因墓崩，僵人復生，不食五穀，飲吸風露而已。時人呼爲「地仙」。

五代張筠，好聚財而喜施與，秦民懷惠，呼爲「佛子」。及罷官，居洛，第宅宏敞，擁其貲，以酒色聲妓自娱足者十餘年，人謂之「地仙」。

3 水仙二則

晉孫恩世奉五斗米道，後爲寇，勢窮〔四〕，赴海自沉，其黨謂之「水仙」。

開元中，唐陶峴，彭澤之裔也。家於崑山，富有田業，泛然江湖，遍遊烟水。恣意疏放，不謀宦游。製三舟，備極堅巧，一舟自載，一舟載賓客，一舟載飲饌。有女樂一部，逢奇遇興，則慕其景物，興盡而行。吴越之士號爲「水仙」。

4 酒仙二則

唐王績爲醉鄉記云：「阮嗣宗、陶淵明等並遊於醉鄉，没身不返，死葬其壤，中國以爲酒仙。」

唐杜子美酒中八仙歌詩云：「李白斗酒詩百篇〔五〕，長安市上酒家眠。天子呼來不上船，自稱臣是酒中仙。」

5 茶仙

唐杜牧爲池州刺史，春日茶山病不飲酒作詩呈賓客曰：「笙歌登畫船，十日清明前。山秀白雲膩，溪光紅粉鮮。欲開未開花，半陰半晴天。誰知病太守，猶得作茶仙。」

6 斥仙人

河東蒲坂有項曼都者，入山學仙，數年而歸〔六〕。家人問其故，曼都曰：「有仙來迎，乘龍升天。帝前謁拜，失儀見謫。」河東號曼都爲斥仙人。原注：水經云：「有項寧都學道昇仙，復還，號曰『斥仙人』。」

7 王仙人

王可交，華亭人，耕釣自業，居松江。一日棹漁舟，江行忽見花舫，漾於中流。有道士七人，玉冠霞帔，呼可交上船，命飲以酒，樽中瀉之不出。乃付以二粟，食之甘脆異於常粟。自後絶穀，動静若有神助。挈妻子往明州賣藥，使人沽酒，錢但施人。時言藥則壺公授，酒則餘杭阿母。相傳藥極去疾，酒甚醉人，明州里巷皆言王仙人藥酒，世間不及。道俗多圖其形像。後入四明山，不復出，時有見者。

8 肉飛仙

隋沈光少驍捷，善戲馬，爲天下之最。不拘小節，跅弛，交通輕俠。初建禪定寺〔七〕，其中幡竿高十餘丈，適值繩絶，非人力所及。光謂僧曰：「當爲上繩。」因取索口銜，拍竿而上，直至龍頭。繫繩畢，手足皆放，透空而下，以掌拒地，倒行數十步。觀者駭悦，莫不嗟異，時人號爲「肉飛仙」。仕爲朝散大夫，謀誅宇文化及，語泄被殺。

9 神仙宗伯

唐道士王遠知，父曇逸〔八〕，陳揚州刺史。母梁氏嘗寢〔九〕，夢靈鳳集其身，因而有娠，又聞腹中啼聲，沙門寶誌謂曇逸曰：「生子當爲神仙宗伯。」神仙傳作王知遠。

10 以爲仙人二則

漢武帝東巡海上，群臣有言見一老父牽狗，言「吾欲見巨公」，忽不見。漢武以爲仙人。

梁陶弘景善養生，隱於句容之句曲山。特愛松風，亭院皆植松，每聞其響，欣然爲樂。有時獨遊泉石，望見者以爲仙人。

11 荆楚仙人

宋襲祈辭不應辟命。風姿端雅，容止可觀。中書郎范述見之，嘆曰：「此荆楚仙人也。」

12 賢師

樂臣公善修黄帝、老子之言，顯聞於齊，稱賢師。

13 劉法師

劉法師，不詳其名，貞觀中居華陰靈臺觀，鍊氣絶粒二十年。每三元齋，有一人衣縫掖，衣貌陋而黔瘦，居末座，齋畢亦無言而去。如此凡十餘年，衣服顔色略不改。法師異而問之，云：「余姓張，名公弼，住蓮花峰東北隅。」法師意彼火居，試請同往。公弼諾之。行二十里，援蘿攀葛，崖谷險絶。至一石壁，高直一千餘仞，下臨無底之谷，一徑闊數寸，惟側足而立。公弼以指扣石壁，劃然而開一門。公弼引法師入，中有人居，公弼語其人曰：「師來此，君具食。」其人取水一盂，以肘後青囊中刀圭粉和之以飲法師，其味甘且香。俄法師告歸，出門行數十步，返顧，但巨崖深壑而已。自後公弼亦不復至。

14 玄中法師

老子在上三皇時爲玄中法師，下三皇時爲金闕帝君〔一〇〕。

15 精思法師

精思法師諱節，周武帝嘗請受靈寶五符赤書真文〔一一〕，有白鶴臨壇，裴回而去。帝屢有錫賜，復詔修真人之典，遂撰精思法。上覽，仰歎再三，因賜號「精思法師」。俄改號「玄中大法師」。

16 五斗米師二則

後漢中平元年，巴郡巫人張修療病，愈者需米五斗，號爲「五斗米師」。

後漢妖賊張角爲五斗米道，師使病者服罪〔一二〕，家出米五斗以爲常，故號曰「五斗米師。」

17 太平道師

後漢妖賊張修爲太平道師〔一三〕，持九節杖爲符呪，教病人叩頭思過，因以符水飲之。或自愈者，則云此人信道，其或不愈，則云不信道。

18 大賢良師

後漢末鉅鹿張角自稱「大賢良師」，奉事黄老，畜養弟子，跪拜首過〔一四〕，爲符呪以水療病，病者頗愈，百姓信向之。角因遣弟子八人使於四方，以善道教化天下，轉相誑惑。十餘年間，聚徒數十萬。俄舉兵，著黄巾爲標幟，時號「黄巾」，亦名爲「蛾賊」。

19 程斬邪

上黨有程逸人者，有符術。唐劉悟爲澤潞節度，臨洛縣民蕭季平家甚富〔一五〕，一日暴卒。逸人嘗受季平厚惠，聞其死，馳傳視之，語其子曰：「爾父未嘗死，蓋爲山神所召，治之尚可活。」乃朱書一符，向空擲之。食頃，果蘇，季平曰〔一六〕：「今旦方起，忽一緑衣人云霍山神召。約行五十餘里，適遇一丈人朱衣，仗劍怒目，從空而至。謂我曰〔一七〕：『程斬邪召，可疾去。』於是緑衣者懼而走。朱衣人牽我袂偕來〔一八〕，遂醒。」其家驚異，因問逸人：「程斬邪誰？」曰：「吾學於師氏，授我龍虎斬邪符籙。」因解其所佩籙一囊示之，人方信其不誣。後遊閩越，不知所在。

20 張山人

唐曹王貶衡州。時有張山人，伎術之士也。王嘗出獵，得鹿十頭，圍已合，失之，不知其處。召山人問之，山人曰：「此是術者所隱耳！」遂索水，以刀劍禁之〔一九〕。俄於水中見一道士，長纔及寸，負囊拄杖而行。衆皆見之，山人乃取布針，就水中刺道士左足，遂見跛足而行。即告王曰：「此人易追，止十數里。」遂令走馬向北逐之，果見一道士跛足而行，與水中者正同。以王命邀之，道士笑而來。山人曰：「不可責怒，但以禮求之。」王問道士：「鹿何在？」曰：「向見鹿即死，故哀而隱之，放在山側，今亦可取。」王遣左右視之，鹿皆隱於小坡而不動。王問患足之由，曰：「行數里，忽爾病足。」王召山人，與之相見，乃舊相識焉，其足尋愈。乃是郴州連山侯觀主〔二〇〕，即從容遣之。

21 王山人

唐相國盧鈞，初爲尚書郎，以病求出爲筠州刺史〔二一〕。到郡稍加，羸瘠，常獨坐山齋。忽有一人敝衣，踰垣而入。詰其族氏及所由，曰：「姓王，山中來。」盧曰：「然則王山人也，此來何以相教？」王曰：「公位極人臣，而壽不永，有沉緜之疾。」因出丹一粒，曰：「服之五日，疾當愈。」果如其言。

22 二道士

五代江南陳濬尚書，性疏簡，喜賓客。嘗有二道士，一黄衣，一白衣，詣其家求假宿。舍之廳事。夜分，聞二客床壞，訇然有聲。久之寂然，秉燭視之，見白衣人卧於壁下，乃銀人也；黄衣人不復見矣。家由是富。

23 文章道士

唐女觀鄧玄真，從師入道，隱居茅山。顔魯公歎曰：「宜稱文章道士〔二二〕。」女仙傳〔二三〕

本條涵本説郛卷三引，據輯。

24 世神

北齊和士開事武成，武成好握槊〔二四〕，士開善此戲，由是獲進。加以傾巧便辟〔二五〕，又能彈胡琵琶，因致親寵。嘗謂王曰：「殿下非天人也，是天帝也。」王曰：「卿非世人也，是世神也。」其深相愛重如此〔二六〕。

25 針神二則

魏秦朗，其母杜氏爲太祖所納，朗随母蓄于公宫。爲帝製衣服，宫中號爲「針神」。朗後至騎將軍。小名録〔二七〕

魏文帝所幸愛美人，姓薛名靈芸〔二八〕，容貌甚絶。靈芸之至，帝乘雕玉之輦，以從車坐之盛〔二九〕，嘆曰：「昔者言『朝爲行雲，暮爲行雨』，今非雲雨，非朝非暮。」改名曰「夜來」。夜

來妙爲針功，雖深帷之内，不用燈燭之光，裁製立成。非夜來縫製，帝則不御。宫中號爲「針神」。拾遺

本條涵本説郛卷三引，據輯。

26 茶神

唐陸羽嗜茶，時鬻茶者，畫陸羽形，置煬突間〔三〇〕，祀爲茶神。本傳

本條涵本説郛卷三引，據輯。

27 神人二則

晉淳于智，字叔平。有思義，能易筮，善厭勝之術。上黨孔瑗家多喪病貧苦〔三一〕，或謂之曰：「淳于叔平神人也，君何不就卜，知禍所在？」瑗性質直，不信卜筮，曰：「人生有命，豈卜筮所移。」會智來，智爲作卦，卦成，智謂瑗曰：「君安宅失宜，故令君困。君東北有大桑樹，君至市，入門數十步，當有人持荆馬鞭者，便就買以懸此樹，三年當暴得財。」瑗承言詣市，果得馬鞭，懸之三年，後并得銅錢數十萬〔三二〕，銅鐵器二十餘萬，家於是贍，疾者亦愈。

長慶四年冬，韓退之卧疾。見一神人被甲仗劍，長丈餘，立於榻前，曰：「吾有金革事，將與卿圖之。」公曰：「願聞。」神人曰：「威粹骨絶國〔三三〕，世與韓爲仇，今欲討之，力又不足，卿以爲何如？」對曰：「臣願從大王討之。」神人頷而去。公歎曰：「是何祥耶？」凡數日，窮其理不能究。至冬，公薨。〔三四〕

28 神明九則

後漢公沙穆爲弘農令，縣界有螟蟲食稼，百姓惶懼。穆乃設壇謝曰：「百姓有過，罪穆之由，請以身禱。」於是暴雨，不終日而螟蟲自消〔三五〕，百姓稱曰神明。

後漢虞詡爲朝歌令，時有賊數千，詡遣貧人能縫者，傭作賊衣，以綵線縫其裾爲識〔三六〕，有出市里者，吏輒擒之〔三七〕。賊由是駭散，稱爲神明。

梁顧憲之性清直，爲建康令。時有盜牛者，與本主争牛，各稱己物，前後令莫能決。憲之令解牛任其所去，牛竟還本宅，盜者伏其罪。時人號曰神明。

齊傅琰爲山陰令，有賣針、賣糖老姥争團線來詣琰，琰掛團線於柱鞭之〔三八〕，密視有鐵屑，乃罰賣糖者。又二野父争鷄，琰各問何以食鷄，一人云粟，一人云豆。破鷄得粟，乃罰言豆者。縣内稱神明，無敢偷盜。

隋薛胄爲兗州刺史，到官，繫囚數百，胄剖斷旬日便了，囹圄虛空。發奸擿伏，時人號爲神明。

隋裴政爲襄州總管，妻子不之官，所受秩俸〔三九〕，散給寮吏。人犯罪者，陰悉知之，或竟歲不發，至再三犯，乃因都會時，於衆中召出，親案其罪。合境惶懾，令行禁止，稱爲神明。

唐王鍔節度淮南，嘗得無名書，内韡中，先有他書焚之，人信爲無名者。異日因小罪并以所告，窮驗以譎衆，下以爲神明。

唐李栖筠，肅宗時爲吏部員外郎，判南曹。時大盜後，選簿亡舛〔四〇〕，多僞冒，栖筠判析有條，吏氣奪，號神明。

唐崔碣爲河南尹。初有賈客王可久，出商值亂不得歸。妻少且美，北舍楊乾夫善卜，以計誘取之，悉有其產。可久歸，訴於官，乾夫行賂尹，不能辯，反兩被刑。可久雙眥流血，目爲之枯。碣掩乾夫，鞫而斃之。時久雨，斷獄之日頓開霽，人皆相慶，號曰神明。

29 以爲神 七則

漢蘇武使匈奴，單于欲降之，幽武置大窖中，絶不飲食。天雨雪，武卧齧雪與旃毛並咽之，數日不死，匈奴以爲神。

後漢耿恭以戊己校尉，爲匈奴所逼，壅絶澗水。城中穿井十五丈不得水，吏士渴乏，笮馬糞汁飲之。恭仰天歎曰：「昔貳師拔佩刀刺山，飛泉湧出；今漢德神明，豈有窮哉。」整衣服向井再拜，爲吏士禱之。有頃，水泉奔出，衆稱萬歲。乃揚水示之。虜以爲神〔四一〕，遂即引去。

漢种億爲畿令〔四二〕，常有虎害人，億令設陷，得二虎。億曰：「害人者低頭。」一虎乃低頭，億命殺之，其一虎放出。自是虎皆出境，不復爲害，人以爲神〔四三〕。

晉嵇康嘗採藥遊山澤，會其得意，忽焉忘反。時有樵蘇者遇之，咸以爲神。

唐李林甫每與禄山見，禄山惕然，不覺自罄折。林甫與語，揣其意，迎剖其端〔四四〕，禄山大駭，以爲神，每見，雖盛冬必流汗。林甫稍厚之。

唐有杜生者善易占。有亡奴者問所從往追，杜生曰：「自北行〔四五〕，逢使者，懇丐其鞭。若不可，則以情告。」其人果值使者於道，如生語，使者異之，曰：「去鞭，吾無以進馬，可折道傍蔓以代之。」其人往折蔓，見亡奴伏其下〔四六〕，遂獲之。他日又有亡奴者，生戒曰：「可持錢五百伺於道，見進鶻者〔四七〕，可市其一，必得奴。」俄而使至，其人以情告，使者以一與之，忽飛集灌莽上，往取之，奴在其中。人以爲神。

唐韓晉公在潤州，夜與從事登萬歲樓，酒方酣，不悦〔四八〕。語左右曰：「汝聽婦人哭乎？當在何所？」對曰：「在某街。」詰朝，命吏捕哭者訊之。信宿，獄不具。吏懼罪，守於屍側。忽有大蠅集其首，因發髻驗之，婦果私於鄰，醉其夫而釘殺之。人以爲神。

30 趙鬼

齊東昏侯時，應敕捉刀之徒並專國命，人間謂之刀敕。左右刀敕之徒悉號爲鬼。宫中謡云：「趙鬼食鴨劁，諸鬼盡著調。」當時莫解。梁武平建鄴，東昏死，群小一時誅滅，故稱爲諸鬼也。

31 新鬼　故鬼

魯文公二年，秋八月，大事于太廟，躋僖公，逆祀也。於是夏父弗忌爲宗伯，尊僖公，且明見曰：「吾見新鬼大，故鬼小。先大後小，順也。躋聖賢，明也。明、順，禮也。」君子以爲失禮：「禮無不順。祀，國之大事，而逆之，可謂禮乎？」

32 鬼揶揄

晉襄陽羅友有才韻〔四九〕，少時人多謂之癡。始在桓温府，家貧乞禄，温雖以才學遇之，謂其誕肆，非治民材，許而不與〔五〇〕。後同府有爲郡者，温爲赴别，友亦被命，至尤遲晚。温問之，答曰：「出門中路遇一鬼，揶揄曰：『公祇見汝送人作郡，何以不見人送汝作郡？』始怖終慚，回還以解，不覺成淹緩之罪。」温雖笑其滑稽，而心頗愧焉。

33 羅刹〔五一〕

隋厙狄士文爲貝州刺史〔五二〕，發摘姦諂，長吏尺布斗米之贓，無所寬貸，得千人，悉配防嶺南。司馬韋焜、清河令趙達，二人並苛刻，惟長史有惠政。時人語曰：「刺史羅刹政，司馬蝮蛇嗔〔五三〕，長史含笑判，清河生喫人。」本傳〔五四〕

34 夜叉〔五五〕 羅刹

後魏元叉輔政凶暴，宗室鄴王樹以書暴叉過惡，言「叉本名夜叉，弟羅實名羅刹。此鬼食人，非遇黑風，事同飄墮。嗚呼魏境，離此二災。昆季此名，表能噬物。」元叉傳〔五六〕

35 人頭羅刹　鬼面夜叉

唐李全交爲監察御史，專以羅織酷虐爲業，臺中號曰「人頭羅刹」；殿中王沔號曰「鬼面夜叉」〔五七〕。　僉載〔五八〕

36 牛頭羅刹

北齊劉桃枝，時號爲「牛頭羅刹」。　酆都記

本條涵本説郛卷三引，據輯。

37 真牛頭

唐元鎬在縣令，一日怒獄吏王行約。命去其巾頂，無毛髮而有角，長三四寸。鎬曰：「真牛頭也。」，遂捨之。　聞奇録

本條涵本説郛卷三引，據輯。

38 **牛頭阿婆**

唐秋官侍郎周興當則天時爲酷吏，安忍殘賊，法外苦楚，無所不至〔五九〕，時號「牛頭阿婆」。百姓怨謗，興乃榜門判曰：「被告之人，問皆稱枉。斬決之後，咸悉無言。」御史臺記〔六〇〕

39 **牛頭阿旁**

唐路岩爲相不法〔六一〕，與韋保衡同當國〔六二〕，二人勢動天下，時目其爲黨爲「牛頭阿旁」。本傳

本條涵本說郛卷三引，據輯。

40 **李八百**〔六三〕

晉道士李脫，妖術惑衆，自言八百歲〔六四〕，故號「李八百」。自中州至建鄴，以鬼道療病云。

41 倀子

南齊東昏侯時，奄人王寶孫年十三四歲，號爲「倀子」，最有寵，參預朝政。

42 貳負臣

漢孝宣帝時擊磻石於上郡〔六五〕，陷得石室，其中有反縛盜賊二人〔六六〕，問之，舉朝莫知。諫議劉向言：「此貳負臣也。」詔問：「何以知之？」「臣讀山海經以知，其文曰：『貳負臣殺窫窳〔六七〕，帝乃梏之疏屬山，桎其右足，反縛兩手。』」向又云：「令七歲女乳湩塗其口，必能言。」果信然矣。

43 伯裘

酒泉郡每太守到官，無幾輒卒。後渤海陳斐授此郡，將行憂懼，召卜者占之，卜者曰：「遠諸侯，放伯裘，則無害。」斐不解其語，卜者曰：「君去，自當解之。」既到官，侍醫有張侯，直醫有王侯，卒有董侯、史侯，斐心悟曰：「此謂『諸侯』。」乃遠之。然不曉「伯裘」之義。後夜半，有物來斐被上，便以被冒取之。物跳踉，訇訇作聲。欲殺之〔六八〕，鬼曰：「我實無惡意，府君能赦，我當深相報。」裴曰：「爾何物？」曰：「我千歲狐也，字伯裘。若府君有急難，當呼我字。」裴乃悟，放之。明日，夜半擊户，曰：「我伯裘也，來白事，北界有賊。」驗之果然。後諸侯謀殺裴，亦賴伯裘得免。其卜驗如此。

44 竹王

漢武時有竹王，嘗從人止大石上，命作羹，從者白無水，王以劍擊石出水，今竹王水是也。

45 花精

五代吳越錢仁傑，忠懿王之從兄也。酷好種花，人號「花精」云。吳越備史〔六九〕

46 花羞

興元府煅鐵李翁生女，姿容絶麗，人目爲花羞。不許富人納爲妾，嫁之貧儒，亦李翁之有守云〔七〇〕。續墨客揮犀

本條涵本説郛卷三引，據輯。

47 花見羞

後唐淑妃王氏，邠州餅家子也，有美色，號「花見羞」。本傳

本條沈本説郛引，據輯。

48 壺公二則

真人謝元號壺公。初汝南費長房爲市掾，忽見公從遠方來賣藥，人莫識之，藥無二價，所治百病皆愈。常懸一壺於屋上，日入之後，公輒躄入，人無見者，惟長房於樓上見之，知非常人。乃逐日身自掃除，拜進餅〔七二〕，公受餅而不謝。如此積久，一日見召長房入壺中，授以主鬼治病之道法。長房百歲而卒，今爲地下主者。

施存，魯人也，夫子弟子。學大丹之道三百年，十鍊不成，惟得變化之術。後遇張申，爲雲臺治官，嘗懸一壺如五升器大，變化爲天地，中有日月如世間晝夜。夜宿於內，號「壺天」，人謂「壺公」，因之得道也。

49 赤松公

赤松公，不知其名姓，服麋角丸，彭祖弟子得仙者也。

50 鹿皮公

鹿皮公，淄川人。少爲府小史，才巧，舉手成器。岑山上有神泉，人不能到。小史白府君，請木工斤斧三十人，作轉輪，造縣閣，意思横生。數十日，梯道成。上其嶺，作祠屋，留止其旁。食芝草，飲神泉七十餘年。淄水未出時，下呼宗族，得六十餘人，命上山半。水出盡漂，一郡没者萬計。小史辭遣宗室，令下山〔七二〕。著鹿皮，升閣而去。

51 粥飯僧

五代李愚爲人謹重寡言。仕唐爲相時，兵革方興，天下多事，而愚欲依古以創理，乃請頒唐六典示百官，使各舉其職，州縣貢士，作鄉飲酒禮，時以其迂闊不用。愍帝即位，有意於治，數召學士，問以時事，以愚所建白爲迂，未嘗有所問。廢帝亦謂愚等無所事，嘗目宰相曰：「此粥飯僧耳！」以其飽食終日，無所用心也。本傳〔七三〕

52 顧和尚

五代吳越顧全武，餘姚人。少嘗爲僧，博通外學，機警有才略。錢鏐每延接與語，甚器之。及入都建國〔七四〕，因辟令從戎以爲裨將，軍中號曰「顧和尚」。〔七五〕征討有功，嘗圍淮將秦裴於崑山，裴援絶不降。全武自爲長檄以諭，裴封書納款。全武喜，召諸將觀之，發函乃佛經一卷，蓋以全武嘗爲僧也。諸將失色，全武大喜曰〔七六〕：「爾不憂死〔七七〕，何暇相謔也！」及裴降，乃爲言鏐〔七八〕，卒全活之。時稱長者。九國志〔七九〕

53 邊和尚

五代南唐邊鎬節度湖南，政無紀綱，無日不設齋，盛修佛事，潭人謂之「邊和尚」。

本條涵本説郛卷三引，據輯。

54 長生人

晉末孫恩據會稽山，號征東將軍，號其黨曰「長生人」。

55 白石生

白石生〔八〇〕，彭祖之時已三千餘歲〔八一〕。斷穀入山，常煮白石爲糧，就白石居，故時人號曰「白石生」。今爲東方左仙卿〔八二〕。

56 功德山

唐韓晉公聞徑山爲妖妄，要至，見其狀貌，不覺生敬，乃爲設食，出妻以拜。妻乃曰〔八三〕：「願乞一號。」徑山曰：「功德山」。國史補

本條涵本説郛卷三引，據輯。

57 茅山造像

唐李德裕於茅山造老君、孔子、尹真人像，爲茅山三像記。

本條大典卷一八二二四引，據輯。

58 地藏菩薩

唐史思明呼李光弼「地藏菩薩」。　舊傳〔八四〕

本條涵本説郛卷三引，據輯。

59 蘇扛佛

唐會昌毀寺，分遣御史，有蘇察院見銀佛一尺以下多袖歸〔八五〕，時人謂之「蘇扛佛」。

或問温庭筠：「將何以對？」遽曰：「無以過蜜陀僧也。」　尚書故實

本條涵本説郛卷三引，據輯。

60 水淫

梁何佟之性好潔〔八六〕，一日之中洗濯十餘遍，猶恨不足，號爲「水淫」。　本傳

本條涵本説郛卷三引，據輯。

61 舍利

北齊後主皇后穆氏，名邪利。母名輕霄〔八七〕，本穆子倫婢也，轉入侍中宋欽道家，姦私

而生后。小字黄花，欽道伏誅，黄花因此入宮。有幸於後主，宮中稱爲「舍利」〔八八〕。本傳

本條涵本説郛卷三引，據輯。

62 西白

唐房山長陰符大册經序曰：「予少好學道而慕長生，見陰符言上有神仙抱一之道，後人只究以安邦治國之法，鮮知神仙至樂之術。貞觀三年，予遊泰山，遂逢一老自稱西白，不知其姓，因話陰符全在神仙大丹之極要，世莫能知。遂傳以驪山母所注，即神仙抱一之道見焉。」

本條三洞群仙録卷五引，據輯。

校勘記

〔一〕已而地動舍壞死　列仙傳卷上「壞」下有「仲及里中數十家屋臨水，皆敗」，又「死」上有「仲」字。

〔二〕與諸賢送權十一序曰　「十一」原作「士」，案：「權十一」即「權昭夷」，蓋「十一」與「士」形近而誤，據改。

〔三〕受寶訣　李太白文集卷二七金陵與諸賢送權十一序「受」上有「素」字。

〔四〕後爲寇勢窮　「勢窮」，册府元龜卷六九三牧守部作「窮蹙」。

〔五〕李白斗酒詩百篇　杜工部集卷一飲中八仙歌「斗酒」作「一斗」。

〔六〕數年而歸　「數年」，抱朴子内篇卷二〇袪惑作「十年」，論衡卷七道虚作「三年」。

〔七〕初建禪定寺　四庫考證：「原本脱『禪』字，據隋書補。」

〔八〕父曇逸　四庫考證：「舊唐書『曇逸』作『曇選』。」

〔九〕母梁氏嘗寢　四庫考證：「舊唐書『母梁氏』，作『母梁駕部郎中丁超女』，與此稍異。」

〔一〇〕下三皇時爲金闕帝君　「下」字原闕，據太平廣記卷一神仙引神仙傳補。「闕」，原作「剛」，太平廣記作「闕」，道德經廣聖義卷二云：「老君以開皇元年，號金闕帝君」，則作「金闕帝君」爲是，據改。

〔一一〕周武帝嘗請受靈寶五符赤書真文　「靈寶」原作「虚室」，不辭，蓋爲形近之訛，歷世真仙體道通鑑卷二九引作「靈寶」，據改。

〔一二〕後漢妖賊張角爲五斗米道師使病者服罪　「道師」原倒作「師道」，據三國志卷八魏書張魯傳注引典略乙。

〔一三〕後漢妖賊張修爲太平道師　案：本條以「太平道師」爲號，三國志卷八魏書張魯傳注引典略「道」下有「者」字，以「師」屬下，與此異。又張角爲五斗米道，張修爲太平道師，諸書記載頗異。後漢書卷八孝靈帝紀注引劉艾紀以張修爲五斗米師，三國志卷八魏書張魯傳注引典略亦以張角爲太平道，張修爲五斗米道，惟宋釋志磐佛祖統紀卷三五所引典略則作「張修爲太平道，張角爲五斗米道」，本書前則「五斗米師」以張修爲五斗米師，至此則作太平道師，疑實賓録以所見名號各異，乃並存二説，今仍其舊。

〔一四〕跪拜首過　「首」原作「道」，據後漢書卷七一皇甫嵩傳改。

〔一五〕臨洛縣民蕭季平家甚富　「臨洛縣」，太平廣記卷七三道術引宣室志作「臨洺縣」。

〔一六〕季平曰　「季平」原闕，據太平廣記卷七三道術引宣室志補。

〔一七〕謂我曰　「我」原作「季平」，據太平廣記卷七三道術引宣室志改。

〔一八〕朱衣人牽我袂偕來　「我」原作「其」，據太平廣記卷七三道術引宣室志改。

〔一九〕以刀劍禁之　「劍」，太平廣記卷七二道術引原化記作「湯」。

〔二〇〕乃是郴州連山侯觀主　「連山侯觀主」，太平廣記卷七二道術引原化記作「連山觀侯生」。

〔二一〕以病求出爲筠州刺史　「筠州」，太平廣記卷五四神仙引神仙感遇傳作「均州」，案：唐高祖武德八年廢筠州，至南唐保大十年始復置，盧鈞爲中唐人，其時筠州已廢，似當以「均州」爲是。

〔二二〕宜稱文章道士　「章」原作「學」，沈本説郛引實賓録作「章」，據改。

〔二三〕女仙傳　「傳」，沈本説郛引實賓録作「圖」。

〔二四〕北齊和士開事武成武成好握槊　「事」字原闕，據大典卷二九四八引實賓録補。後「武成」二字原闕，據北史卷九二和士開傳補。

〔二五〕由是獲進加以傾巧便辟　大典卷二九四八引實賓録無此二句。

〔二六〕其深相愛重如此　大典卷二九四八引實賓録無此句。

〔二七〕小名録　原闕，據涵本説郛卷三引實賓録補。

〔二八〕姓薛名靈芸　「靈芸」原作「靈芝」，據拾遺記卷七改，下改同。

〔二九〕以從車坐之盛　拾遺記卷七「從車坐」作「望車徒」。

〔三〇〕置煬突間　「煬」原作「場」，據新唐書卷一九六陸羽傳改。

〔三一〕上黨孔瑗家多喪病貧苦　四庫考證：「『孔瑗』，晉書作『鮑瑗』。」案：搜神記卷三、太平御覽卷三五九兵部引王隱晉書、太平廣記卷二一六卜筮引獨異志並作「鮑瑗」，疑是。「病」字原闕，據晉書卷九五淳于智傳補。

〔三二〕後并得銅錢數十萬　「并得」，四庫考證：「晉書作『浚井』，文義較此爲長。」

〔三三〕威粹骨絶國　「絶」，太平廣記卷三〇七神引宣室志作「蕝」。

〔三四〕太平廣記卷三〇七神引宣室志記本條事在長慶四年冬十一月至十二月。

〔三五〕不終日而螟蟲自消　後漢書卷八二公沙穆傳「而」上有「既霽」二字。

〔三六〕以綵線縫其裾爲識　「識」，後漢書卷五八虞詡傳作「幟」。

〔三七〕四庫館臣案：「按此則引虞詡事未全，今據後漢書本傳補。」

〔三八〕琰掛團線於柱鞭之　四庫考證：「『線』，齊書俱作『絲』，與此異。」

〔三九〕所受秩俸　「所」字原闕，據隋書卷六六裴政傳補。

〔四〇〕選簿亡舛　「亡」原作「云」，據新唐書卷一四六李栖筠傳改。

〔四一〕虜以爲神　後漢書卷一九耿恭傳「神」下有「明」字。

〔四二〕漢种億爲畿令　「种億」，太平廣記卷四二六虎引獨異志作「种僮」。

〔四三〕人以爲神　太平廣記卷四二六虎引獨異志「神」下有「君」字。

〔四四〕迎剖其端　「剖」原作「割」，據新唐書卷二二五安禄山傳改。

〔四五〕自北行　「北」，大典卷二九四八引實賓録同，新唐書卷二〇四杜生傳作「此」。

〔四六〕見亡奴伏其下　「見」原作「其」，大典卷二九四八引實賓録、新唐書卷二〇四杜生傳並作「見」，據改。

〔四七〕見進鶻者　「鶻」，大典卷二九四八引實賓録同，新唐書卷二〇四杜生傳作「鶻」。

〔四八〕不悦　太平廣記卷一七二精察引酉陽雜俎「不」上有「置杯」二字。

〔四九〕晉襄陽羅友有才韻　「才」，世説新語卷下任誕作「大」。

〔五〇〕許而不與　「與」，世説新語卷下任誕劉孝標注引晉陽秋作「用」。

〔五一〕羅刹　四庫本作「蛇蝮嗔」，乃館臣自題。涵本説郛卷三引實賓録作「羅刹」，蓋存原本之貌，據改。

〔五二〕隋厙狄士文爲貝州刺史　「士文」原作「士仁」，北史卷五四厙狄士文傳：「（厙狄）士文性孤直，雖鄰里至親，莫與通狎。［中略］隋文受禪，加上開府，封湖陂縣子，尋拜貝州刺史。」涵本説郛卷三、大典卷三〇〇〇引實賓録並作「士文」，據改。涵本説郛卷三引實賓録「刺史」下有「暴甚猛獸」四字，大典卷三〇〇〇引實賓録無此四字。

〔五三〕司馬蝮蛇嗔　「蝮蛇」原倒作「蛇蝮」，據北史卷五四庫狄士文傳乙。

〔五四〕本傳　原闕，據涵本説郛卷三引實賓録補。

〔五五〕夜叉　「叉」，四庫本作「义」，亦作「乂」，涵本説郛卷三引實賓録作「丫」，蓋爲形訛字，此從北史卷一六元叉傳作「叉」，下改同。

〔五六〕元叉傳　原闕，據涵本説郛卷三引實賓録補。

〔五七〕殿中王沔號曰鬼面夜叉　四庫館臣案：「朝野僉載『王沔』作『王旭』。」案：王旭爲唐酷吏，專擅威權，殺人無數，其事見舊唐書卷一八六王旭傳，據此似當以王旭爲是。涵本説郛卷三引實賓録作「王沔」，蓋原書固如此，今仍其舊。

〔五八〕僉載　原闕，據涵本説郛卷三引實賓録補。

〔五九〕無所不至　「至」，太平廣記卷二六七酷暴引朝野僉載作「爲」。

〔六〇〕御史臺記　原闕，據涵本説郛卷三引實賓録補。

〔六一〕唐路岩爲相不法　「路」字原闕，據新唐書卷一八四路巖傳補。

〔六二〕與韋保衡同當國　「韋保衡」，原作「韋寶相」，據新唐書卷一八四路巖傳改。

〔六三〕李八百　原作「李八伯」，葛洪神仙傳卷三引同，晉書卷五八周處傳作「李八百」。案：「李八百」一名，諸書稱引不一，「百」與「伯」音近，然本條下文「自言八百歲」，則蓋當以「百」爲是，據改，下改同。

〔六四〕自言八百歲　「百」，原作「伯」，葛洪神仙傳卷三，晉書卷五八周處傳引並作「百」，據改。
〔六五〕漢孝宣帝時擊磻石於上郡　「上郡」原作「山郡」，據劉秀上山海經表改。
〔六六〕其中有反縛盜賊二人　「盜賊二人」，劉秀上山海經表作「盜械人」。
〔六七〕貳負臣殺窫窳　劉秀上山海經表「負」下無「臣」字。
〔六八〕欲殺之　案：此句上太平廣記卷四四七狐引搜神記有「外人聞，持火入」六字。
〔六九〕吴越備史　原闕，據涵本説郛卷三引實賓録補。
〔七〇〕亦李翁之有守云　「李翁」原作「學翁」，沈本説郛作「李翁」，據改。又，續墨客揮犀卷三作「貧士後遂以才學登第。人皆歎其小民能不爲利動而有守也」，所引較詳，殆未删削。
〔七一〕拜進餅　太平廣記卷一二神仙引神仙傳作「及供饌物」。
〔七二〕小史辭遣宗室令下山　四庫考證：「原本『宗室令下山』訛作『宗室上山』，並據水經注改。」
〔七三〕本傳　原闕，據涵本説郛卷三引實賓録補。
〔七四〕及入都建國　原闕，據大典卷八七八二引實賓録補。
〔七五〕案：大典卷八七八二引實賓録僅録至「軍」字，下文另接「仰山出」至「涌號佛」一段，乃宋齊邱仰山光湧長老塔銘，此段文字今本九國志卷五吴越顧全武傳亦不載，疑大典鈔録寫有誤，今從四庫本不取。
〔七六〕全武大喜曰　九國志卷五吴越顧全武傳「喜」作「笑」。

〔七七〕爾不憂死　九國志卷五吴越顧全武傳「憂」作「即」。

〔七八〕乃爲言謬　九國志卷五吴越顧全武傳「謬」上有「於」字。

〔七九〕九國志　原闕，據涵本説郛卷三引實賓録補。

〔八〇〕白石生　太平廣記卷七神仙引神仙傳作「白石先生」。

〔八一〕彭祖之時已三千餘歲　「三」，太平廣記卷七神仙引神仙傳作「二」。

〔八二〕今爲東方左仙卿　真誥卷五甄命授「方」作「府」。

〔八三〕妻乃曰　「妻乃」二字原闕，據國史補卷上補。

〔八四〕案：本條出舊唐書卷二〇〇史思明傳，今迻録如下：「思明以蔡希德合范陽、上黨兵馬十萬，圍李光弼於太原。光弼使爲地道，至賊陣前。驍賊方戲弄城中人，地道中人出擒之，敵以爲神，呼爲『地藏菩薩』。」

〔八五〕有蘇察院見銀佛一尺以下多袖歸　「蘇察院」，尚書故實作「蘇監察」。

〔八六〕梁何佟之性好潔　「何佟之」原作「何修之」，據南史卷七一何佟之傳改。

〔八七〕母名輕霄　「輕霄」，原作「輕宵」，據北史卷一四後主皇后穆氏傳改。

〔八八〕宮中稱爲舍利　北史卷一四後主皇后穆氏傳「利」下有「大監」二字。

實賓録卷十

1 端箭師

唐修文學士馬吉甫眇一目，郎中張元一目爲「端箭師」。

2 鈍漢

司空頲，唐僖宗時舉進士不中，後去爲羅紹威掌書記。紹威卒，入梁爲太府少卿。楊師厚鎮天雄，頲解官往依之，師厚卒，賀德倫代之。張彥之亂，命判官王正言草奏詆斥梁君臣〔一〕，正言素不能文辭，又爲兵刃所迫，流汗浹背，不能下筆。彥怒，推正言下榻，詬曰：「鈍漢辱我！」顧書吏問誰可草奏者，吏即言頲，羅王時書記，乃馳騎召之。頲爲亂兵劫其衣，以敝服蔽形而至，見彥長揖，神氣自若，揮筆成〔二〕，而言甚淺鄙，彥以其易曉，甚喜，即給以衣服僕馬，遂以爲德倫判官。　司空頲本傳〔三〕

3 癡漢三則

北齊裴謁之少有志節，好直言。文宣末年昏縱，朝臣罕有言者，謁之上書正諫，言甚切直。文宣將殺之，白刃臨頸，謁之辭色不變。帝曰：「癡漢何敢如此！」楊愔曰：「望陛下殺以取後世名。」帝投刀嘆曰：「小子望我殺爾以取後世名，我終不成爾名。」遣人送去。本傳〔四〕

北齊文宣暴虐，曾有典御丞李集面諫，比帝有甚桀紂。帝令縛置流中，沈没久之，復令引出，謂曰：「吾何如桀紂？」集曰：「向來彌不及矣。」帝又令沈之，引出更問，如此數四，集對如初。帝大笑曰：「天下有如此癡漢！方知龍逢、比干，非是俊物。」遂解放之。

唐鄭愔曾詈選人爲癡漢。選者曰：「僕是吴人也，癡漢即是公〔五〕。」愔因令詠癡。其人應聲曰：「榆兒復榆婦，造屋兼造車。十八十九夜〔六〕，還書復借書。」

4 呷醋漢

唐郎中張鴻子視望傷目〔七〕，郎中張元一目爲「呷醋漢」。

5 智短漢〔八〕

唐則天禁屠殺，吏人艱於蔬菜〔九〕。婁師德爲御史大夫，因使至陜。廚人進肉，師德曰：「敕禁屠殺，何爲有此？」廚人曰：「豺咬殺羊，遂有之。」師德曰：「大解事豺。」食之。又進鱠，復問，廚人復云：「豺咬殺魚。」師德云：「智短漢，何不道是獺咬殺魚？」廚人即云是獺。師德亦爲薦之。御史臺記〔一〇〕

6 黄麞漢

唐趙仁奬，河南人也，稗販于殖業坊王戎墓北，善歌黄麞，與宦官有舊。因所託附，景隆中乃負薪詣闕，遂得召見。云：「負薪助國家調鼎。」即日拜監察御史。睿宗朝，左授上蔡丞。使于京，中書令姚崇曰：「此是黄麞漢耶？」授當州悉當尉。仁奬本在臺，既無餘能，以黄麞自炫。宋務光題曰：「趙仁奬出王戎墓下〔一一〕，入朱博臺中。捨彼負薪，登兹列宿〔一二〕。行人不避驄馬，坐客惟聽黄麞。」

7 田舍漢三則

唐太宗朝罷，怒曰：「會須殺此田舍漢〔一三〕。」謂魏徵也〔一四〕。文德皇后謂帝曰：「誰觸忤陛下？」帝曰：「魏徵每廷辱我，常不自得。」后退而具朝服立於廷，帝大驚曰：「皇后何爲若是？」對曰：「妾聞主聖臣忠，今陛下聖明，故魏徵得直言。妾幸備後宫，安敢不賀？」

婁師德以長者稱。李昭德爲内史，師德爲納言，相隨入朝。師德體肥行緩，昭德屢顧待不即至，發怒曰：「叵耐殺人田舍漢！」師德聞之，徐笑曰：「師德不是田舍漢，更阿誰是？」

唐涇原兵犯闕，朱滔稱冀王，與田悦、王武俊同逆。賈林説武俊曰：「河朔無冀國，惟趙、魏、燕爾。今朱滔稱冀王，則窺大夫冀州，其兆已形矣。若滔力制山東，大夫須修臣禮，不從，即爲所攻奪，此時臣滔乎？」武俊投袂作色曰：「二百年宗社，我尚不能臣，誰能臣田舍漢！」由此計定。　本傳〔一五〕

8 癡漢子

唐右拾遺張方回〔一六〕，精神不爽，時人呼爲「痴漢子」。每朝政有失，抗疏論之，精采昂

然，明皇常謂忠賢也。開元遺事

本條涵本説郛卷三引，據輯。

9 將軍漢

天鳳中〔一七〕，琅琊海曲有吕母，子爲縣吏，犯小罪，宰論殺之。吕母怨宰，密聚客報仇，因入海招亡命衆至數千。吕母自稱將軍，攻殺縣宰。劉盆子傳

本條涵本説郛卷三引，據輯。

10 蕭四織

南齊長沙威王晃，高帝第四子也。少有武力，爲帝所愛。初沈攸之事起，晃多從武容，赫奕都街，時人爲之語曰：「焕焕蕭四織。」武帝幸鍾山，晃從駕。以馬槊刺道傍枯蘖，上令左右數人引之，銀纏皆卷聚而槊不出，晃復馳馬拔之，應手便去。

11 武一谷

五代漢武行德，初樵采爲業，而氣雄力壯，一谷之薪，可以盡負，鄉里謂之「武一谷」。

後仕高祖，爲節度使云。

12 丁滅門

五代丁從實爲常州刺史〔一八〕，苛刑暴，名謂之「丁滅門」。後爲吴越武肅王所戮。

13 欒公社

漢欒布爲燕相，稱曰：「窮困不能辱身，非人也；富貴不能快意，非賢也。」於是常有德，厚報之；有怨，必以法滅之。燕、齊之間皆爲立社，號曰欒公社〔一九〕。

14 葉君祠

後漢王喬，顯宗世，爲葉令。喬有神仙術，後天下玉棺於堂前，吏民推排，終不摇動。喬曰：「天帝召我耶〔二〇〕？」乃沐浴服飾寢棺中，蓋便立覆。葬於城東，土自成墳。其夕，縣中牛皆流汗喘乏，而人無知者。百姓乃爲立廟，號葉君祠。

15 鄭公風

會稽記曰：「射的山南有白鶴〔二一〕，爲仙人取箭。漢太尉鄭弘嘗採薪，得一遺箭，頃之有人覓箭，見弘，還之，問弘曰：『何所欲？』弘識其神人也，曰：『常患若耶溪載薪爲難〔二二〕，願旦南風，暮北風。』後果然。故若耶溪風至今猶然，呼爲『鄭公風』。」

16 鄭君池

唐張龍公爲宣城令，嘗體冷且濕。夫人石氏異而詢之，公曰：「吾龍也。蓼人鄭祥遠亦龍也，據吾池，自謂鄭君池〔二三〕。吾屢與戰，未勝。明日取決，可令吾子挾弓矢射之。」

17 歇後鄭五

唐鄭綮每以詩謡託諷，中人有誦之天子前者。昭宗意其有所藴未盡，因有司上班簿，遂署其側曰：「鄭綮可禮部侍郎、同中書門下平章事。」綮本善詩，其語多似刺時，故使落調，世號「鄭五歇後體」。俄聞制下，宗戚詣慶，搔首曰：「歇後鄭五作宰相，事可知矣。」

18 黄門户

五代王蜀僞相周庠，初在邛南幕中，留司府。時臨邛縣失火人黄崇嘏，纔下獄，貢詩一章，周遂召見。稱鄉貢進士，年三十許，祗對詳敏。即命釋之。薦攝府司參軍，胥吏畏服。周既重英聰，又美其風采，欲以女妻之。崇嘏乃袖封狀謝，仍貢詩一篇，落句有曰：「幕府若容爲坦腹，願天速變作男兒。」周覽詩驚愕，遂召見詰問，乃黄史君之女，未從人。周益仰其貞潔。旋乞罷，歸臨邛，後人不知所終。玉溪編事（二四）

本條涵本説郛卷三引，據輯。

19 李公騎

元魏李瑒隨蕭寶夤西征，爲統軍。瑒德洽鄉里，招募雄勇，其樂從者數百騎。瑒傾家振恤，故其下每有戰功，軍中號曰「李公騎」。

20 李摩雲

五代梁李罕之，項城人。爲人驍勇，力兼數人。少學，讀書不成，去爲僧，以其無賴，所往皆不容，乃乞食酸棗市中，人皆不與。罕之擲器於地，裂其衣，又去爲盜。之澤州，日以兵鈔懷、孟間，啖人爲食。居民避亂，屯聚摩雲山，群賊攻之不下，罕之悉攻殺之，立柵其上，時人號曰「李摩雲」。是時，晉方徇地山東，頗倚罕之爲扞蔽。

21 孝子石

蜀僰道縣江水有孝子石，昔縣人有隗叔通，性至孝，爲母汲江膂水，天爲出平石至江膂中，今猶謂之孝子石，其孝感有如此云。

22 白帝倉

後漢公孫述據成都，自立爲天子，號成家，色尚白。又謂五德之運，黄承赤而白繼黄，金據西方爲白德，而代王氏，得其正序。成都郭外有秦時舊倉，述改名白帝倉云。

23 寶劍 二則

後漢周乘，字子居。陳仲舉嘗歎曰：「若周子居者，真治國之器。譬之寶劍，則世之干將。」

宋臨川王義慶，幼爲武帝所知，曰：「此我豐城寶劍也〔二五〕。」

24 文大劍

五代蜀王宗阮，本姓文，名武堅。堅毅沉厚〔二六〕，好賓客，善撫士卒，能用闊劍，軍中號爲「文大劍」云。

25 潘大劍

五代楚將軍潘璋，持二十斤劍出入軍陣中，謂之「潘大劍」。狀偉，善食啖。嘗率兵救韶州，嶺南兵聞璋至，開城一面以避其鋒。後爲連州刺史。

26 張神劍

五代吴張融，始爲群盜，以善劍號「張神劍」。〔二七〕

27 水鏡

蜀司馬德操年少龐德公十歲，兄事之，世謂爲「水鏡」。

28 鐵條

唐王重榮始爲河中牙將，兩逐其將，破黄巢有功，時號爲「鐵條」，言其剛也。

29 陳鐵

五代南唐陳誨，生期月，足勁能履。父母異之，小字阿鐵。爲人勇敢，足膂力，爲都裨將。累有戰功，至節度使，軍中壯之，呼爲「陳鐵」。

30 來嚼鐵

唐來瑱略知書〔二八〕，尚名節，崖然有大志。安禄山反，拜潁川太守。賊攻潁川，方積粟多，瑱完堙自如，手射賊，皆應弦仆。賊使降將畢思琛招之，瑱不應，前後俘殺甚衆。賊懼，目爲「來嚼鐵」。

31 王鐵槍

五代梁王彦章爲人驍勇，能跣足履棘行百步。持一鐵槍，騎而馳突，奮疾如飛，而他人莫能舉也，軍中號「王鐵槍」。

32 賈鐵嘴

五代賈緯累任史職，長於記注，才筆未能過人，而議論本强，儕類不平之，因目之爲「賈鐵嘴」〔二九〕。

本條大典卷一一〇七七引，據輯。

33 費鐵嘴

五代前蜀邛州土豪費帥懃，狀貌寢陋，好大言，敬上陵下，閭里惡而憚之，呼爲「鐵嘴」。後從王建，建命以官。十國紀年

本條大典卷一一〇七七引，據輯。

34 四軍紫

唐貞元末，有郎中四人，自行軍司馬賜紫而登郎署，省中謔爲「四軍紫」〔三〇〕。

35 萬頃波

宋王惠與謝靈運嘗得交言，靈運辯博，辭義鋒起，惠時然後言。時荀伯子在坐，退而告人曰：「靈運固自蕭散直上，王郎有如萬頃波焉〔三一〕。」

36 烟燻地朮〔三二〕

唐殿中侍御史王旭短而黑，左拾遺魏光乘目爲「烟燻地朮」。

37 山東木强〔三三〕

唐安樂公主請爲皇太后女，魏元忠諫不可。主曰：「元忠，山東木强。」元忠録

本條涵本説郛卷三引，據輯。

38 臺穢〔三四〕

唐則天革命，貝州舉人趙廓眇小，起家監察御史，時人謂之「臺穢」。李昭德詈之爲「中霜穀束」。張元一目爲「梟坐膺架」〔三五〕。僉載〔三六〕

39 内記室

唐潞州節度使薛嵩青衣紅線，號曰「内記室」。　甘澤謡〔三七〕

本條涵本説郛卷三引，據輯。

40 卞田居　傅蠶室

齊卞彬爲車騎記室，性好飲酒，以瓠壺瓢杓杬皮爲肴，着帛冠十二年不改易〔三八〕，以大瓠爲火籠，什物諸多詭異。自稱「卞田居」，婦爲「傅蠶室」。

41 談天衍　雕龍奭　炙轂過髡

齊鄒衍爲書十餘萬言，其語閎大不經，騶奭亦頗采衍之術以紀文。淳于髡久與處，時有得善言。故齊人頌曰：「談天衍，雕龍奭，炙轂過髡。」注云：「劉向别録曰：『過』字作『輠』。輠者，車之盛膏器也。炙之雖盡，如脂膏之有深潤也。」

42 腰鼓兄弟

南齊沈沖涉獵文義，永明四年，爲五兵尚書。與兄淡、深名譽有優劣〔三九〕，世號爲「腰鼓兄弟」〔四〇〕。並歷御史中丞，兄弟三人皆爲司直。後並歷侍中，沖位五兵尚書。

43 菰蘆中偉人

南唐査文徽，歙州休寧人。好學，善談兵，任俠尚義。初以策干李主，與語奇之，謂宋齊邱曰：「菰蘆中偉人也。」命事知謌於潤州，知謌有玉杯，直百萬，行酒至文徽前，墮地而毀，衆皆駭愕，文徽容色如故。 十國紀年〔四一〕

44 青山白雲人

唐傅奕病曰：「傅奕，青山白雲人也。醉死，嗚呼！」 本傳

本條涵本説郛卷三引，據輯。

45 凌霄花

唐馮慈明，元常叔祖也〔四二〕。爲李密所拘，逼授僞官，慈明知天命有歸，勸密。密怒，因之數月，食藁薦而死。神龍中，敕旌其門爲忠臣，令大標其題，見之者莫不歎美。慈明號爲「凌霄花」〔四三〕，亦士林之美稱也〔四四〕。

46 杞梓 四則

晉袁宏三國名臣贊曰：「赫赫三雄，並回乾軸。競取杞梓，争收松竹〔四五〕。鳳不及棲，龍不暇伏。」

晉二陸制曰：「陸機、陸雲寔荆衡之杞梓，挺珪璋於秀實，馳英華於早年。」

梁庾域沉静〔四六〕，有名鄉曲。文帝爲郢州，辟爲主簿，歎其美材，曰：「荆南杞梓，其在兹乎。」

後周唐瑾、柳敏論曰：「瑾、敏並挺杞梓之材〔四七〕。」

47 瓊廚金穴

郭況，光武皇后弟也。累金數億，家童四百餘人。里語曰：「洛陽多錢郭氏室，夜月晝星富無匹。」其寵者，皆以玉器盛食，故東京謂郭氏瓊廚金穴〔四八〕。

48 錦繡堆

唐謝延皓〔四九〕，大順中以詞賦得名，與徐寅不相上下〔五〇〕，時號「錦繡堆」。

49 豐年玉

世稱庾文康爲「豐年玉」。世說

本條涵本説郛卷三引，據輯。

50 藍田生玉

吳諸葛恪，瑾長子也。少有才名，發藻岐嶷，辯論應機。孫權見而奇之，謂瑾曰：「藍田生玉，真不虛也。」

51 珠玉在旁

北齊劉禕五子，並有志行。璿、璣〔五一〕，聰敏機悟，美姿儀，皆爲其舅北海王昕所愛，曰：「可謂珠玉在旁，覺我形穢。」

52 明珠照人

晉驃騎將軍王濟，衛玠之舅也，儁爽有風姿。每見玠，輒歎曰：「珠玉在側，覺我形穢。」又嘗語人曰：「與玠同游，恍若明珠在側，爽然照人〔五二〕。」

本條大典卷二九九九引，據輯。

53 南金四則

晉顧榮上言中宗曰：「陸士光貞正清貴，金玉其質；甘季思忠款盡誠，膽幹殊快〔五三〕；殷慶元質略有明規，文武可施用；榮族兄公讓明亮守節，困不易操；會稽楊彥明、謝行言皆服膺儒教，足爲公望；賀生沉潛，青雲之士；陶恭兄弟才幹雖少，寔事極佳。凡此諸人，皆南金也。」書奏，皆納之。

晉顧衆、虞潭贊曰：「顧寔南金，虞惟東箭。」

梁張率性寬雅〔五四〕，能屬文，與同郡陸厥幼相友狎。嘗同載詣左衛將軍沈約，遇任昉在焉。約謂昉曰：「此二子後進才秀，皆南金也，卿可識之。」由此爲昉友矣。

陳虞世基博學高才，兼善草隸。陳中書令孔奐見而嘆曰〔五五〕：「南金之貴，屬斯人。」

54 南金東箭〔五六〕

晉薛兼與紀瞻、閔鴻、顧榮、賀循齊名，號爲「五儁」。初入洛，司空張華見而奇之，曰：「皆南金也。」又贊曰：「顧、紀、賀、薛，並南金東箭，委質霸朝，望重搢紳，宦成名立〔五七〕。」

55 桂林一枝　崑山片玉

晉郄詵〔五八〕，字廣基。博學多才，瓌瑋倜儻。泰始中，詔天下舉賢良直言之士，詵應選爲第一。武帝於東堂會送，問詵曰：「卿自以爲何如？」詵對曰：「臣舉賢良對策，爲天下第一，猶桂林之一枝，崑山之片玉。」帝笑。侍中奏免詵官，帝曰：「吾與之戲耳！」

56 荒萊特苗　鹵田善秀

晉楊方，字公回。好學有異才。初爲郡鈴下威儀，公事之暇，輒讀五經，鄉邑未之知。內史諸葛恢見而奇之，嘗遣方爲文，薦郡功曹主簿。虞預稱美之，送以示賀循。循報書曰：「世衰道喪，人物凋弊，每聞一介之徒有向道之志，冀之願之。如方者乃荒萊之特苗，鹵田之善秀，資質已良，但沾染未足耳；移植豐壤，必成嘉穀。」

57 瑶林植庭　雪羽馴廡

唐崔祐甫爲穆氏四子講塾記曰〔五九〕：「和州刺史穆寧〔六〇〕，正直登朝，嚴明作牧。有四子曰：贊、質、賡、賞，聳秀之資，若瑶林植庭，雪羽馴廡。」

58 軒冕龍門　濠梁宗匠〔六一〕

晉范甯篤學多通。時以浮虛相扇，儒雅日替，甯以爲其源始於王弼、何晏，二人之罪深於桀紂，乃著論曰：「或曰平叔神懷超絶，輔嗣妙思通微，振千載之積綱，落周孔之塵網。斯蓋軒冕之龍門，濠梁之宗匠。夫子以爲罪過桀紂，何哉？」答曰：「王何蔑棄典文，不遵禮度，遊辭浮説，波蕩後生。桀紂暴虐，正足以滅身覆國〔六二〕，豈能回百姓之視聽哉！」

59 金閨衆彦　蘭臺群英

江文通別賦云：「金閨之衆彦，蘭臺之群英。」注：「金閨，金馬門也。公孫弘等待詔於此。傅毅〔六三〕、班固等爲蘭臺令史。」

60 文章司命　人物權衡

唐李白上韓荆州朝宗書曰：「君侯制作侔神明，德行動天地，筆參造化，學究天人。幸願開張心顔，不以長揖見拒。必若接之以高宴，縱之以清談，請日試萬言，倚馬可待。今天下以君侯爲文章之司命，人物之權衡，一經品題，便作佳士。而今君侯何惜堦前盈尺之地，不使白揚眉吐氣，激昂清霄也〔六四〕。」

61 達禮之宗　儒林之亞

梁任昉王文憲集序曰：「賀生達禮之宗，蔡公儒林之亞。」注云：「賀循博覽群書，尤明三禮，爲江東儒宗。蔡謨以儒雅稱。」

62 決定嫌疑　視表見裏

北齊宋世軌幼自修整〔六五〕，好法律，遷廷尉少卿。有能名，時大理正蘇珍之以才幹名，寺中語曰：「決定嫌疑蘇珍之，視表見裏宋世軌。」

63 國珍

柳公權嘗於佛寺看朱審畫山水，手題壁詩曰：「朱審偏能視夕嵐，洞邊深墨寫秋潭。與君一顧西牆畫，從此看山不向南。」此句衆歌詠。後公權爲李聽夏州掌記〔六六〕，因奏事，穆宗召對曰：「我於佛寺見卿筆札，思見卿久矣。」宣出充侍書學士，非時宰所樂，進擬左金吾衛兵曹充職，御筆改右少諫。中外朝臣，皆呼爲國珍。

64 國楨

玄宗登封泰山，劉晏始八歲，獻頌行在。帝奇其幼，命宰相張説試之，説曰：「國楨也〔六七〕。」即授太子正字。

65 家寶

唐李貽孫爲歐陽詹文集序曰：「歐陽君生於閩之里，幼爲童孩時，即不與衆童親狎，行止多自處。年十歲許，每見山濱江畔有片景可探〔六八〕，心獨娱之，常執一軸，忘歸於其間。逮風月清暉，或暮而尚留，宵不能釋〔六九〕，不自知所由，蓋其性之所多也。未甚識文字，隨人而問章句，忽有一言契於心，移日自得，長吟高嘯，不知其止也。父母不識其志，嘗謂里人曰：『此男子未知其旨何如，要恐不爲汨没之餓氓也。未知吉邪？凶邪？』鄉人有覽事多而熟於聞見者，皆賀之曰：『若此子，家寶也〔七〇〕，奈何慮之邪？』」

66 楷模 三則

後漢盧植通古今，楷模後學，曹操稱之曰：「名著海内，學爲儒宗，士之楷模，國之楨幹也。」

北齊邢邵，字子才。史臣曰：「子才少有盛名，鼓動京洛，文宗少府〔七一〕，獨秀當年，舉必任真，情無文飾，智略疏通〔七二〕，罕見其人，足爲一代之楷模也。」

隋李德林爲吏部郎，陸昂嘗命其子與德林周旋〔七三〕，誡之曰：「汝每事宜師此人，爲楷模。」

67 冠冕

隋柳顧言爲晉王諮議參軍〔七四〕，招才學之士諸葛穎、虞世南等以充學士，而顧言爲之冠冕〔七五〕。王以師友處之。

68 海内冠冕二則

梁王暕，七葉重光，海内冠冕。

梁任昉爲王儉集云：「晉中興以來，六代名德，爲海内冠冕。」

69 天下楷模〔七六〕

漢李膺，字元禮。時郭林宗等更相褒重，學中語曰：「天下楷模李元禮。」

70 遺愛二則

晉袁宏三國名臣贊曰：「孔明盤桓，待時而動，遐想管樂，遠明風流，治國以禮，民無怨聲，刑罰不濫，役有餘力〔七七〕，雖古之遺愛，何以加兹！」梁任昉爲王儉集序曰：「没世遺愛〔七八〕，古之益友。」

71 當時談宗

晉阮脩好易老，善清言。王衍當時談宗，自以論易略盡，然有所未了，研之終莫悟，每云「不知比後當見能通者否〔七九〕。」衍族子敦謂衍曰：「阮子可與言。」衍曰：「吾亦聞之，但未知其亹亹之處定何如爾！」及與脩談，言寡而旨暢，衍乃嘆服焉。

72 後來領袖 二則

何昌寓少而清静，獨立不群，王儉謂之曰：「後來領袖，方幹於朝者，其在於卿乎〔八〇〕？」答曰：「不意明公謬顧不重〔八一〕。」

梁任昉爲蕭揚州薦王暕表曰：「竊見秘書郎王暕，神氣清茂〔八二〕，允迪中和，叔寶理遣之談，彦輔名教之樂，故以暉映先達，領袖後進。」

73 後生準的

梁公休源舉秀才，太尉徐孝嗣見其策，深喜之，謂同座曰：「董仲舒、華令思何以尚此，可謂後生準的也。」

74 後進之冠

後漢陳遵少與張竦伯崧俱爲京兆史。竦博學通達，以廉儉自守，而遵放縱不拘，操行雖異，然相親友，哀帝之末俱著名字，爲後進之冠，並入公府。注云：「爲士人之冠首也〔八三〕。」

75 舊德老成

晉何曾進位太傅。曾以年老，屢乞遜位。詔曰：「太傅明爽高亮〔八四〕，執心洪毅〔八五〕，可謂舊德老成，國之宗臣也。」

76 人物志

唐李守素任天策倉曹參軍，通氏姓學〔八六〕，號「肉譜」。虞世南謂之曰：「今以倉曹爲『人物志』，可乎？」守素傳

本條涵本説郛卷三引，據輯。

77 人物宗主

李神俊名挺〔八七〕，隴西人。少仕京洛，以才學器調著名，鄭伯猷曰：「舅舅是人物宗主。」

78 奬鑑人倫

後漢郭泰，字林宗。舉有道，不就。善人倫鑒。范滂稱泰：「隱不違親，貞不絕俗。」其卒也，同志者共刻石立碑，蔡邕爲其文，既而謂涿郡盧植曰：「吾爲碑銘多矣，皆有慙德，惟有道無愧色爾。」史贊曰：「郭有道奬鑒人倫。」

79 爲世吏表

魏薛悌爲魏郡太守及尚書令，並悉忠貞練事〔八八〕，爲世吏表。

80 言談林藪

晉裴頠，樂廣嘗與之清言，欲以理服之，而頠辭論豐博，廣笑而不言。時人謂頠爲言談之林藪。

81 大丈夫格

吳潘濬、陸凱、陸胤〔八九〕，評曰：「潘濬公清割斷，陸凱忠壯質直，皆節槩梗梗，有大丈夫格業。胤身潔事濟〔九〇〕，著稱南士，可謂良牧矣。」

82 力能拔樹

北齊時，范陽盧曹以勇力稱。曹身長九尺，鬚面甚雄，臂毛逆如豬鬣，力能拔樹。

本條大典卷一四五三七引，據輯。

83 三河領袖〔九一〕

後魏裴駿，字神駒。幼而聰惠，親表稱爲「神駒」，遂以爲字。弱冠，通涉經史。崔浩亦深器之，目爲三河領袖。

本條大典卷二一九四八引，據輯。

84 有道大人

漢李恢，廣武君左車十四世孫，高尚不仕，號「有道大人」〔九二〕。北史李士謙傳

本條涵本説郛卷三引，據輯。

85 洛陽遺彦

周裴諏之也〔九三〕。

本條涵本説郛卷三引，據輯。

86 檢本角牴

唐顔雲收諸葛亮兵法，自言用十萬兵，可以吞并四海。時人謂之「檢本角牴」〔九四〕。

北夢瑣言

本條涵本説郛卷三引，據輯。

87 小者佳

晉王獻之嘗與兄徽之、操之俱詣謝安〔九五〕，二兄多言俗事，獻之寒温而已。既出，客問王氏兄弟優劣，安曰：「小者佳。」客問其故，安曰：「吉人之辭寡，以其少言，故知之。」

88 保家主三則

襄公二十七年，鄭七子賦詩。印段賦蟋蟀，趙孟曰：「善哉，保家之主也！吾有望矣。」注云：「蟋蟀曰：『無已太康，職思其居。好樂無荒，良士瞿瞿。』言能戒懼。」

魏韋誕，字仲將。孔融稱之曰：「仲將懿性貞實，文敏篤誠，保家之主也。」

晉曹志，魏陳思王植之孽子也。少好學，以才行稱，夷簡有大度，兼善騎射〔九六〕。植曰：「此保家主也。」立以爲嗣。

89 一時雋

支遁常目郄超〔九七〕，以爲「一時雋」。〔九八〕

本條涵本說郛卷三引，據輯。

90 醉部落

唐倪若水黑而無鬢鬚，魏光乘目爲「醉部落」〔九九〕。僉載

本條涵本說郛卷三引，據輯。

91 癡物

五代唐莊宗以盧程爲相〔一〇〇〕，莊宗曰：「朕誤相此癡物。」乃罷爲右庶子。本傳

本條涵本說郛卷三引，據輯。

92 俗物

晉王戎與阮籍爲竹林之遊，戎嘗後至，籍曰：「俗物來敗人意〔一〇一〕。」本傳

本條涵本説郛卷三引，據輯。

93 妖物二則

晉夏統高尚不仕，從父恭寧祠先人〔一〇二〕，迎女巫章丹、陳珠二人，亦有國色，善歌舞，又能隱形。甲夜之初，撞鐘擊鼓，間以絲竹，丹、珠乃拔刀破舌，吞刀吐火，雲霧冥冥〔一〇三〕，流光電發〔一〇四〕。召統觀之，統責諸人曰：「奈何諸君迎此妖物，夜與遊戲。」 本傳

唐高駢鎮淮南，愛將呂用之以左道惑駢，人怨怒。張神劍謂畢師鐸曰〔一〇五〕：「用之一妖物，使之得志焉。」 舊傳

以上兩條涵本説郛卷三引，據輯。

94 風塵表物

晉王戎目王衍「自然是風塵表物」。 本傳

本條涵本説郛卷三引，據輯。

95 藥籠中物

唐元澹謂狄仁傑曰：「願以小人備一藥石。」仁傑曰：「君正吾藥籠中物。」 本傳

本條涵本説郛卷三引，據輯。

96 舌耕

後漢賈逵門徒來學，贈獻者積粟盈倉。或云賈逵非力耕所得，誦經不倦〔一〇六〕，世謂「舌耕」。

本條涵本説郛卷三引，據輯。

97 行譜

唐李守素工譜學，時號爲「行譜」。本傳〔一〇七〕

本條涵本説郛卷三引，據輯。

98 大家四則

漢王鳳以五月五日生，其父欲不舉。叔父曰：「大家〔一〇八〕，以古事推之，非不祥也。」西京雜記

後漢沖帝母虞美人，但稱「大家」而已。〔一〇九〕

後漢曹世叔妻，班彪女也，名昭，字惠班〔一〇〕。有節行，帝召入宫，令皇后師事焉，號曰「大家」。本傳

五代南漢王劉龑才人蘇氏，通經史，宫中呼爲「大家」。九國志

以上四則涵本説郛卷三引，據輯。

99 霞帔

唐睿宗召司馬承禎問道，遂賜絳霞紅帔以還，公卿賦詩送之。今世之謂霞帔者，殆起此耶？〔一一〕

本條演繁露卷二引，據輯。

校勘記

〔一〕命判官王正言草奏詆斥梁君臣　「王正言」，涵本説郛卷三引實賓録作「王政言」。

〔二〕揮筆成　新五代史卷五四司空頲傳「成」下有「文」字。

〔三〕司空頲本傳　原闕，據涵本説郛卷三引實賓録補。

〔四〕本傳　原闕，據涵本説郛卷三引實賓録補。

〔五〕僕是吴人也癡漢即是公　太平廣記卷二五五嘲誚引朝野僉載作「僕是吴癡，漢即是公。」與

此異。

〔六〕十八十九夜　「十八十九」，太平廣記卷二五五嘲誚引朝野僉載作「十七八九」。

〔七〕唐郎中張鴻子視望傷目　「張鴻子」，中華書局點校本朝野僉載卷四作「長孺子」，太平廣記卷二五四嘲誚引朝野僉載作「長儒子」。案：「張鴻子」、「長儒子」二人事跡，諸書均無考，未知孰是。「視望傷目」，朝野僉載、太平廣記並作「視望陽」。

〔八〕智短漢　原作「短智漢」，據涵本説郛卷三引實賓録、太平廣記卷四九三雜録引御史臺記改，下改同。

〔九〕吏人艱於蔬菜　「艱」，太平廣記卷四九三雜録引御史臺記作「弊」。

〔一〇〕御史臺記　原闕，據涵本説郛卷三引實賓録補。

〔一一〕趙仁獎出王戎墓下　「趙仁獎」原作「趙獎」，據唐詩紀事卷一五改。

〔一二〕登茲列宿　「宿」，太平廣記卷二五九嗤鄙引御史臺記、唐詩紀事卷一五並作「柏」。案：御史臺列植柏樹，故亦稱柏臺，趙仁獎曾爲御史，疑作「柏」爲是。

〔一三〕會須殺此田舍漢　「田舍漢」，隋唐嘉話卷上引同，資治通鑑卷一九四唐紀作「田舍翁」。

〔一四〕謂魏徵也　原闕，據涵本説郛卷三引實賓録補。

〔一五〕本傳　原闕，據涵本説郛卷三引實賓録補。

〔一六〕唐右拾遺張方回　「張方回」原作「張方爲」，開元天寶遺事卷一、事類備要後集卷二四臺諫門並作「張方回」，據改。

〔一七〕天鳳中　後漢書卷一一劉盆子傳作「天鳳元年」。

〔一八〕五代丁從實爲常州刺史　「丁從實」原作「丁從貴」，案：吴越備史卷一：「從實，浙西小將也，有微功於周寶。」新唐書卷一八六周寶傳亦云：「寶遣將丁從實督兵攻之，郁走海陵，依鎮遏使高霸，從實遂據常州。」則作「丁從實」爲是，據改。

〔一九〕燕齊之間皆爲立社號曰欒公社　四庫館臣案：「『立社』誤作『立廟』，『欒公』下缺『社』字，今據漢書改補。」

〔二〇〕天帝召我耶　漢書卷八二王喬傳「帝」下有「獨」字。

〔二一〕射的山南有白鶴　後漢書卷三三鄭弘傳注引會稽記「鶴」下有「山」字。

〔二二〕常患若耶溪載薪爲難　「耶」，後漢書卷三三鄭弘傳注引會稽記作「邪」。

〔二三〕自謂鄭君池　「君」，歐陽文忠公集集古録跋尾卷一〇張龍公碑作「公」。

〔二四〕玉溪編事　原作「玉漏編」，案：玉溪編事，見宋史卷二〇六藝文志，國史經籍志卷四子類云蜀金利用撰，蓋原書已亡，其佚文散見太平廣記等書。本條見太平廣記卷三六七妖怪，出玉溪編事，是「漏」爲「溪」之譌，並脱「事」字，今據改。

〔二五〕此我豐城寶劍也　宋書卷五一劉義慶傳作「此我家豐城也」。

〔二六〕堅毅沉厚　原作「毅沉厚」，頗不辭，蓋「毅」上原有「堅」字，涉上文「堅」字而脱，今據補。

〔二七〕案：資治通鑑考異卷二二五引十國紀年：「張雄，淮南人，善劍，號『張神劍』。」與此異。

〔二八〕唐來瑱略知書　「書」字原闕，據新唐書卷一四四來瑱傳補。

〔二九〕儕類不平之因目之爲賈鐵嘴　「儕類」，原作「類極」，據舊五代史卷一三一周書賈緯傳改。此段大典所録至「儕類」止，今據舊五代史補入。

〔三〇〕省中謔爲四軍紫　「四軍紫」，唐語林卷六補遺作「四君子」。

〔三一〕王郎有如萬頃波焉　「波」，南史卷二三王惠傳作「陂」，二字通。

〔三二〕烟爊地朮　「地朮」原作「地木」，不可解，「地朮」爲植物，可入藥，太平廣記卷二五五嘲誚引朝野僉載作「地朮」，是「木」爲「朮」之譌，據正，下改同。

〔三三〕山東木强　「强」原作「横」，新唐書卷八三安樂公主傳、卷一二二魏元忠傳並作「强」，據改，下改同。

〔三四〕臺穢　原作「中霜穀束」，據涵本説郛卷三引實賓録改。

〔三五〕張元一目爲梟坐膺架　原闕，據涵本説郛卷三引實賓録補。

〔三六〕僉載　原闕，據涵本説郛卷三引實賓録補。

〔三七〕案：本條出甘澤謠，今引其文如下：「紅綫，潞州節度使薛嵩家青衣。善彈阮咸，又通經史，嵩遣掌牋表，號曰『内記室』。」

〔三八〕以瓠壺瓢杓杬皮爲肴着帛冠十二年不改易　四庫考證：「原本『杬』訛『機』，『帛』訛『白』，據南史改。」

〔三九〕與兄淡深名譽有優劣　「深」，南齊書卷三四沈沖傳作「淵」，蓋避唐諱改，而實賓録仍之。

〔四〇〕世號爲腰鼓兄弟　四庫考證：「原本『鼓』訛『股』，據南史改。」

〔四一〕十國紀年　原闕，據涵本説郛卷三引實賓録補。

〔四二〕元常叔祖也　原闕，據大典卷三五二七引實賓録補。「元常」原作「元帝」，新唐書卷一一二馮元常傳：「馮元常，相州安陽人，其先蓋長樂信都著姓。〔中略〕叔祖慈明」，據改。

〔四三〕慈明號爲凌霄花　「慈明」原作「崔明」，據天史記卷五三引御史臺記改。

〔四四〕案：大典卷三五二七引實賓録無「令大標其題」至「士林之美稱也」。

〔四五〕競取杞梓爭收松竹　「取」、「收」，晉書卷九二袁宏三國名臣贊作「收」、「採」。

〔四六〕梁庾域沉静　「庾域」原作「庾城」，南史卷五六庾域傳：「庾域字司大，新野人也。〔中略〕長沙宣武王爲梁州，以爲録事參軍，帶華陽太守。」册府元龜卷七一七幕府部引並作「庾域」，據改。

〔四七〕瑾敏並挺杞梓之材　「並」字原闕，據北史卷六七論曰補。「材」，北史作「林」。

〔四八〕故東京謂郭氏瓊廚金穴　「穴」，太平廣記卷二三六奢侈引拾遺録作「窟」。

〔四九〕唐謝延皓　「謝延皓」，古今合璧事類備要外集卷六四錦繡門引同，唐摭言卷一〇作「謝廷浩」。

〔五〇〕與徐寅不相上下　「徐寅」，唐摭言卷一〇作「徐夤」，「寅」與「夤」二字通。

〔五一〕璿璣　案：劉禕五子見北齊書卷三五劉禕傳：「璿、玘、璞、瑗、瓚」，未有稱「璣」者。册府元龜卷八八三總録部、太平御覽卷三七九人事部兩書所稱「珠玉在旁」者僅劉瓚一人，與本條屬之「瓚、璣」二人有別，疑「璣」字爲衍文。

〔五二〕爽然照人　世説新語卷下容止劉孝標注引玠别傳作「朗然來照人」。

〔五三〕贍幹殊快　「快」原作「決」，據晉書卷六八顧榮傳改。

〔五四〕梁張率性寛雅　「性」字原闕，據南史卷三一張率傳補。

〔五五〕陳中書令孔奂見而嘆曰　四庫考證：「原本『奂』訛『莫』，據陳書改。」

〔五六〕南金東箭　「東箭」二字原闕，據涵本説郛卷三引實賓録補。

〔五七〕宦成名立　「宦」，晉書卷六八史臣曰作「官」。

〔五八〕晉郄詵　「郄詵」，晉書卷五二郤詵傳作「郤詵」，案：「郄」與「郤」古通用，皆可作姓氏。

〔五九〕唐崔祐甫爲穆氏四子講塾記曰　「塾」，全唐文卷四〇九穆氏四子講藝記作「藝」。

〔六〇〕和州刺史穆寧　「和州」，原作「利州」，據全唐文卷四〇九穆氏四子講藝記改。

〔六一〕濠梁宗匠　「濠梁」原作「膏粱」，據晉書卷七五范甯傳改，下改同。

〔六二〕正足以滅身覆國　「正」原作「止」，據晉書卷七五范甯傳改。

〔六三〕傅毅　原作「傅韶」，據文選卷一六别賦李善注改。

〔六四〕激昂清霄也　「清霄」，李太白文集卷二六與韓荆州書作「青雲」。

〔六五〕北齊宋世軌幼自修整　「修」，北齊書卷四六宋世軌傳作「嚴」。

〔六六〕後公權爲李聽夏州掌記　「李聽」原作「李聰」，南部新書作「李聽」，舊唐書卷一六五柳公權傳：「公權字誠懸。幼嗜學，十二能爲辭賦。元和初，進士擢第，釋褐秘書省校書郎。李聽鎮夏州，辟爲掌書記。」是「聰」乃「聽」字之訛，據改。

〔六七〕國楨也　「楨」，新唐書卷一四九劉晏傳作「瑞」。

〔六八〕每見山濱江畔有片景可探　「片」原作「少」，據全唐文卷五四四故四門助教歐陽詹文集序改。

〔六九〕宵不能釋　「宵」，全唐文卷五四四故四門助教歐陽詹文集序作「宵」。

〔七〇〕若此子家寶也　全唐文卷五四四故四門助教歐陽詹文集序作「此若家之寶也」。

〔七一〕文宗少府　「少」，北史卷四三論曰作「學」，案：「少府」爲官職，與上意不諧，作「學府」似於義爲長。

〔七二〕情無文飾智略疏通　北史卷四三論曰作「情無飾智，疏通簡易」。

〔七三〕陸昂嘗命其子與德林周旋　「陸昂」原作「陸昇」，北齊書卷三五陸卬傳：「陸卬，字雲駒。」職官分紀卷九作「陸昂」，案：「卬」古同「昂」，原書蓋作「昂」，故形訛作「昇」，今據職官分紀改。

〔七四〕隋柳顧言爲晉王諮議參軍　「柳顧言」，原作「柳願言」，北史卷八三柳䛒傳、隋書卷五八柳䛒傳皆作「柳顧言」，蓋「願」爲「顧」之形誤，據改。

〔七五〕而顧言爲之冠冕　北史卷八三柳䛒傳、隋書卷五八柳䛒傳「冠」下無「冕」字。

〔七六〕天下楷模　「楷模」，後漢書卷六七黨錮列傳作「模楷」。

〔七七〕沒有餘力　晉書卷九二袁宏傳作「沒有餘泣」。

〔七八〕四庫館臣案：「『遺愛』，始孔子稱子産，語見左傳，附記於此。」

〔七九〕每云不知比後當見能通者否　晉書卷四九阮脩傳「後」作「沒」，「否」作「不」。

〔八〇〕後來領袖方幹於朝者其在於卿乎　南齊書卷四三何昌寓傳作「後任朝事者，非卿而誰？」

〔八一〕不意明公謬顧不重　案：此句文義不洽，疑有誤。

〔八二〕神氣清茂　文選卷三八任昉爲蕭揚州薦士表作「神清氣茂」。

〔八三〕注云爲士人之冠首也　原闕，據大典卷一六二一八引實賓録補。「爲士人」，漢書卷九二陳遵傳如淳注作「爲後進人士」。

〔八四〕太傅明爽高亮　「爽」，晉書卷三三何曾傳作「朗」，疑避宋諱改。

〔八五〕執心洪毅　「洪」，晉書卷三三何曾傳作「弘」，疑避宋諱改。

〔八六〕通氏姓學　「學」字原闕，據新唐書卷一〇二李守素傳補。

〔八七〕李神俊名挺　「李神俊」，北史卷一〇〇李神儁傳作「李神儁」，「儁」，古同「俊」。

〔八八〕並悉忠貞練事　「貞」字原闕，據三國志卷二二魏書陳矯傳裴注引世語補。

〔八九〕陸胤　原作「業胤」，三國志卷六一吴書陸胤傳：「胤字敬宗，凱弟也。」則「業」爲「陸」字之誤，據改。

〔九〇〕胤身潔事濟　「胤」下原衍「毛」字，據三國志卷六一吴書評曰删。

〔九一〕三河領袖　「袖」原作「神」，魏書卷四五裴駿傳、北史卷三八裴駿傳並作「袖」，據改。下同。

〔九二〕號有道大人　「人」，北史卷三三李孝伯傳作「夫」。

〔九三〕周裴諏之也　「裴諏之」原作「裴諏人」，北齊書卷三五裴諏之傳、北史卷三八裴諏之傳並作「裴諏之」，據改。本條見北齊書卷三五裴諏之傳，今引之如下：「諏之，字士正，少好儒學，釋褐太學博士。嘗從常景借書百卷，十許日便返。景疑其不能讀，每卷策問，應答無遺。［中略］遷鄴後，諏之留在河南，西魏領軍獨孤信入據金墉，以諏之爲開府屬，號曰『洛陽遺彦』。」

〔九四〕時人謂之檢本角觝　「本」，太平廣記卷二六二嗤鄙引北夢瑣言、類説卷四三引並作「譜」。

〔九五〕晉王獻之嘗與兄徽之操之俱詣謝安　四庫館臣案：「世説注中興書云：『徽之，羲之第五子。』又王氏譜云：『操之，羲之第六子。』此書云羲之與兄徽之、操之詣謝安，『羲』當是『獻』字之誤。今改正附辨。」

〔九六〕兼善騎射　「射」字原闕，據晉書卷五〇曹志傳補。

〔九七〕支遁常目郄超　「郄超」，晉書卷六七郗超傳作「郗超」，案：「郄」，古同「郗」。

〔九八〕案：本條出晉書卷六七郗超傳，今迻録如下：「又沙門支遁以清談著名于時，風流勝貴，莫不崇敬，以爲造微之功，足參諸正始。而遁常重超，以爲一時之儁，甚相知賞。」

〔九九〕魏光乘目爲醉部落　「魏光乘」原作「魏光舉」，據太平廣記卷二五五嘲誚引朝野僉載改。太平廣記「落」下有「精」字。

〔一〇〇〕五代唐莊宗以盧程爲相　「爲」字原闕，據沈本説郛補。

〔一〇一〕俗物來敗人意　晉書卷四三王戎傳「物」下有「已復」二字。

〔一〇二〕從父恭寧祠先人　「恭寧」，晉書卷九四夏統傳作「敬寧」，疑因避宋諱改。

〔一〇三〕雲霧冥冥　「冥冥」，晉書卷九四夏統傳作「杳冥」。

〔一〇四〕流光電發　「光」原作「火」，據晉書卷九四夏統傳改。

〔一〇五〕張神劍謂畢師鐸曰　「張神劍」原作「張伸儉」，案：舊唐書卷一八二畢師鐸傳作「張神劍」，資治通鑑考異卷二五引十國紀年：「張雄，淮南人，善劍，號『張神劍』。」據改。

〔一〇六〕誦經不倦　「不」，海録碎事卷一九文學部引同，太平廣記卷一七五幼敏引王子年拾遺記作「口」。

〔一〇七〕案：本條出舊唐書卷七二李守素傳，今引之如下：「守素尤工譜學，自晉宋已降，四海士流及諸勳貴，華戎閥閲，莫不詳究，當時號爲『行譜』。」

〔一〇八〕大家　案：此處文義不相屬，疑有脱誤，其云「大家」見西京雜記卷二云：「其叔父曰：昔田文以此日生，其父嬰敕其母曰：『勿舉。』其母竊舉之。後爲孟嘗君，號其母爲『薛公大家』。」是知「大家」乃指「薛公大家」。

〔一〇九〕案：本條出後漢書卷一〇虞美人傳，今迻録如下：「虞美人者〔中略〕順帝既未加美人爵號，而沖帝早夭，大將軍梁冀秉政，忌惡佗族，故虞氏抑而不登，但稱『大家』而已。」

〔二〇〕字惠班　「惠班」原闕「班」字，據後漢書卷八四班昭傳補。

〔二一〕案：此處論霞帔之源流，與原書不發議論之體例不侔，蓋演繁露取之合爲一處，遂至混而不分，然無原書可對，姑仍存其舊。

實賓録卷十一

1 先生

唐尚宮宋若昭姊妹五人，皆入禁中。穆宗以若昭拜尚宫，歴憲、穆、敬三朝，皆稱「先生」，后妃與諸王率以師禮見。本傳

本條涵本説郛卷三引，據輯。

2 棘下生

鄭志曰：「張逸問書贊曰〔一〕：『我先師棘下生，何時人？』鄭玄答云：『齊田氏善學者所會處也。齊人稱之「棘下生」，無常人也。』」

3 杜田生

前漢田何，字子莊〔二〕，齊人。自孔子授易，傳至何。及秦焚書，以易爲卜筮之書，獨

不禁，何傳之不絶。漢興，與齊諸田徙杜陵，故號曰「杜田生」〔三〕。

4 江東生

唐羅隱詩名當世，仕吴越，爲司勳郎中。梁祖以諫議大夫召之，不行，自號「江東生」。

5 蘇門生

晉阮籍少時常遊蘇門山，有隱者莫知姓名，有竹實數斛、臼杵而已。籍從之，與談太古無爲之道，及論五帝三王之義，蘇門生蕭然曾不經聽〔四〕。籍乃對之長嘯，清韻響亮，蘇門生逌爾而笑。籍既嘯〔五〕，蘇門生亦嘯，若鸞鳳之音焉。〔六〕

6 衛先生

秦將白起伐趙，破長平軍，欲遂滅趙〔七〕，遣衛先生説昭王益兵糧，爲應侯所害，事用不成。其精誠上達于天，故太白爲之食昴。昴，趙分也。鄒陽上梁孝王書曰：「衛先生爲秦畫長平之事，太白食昴，昭王疑之。」

7 束先生

晉束皙，陽平元城人。太康中，郡界大旱，皙爲邑人請雨，三日而雨注，衆謂皙誠感，爲作歌曰：「束先生，通神明，請天三日甘雨零。我黍已育，我稷已生。何以疇之？報束先生〔八〕。」

8 祁先生

晉祁嘉，字孔賓。少清窮，好學。年二十餘，夜忽夢中有聲呼曰：「祁孔賓，祁孔賓！隱去來，隱去來！修飾人間事，甚善不可諧〔九〕。所得未毛銖，所喪如山崖。」後西游海渚，教授門生百餘人。張仲華徵爲儒林祭酒〔一〇〕。性和淡〔一一〕，教誨不倦，受業者二千餘人，天錫呼爲先生而不名。

9 劉先生

北齊楊遵彦以父見誅〔一二〕，乃變易姓名，自稱劉士安，入嵩山，與沙門曇謨徵等屏居削迹〔一三〕。又潛之光州，因入田横島，以講誦爲業，海隅之士謂「劉先生」。

10 王先生二則

唐文中子世家曰：「秀生二子，長曰玄謨，次曰玄則。謨以將略升，則以儒術進。玄則究道德，考經籍，謂功業不可以小成也，故卒爲洪儒。卿相不可以苟處也，故終爲博士。曰先師之職不可墜，故江左號『王先生』，受其道曰『王先生業』〔一四〕，於是大稱于儒門。」

楊晦之游吴楚，至烏江，聞王先生者有道術，因往謁之。風骨清美，談論高暢，不覺至夕。時八月十二日也，先生召其女七娘者，乃一老媪，齒髮盡衰。先生曰：「吾女也，惰不好道，今且老矣。」謂七娘曰：「可刻紙作今夕之月，置室之東垣上。」俄奇光焕發。相與玩話，寒氣逼人。及曉，先生以杖畫其庭〔一五〕，塵土暝晦，視其所居〔一六〕，則崖壑萬仞，叢林參天，前有大水，目之不極。晦之與先生皆立于水濱，驚悸歎駭。先生振衣揮斥，門庭如舊。

11 郭先生

水經〔一七〕

房陵縣有郭先生碑，先生名輔，字甫成，有孝友悦學之美，其女爲立碑于此，不知何代人也。

12 孟先生

唐皮日休孟亭記曰：「明皇世，章句之風大得建安體，論者推本翰林、工部爲尤。介其間能不愧者，惟吾鄉襄陽孟先生也。先生之作，遇景入詠，不拘其怪異，令齷齪束人口者，涵涵然有干霄之興。」

13 傅先生

昔有傅先生者，少好學道。入焦山石室中，積七年，太極老君詣之〔一八〕，與之木鑽，使穿一石，盤厚五尺許。云穿此盤，便當得道。其人乃晝夜穿之，積四十七年，鑽盡石穿，遂得神丹，乃升太清爲南岳真人。

14 石先生〔一九〕

石先生者，中黄丈人之弟子也，至彭祖時已年二千餘歲矣。初居貧身賤，不能服藥，乃養羊豬，十餘年間，約衣食節用，致貨萬金。

15 甯先生

甯先生者，古之神仙，在黄帝之前，常遊四海之外〔二〇〕。崑岳之下，有藺沙之地，去中都萬里。走其沙，隨步隨没〔二一〕，不知深淺，非得道之士，莫能涉之。沙如細塵，風吹成霧，泛泛而起〔二二〕。有石藍之花，輕而堅勁，一枝千花，千年一開，隨風靡靡，名曰「青藍花」〔二三〕，灼爍可觀。又有魚鼈蛇，飛于霧中。先生因採藍花，常游其地。又食飛魚而死，卧沙中二百餘年〔二四〕，蹶然而起，形容復故。乃作游海詩曰：「青藍灼灼千載舒，百齡暫死食飛魚。」

16 薊先生

後漢薊子訓有神異之道，嘗駕驢車，與諸生俱詣許下。道過滎陽，止主人舍，而所駕之驢忽然卒僵，疽蟲流出，主遽白之。子訓曰：「乃爾乎？」方安坐飯〔二五〕，食畢，徐出以杖扣之，驢應聲奮起，行步如初，即復進道。時有百歲公，自説童兒時見子訓齎藥于會稽市，顏色不異于今，猶駕昔所乘驢車也。見者呼之曰：「薊先生小住。」並行應之，視若遲徐，而馬不及。

17 于先生

吴孫策時，有道士于吉〔二六〕，先寓居東方，來吴會，立精舍，燒香讀道書，製作符水以療病，吴會人多事之。策嘗會客郡樓，吉趨度門下。諸將賓客三分之二下樓拜，止之不能。策即令收之。策母請曰：「于先生亦助軍作福，醫護諸將士，不可殺之。」策不從，俄見害而卒。

18 桓先生

宋桓闓，不知何許人，事陶隱居于茅山華陽館十餘年。立性端謹，執役之外，寂默無所爲。一日，有二青童一白鶴，自空而下，集于庭。隱居欣然而接，謂己當之。青童曰：「太上所命者〔二七〕，桓先生也。」隱居默記門人皆無姓桓者。索之，惟得執役桓闓焉。詰其所致，則曰：「常修默朝之道，親朝天帝已九年矣，故有今日之召。」闓于是服天衣，駕白鶴，升雲而去。

19 鄧先生

梁南岳鄧先生郁，隱居衡山極峻之嶺，斷穀三十餘年，唯以澗水服雲母屑，日夜誦大洞經，求白日昇仙。魏夫人忽來臨降，乘雲而至〔二八〕，謂郁曰：「君有仙分，所以故來，尋當相候〔二九〕。」無病而終，山南唯聞香氣，世未嘗有。

20 田先生

唐申先生元之〔三〇〕，不知何許人也。游名山，博採方術，得内修度世之道。帝游温泉，幸東都，元之扈從。善談清虚，每延問，動移晷刻。唯貴妃與内人趙雲容侍宸扆，得聞其論。雲容嘗侍茶，乘間乞藥以延生，元之曰：「我無所惜，但汝不久于世。」復懇不已，乃與絳雪丹一粒，曰：「服此死必不壞，但大其棺，廣其穴，含以珠玉，疏而有風，使魄不蕩空，魂不淪胥，則百年外可以復生矣。此太陰鍊形之道，即爲地仙，復百年遷洞天。」雲容俄卒，貴妃命中人陳元造如其言瘞之。至元和末已一百年，雲容果再生。元之亦隱顯無常，自號「田先生」。識者相傳元之魏時人，已數百歲矣。神仙傳〔三一〕

21 廖先生

唐蔣防爲連州静福山廖先生碑曰："沖，先生名也。清靈〔三二〕，先生字也。静福〔三三〕，先生家也。先生之名，玉堂金簡之名矣〔三四〕。先生之家，紅霞外景之家矣。至于鶴骨松貌，全淳合虚〔三五〕，寓形于人間，天地無累，與夫扶桑公、陶隱居、張天師遥爲師友矣。"

22 瞿硎先生

瞿硎先生〔三六〕，不得姓名。居宣城郡文脊山，有瞿硎，因以爲名。大司馬桓温嘗往造之，先生被鹿裘，坐于石室，神無忤色。

23 文始先生

周函谷關令尹喜，受道于老子，三年神異感通。老子知其道成德備，因授號曰"文始先生"、"無上真人"。

24 明真先生

天師寇謙之，遠祖仁，漢成帝時隱王屋山，白日昇天，號「明真先生」。

25 馬牧先生

後漢馬瑶，茂陵人。隱于汧山，以兔罝爲事。所居俗化，百姓美之，號曰「馬牧先生」。

26 玄德先生

後漢法真有清節，前後四召不就。友人郭正稱之曰：「法真名可得聞，其身難得而見，逃名而名我隨，避名而名我追，可謂百世之師者矣〔三七〕！」乃共刊石頌之，號曰「玄德先生」。

27 儒林先生

後漢常爽篤志好學，博聞强識。不事王侯，獨守閒静，講肄經典二十餘年，時號爲「儒林先生」。　本傳〔三八〕

28 簡寂先生

宋陸修靖專精教法〔三九〕，不捨寤寐。卜居廬岳，召赴金陵。一旦謂門人曰：「吾將還舊隱〔四〇〕。」俄偃然解化，膚色輝映，異香芬馥。廬山諸徒見電旌紛然〔四一〕，還止舊宇〔四二〕，斯須不知所在。詔以所居爲簡寂觀〔四三〕，謚曰「簡寂先生」。

29 妙德先生

宋袁燦清整有風操，自遇甚高，嘗著妙德先生傳以續嵇康高士傳後以自況〔四四〕，曰：「有妙德先生，陳國人也。氣志清虛，姿神清映，性孝履順，棲沖業簡，有舜之遺風。」

30 通隱先生

宋周續之，通儒學，累辟不就。武帝以布衣引見，清音高論，聽者忘疲，時號「通隱先生」。後入廬山依遠法師。今西林橋謂之「通隱」，乃其遺稱也。

31 織簾先生

梁沈麟士幼而俊敏，及長，博通經史，有高尚之心。居貧，織簾誦書，口手不息，鄉里號爲「織簾先生」。

32 上行先生

梁庾詵高蹈不仕，晚年尤遵釋教，宅内立道場，環繞禮懺，六時不輟。誦法華經，每日一遍。後夜中忽見一道人，自稱願公〔四五〕，容止甚異，呼詵爲上行先生，授香而去。中大通初年〔四六〕，因寢，忽驚覺曰：「願公復來，不可久住。」顔色不變，言終而亡。舉室咸聞空中唱「上行先生已生彌勒淨域矣〔四七〕」。

33 玄處先生

後魏劉延爽隱居酒泉〔四八〕，不應州郡命，教授爲業。蒙遜平酒泉，築陸沈觀于西苑，躬往禮焉，號「玄處先生」。學徒數百，月置羊酒。牧犍尊爲國師，親自致拜。

34 隱元先生〔四九〕

鄧世隆以史學稱當世。隋末，王世充兄子太戍河陽，引爲賓客。秦王攻洛陽，遣人諭太，世隆報書夸慢。洛陽平，亡命，變姓名，號「隱元先生」，棲白鹿山。後召爲國子主簿焉。

35 恬漠先生

大峭之西〔五〇〕，臨溪有恬漠先生翼神碑，蓋隱斯山也。其水北流注于河，河水翼岸夾山，危峰峻舉，群山疊秀，重嶺干霄〔五一〕。

36 廣文先生

唐鄭虔爲協律郎，開元皇帝愛其才，欲置左右，以虔不任職〔五二〕，更爲置廣文館，以虔爲博士。杜甫贈虔詩曰：「諸公衮衮登臺省，廣文先生官獨冷。」〔五三〕

37 玄靖先生

唐楊播，炎父也。舉進士，退居求志，玄宗召拜諫議大夫，棄官歸養。肅宗時，即家拜散騎常侍，號「玄靖先生」。

38 太和先生

唐嵩山太和先生王旻，得道者也。常遊名山五岳，貌如三十餘。天寶初，召至京師，帝與貴妃拜謁床下，訪以道術。旻學通内外，長于佛教，其告明皇大約在于修身儉約，慈心爲本〔五四〕。以帝不好釋典，旻每以釋教引之，于是廣陳報應，以開其志。帝雅信之。

39 文簡先生

唐吴融，山陰人。祖翥，有名，大中時，觀察使元晦召以補吏，不應。以詩五百篇致晦，晦高其概，言諸朝，賜號「文簡先生」。本傳〔五五〕

40 雲居先生

唐鄭損，盧藏用之甥也。高尚不仕，鄉里號爲「雲居先生」。大曆初，關東饑疫。損率其有力者每鄉爲墓，以葬棄屍，謂之鄉葬，翕然有仁義之聲。國史補〔五六〕

41 史遁先生

唐張薦，初爲史館修撰。朱泚之亂，變姓名伏匿城中，因號「史遁先生」〔五七〕。

42 文元先生

唐閻士和受業于蕭穎士。穎士卒〔五八〕，門人謚曰「文元先生」。士和著蘭陵先生誄〔五九〕、蕭夫子集論，因摧歷世文章，而盛推穎士所長，以爲「聞蕭氏風者，五尺童子羞稱曹、陸」。

43 昇元先生

唐馮宿爲昇元劉從政先生碑曰：「敬宗皇帝躬法服，御内殿，執弟子禮。翼日，下明詔加先生號曰『昇元先生』〔六〇〕。」

44 真隱先生

唐柴郎博通經史，召辟不就，時號「真隱先生」。

45 醉吟先生

白居易遭幼君，不合，放意文酒。居東都，所居履道里，疏池種樹，構石樓香山，鑿八節灘，自號「醉吟先生」。又稱香山居士〔六一〕。爲之傳，謂「醉吟相仍，若循環然。」

46 逍遥先生

五代晉鄭遨，字雲叟，避唐明宗祖廟諱，以二字行。少好學，敏于文辭，唐末見天下已亂，有拂衣遠去之意，遂隱居少室山。晉以諫議大夫召之不起，上表陳謝。高祖嘉之，尋賜號爲「逍遥先生」。

47 搢紳先生

五代江夢孫，頗蘊藝學，旁貫諸經，遠近宗仰。事繼母盡禮，諸生訪問經旨，敦遜謙

下，時號「搢紳先生」。一門百口，敦睦如一。子孫學業，各受一經。野録〔六二〕

48 元同先生

五代吴越閭丘方遠，少爲道士，辯慧。善法籙，好儒學，慕葛稚川、陶隱居爲人。吴越王錢鏐爲建天柱宫居之，表賜紫服，號曰「妙有大師元同先生」。

49 正一先生

五代江南道士譚紫霄有道術，能醮星象，禁詛鬼魅，住廬山棲隱洞。鄴僧于溪滸創亭宇，有爲頑石所礙，致工百倍，不能平之。紫霄往見曰：「斯固易矣！」以指捻訣，含水噀之，命鎚之，其石應手如粉，一旦而平。所獲醮祭之資，皆以待四方賓旅，室無囊箱，時號爲「譚先生」。閩王王昶遵事之，號爲「金門羽客正一先生」。

50 鬼谷先生

鬼谷先生，姓王，名詡〔六三〕，晉平公時隱居鬼谷〔六四〕。注：「徐廣曰：『潁川陽城有鬼谷，因以爲號。』」蘇秦、張儀，從之學縱横。二子欲馳騖於諸侯之國，以知詐相傾奪，不可化以至道。蘇秦、張儀學成别去，先生以履一隻，化爲犬，以引二子即日到秦。先生凝神守一，樸而不露。年數百歲，後不知所之。

51 龍丘先生

後漢任延爲會稽太守〔六五〕，吴有龍丘萇者，隱居不仕〔六六〕，志不降辱。掾吏白請召之，延曰：「龍丘先生躬德履義，有原憲、伯夷之節。都尉灑掃其門，猶懼辱焉，召之不可。」遣功曹奉謁，修書記，致醫藥，吏使相望於道。

52 楚丘先生

翟普林，楚丘人也。事親以孝聞。州郡辟皆不就，躬耕色養，鄉閭號爲「楚丘先生」。

53 中岳先生

北齊鄭述祖爲兖州刺史，初述祖父道昭爲兖州，於鄭城南小山起亭〔六七〕，刻石爲記。述祖時年九歲。及爲刺史，往尋舊迹，得一破石，有銘曰：「中岳先生鄭道昭之白雲堂。」述祖對之嗚咽，悲動群僚。

54 羅浮先生

唐軒轅集謂之羅浮先生，已數百歲而顔色不老，立於牀上而垂髪至地。

55 九華先生

五代南唐宋齊丘，爲洪州節度，不得志，上表乞罷鎮，歸九華舊隱。嗣主知其許，一表即許，賜號「九華先生青陽公」，食本縣租税。齊丘治大第於青陽，服御將吏，皆如王公，而忿鬱尤甚。未幾復爲洪州節度。江南録〔六八〕

56 東野先生

五代楚徐仲雅、馬希範命爲學士。希範創會春園及嘉宴堂，仲雅作詩以紀之，詞調清越，當時士流無不傳誦〔六九〕。性簡傲，好嘲噱，遇事輒無所畏避，嘗退處郊園，自號「東野先生」。本傳〔七〇〕

57 補唇先生

五代方干爲人缺唇，嘗應舉，有司議以干雖有才而缺唇，奏不第。後歸鑑湖十餘年，遇醫者補之，年已老矣，遂不復出。時號「補唇先生」。　本傳〔七一〕

58 跛子先生〔七二〕

五代江南朱弼，世籍爲儒，精究三傳〔七三〕，旁貫數經。爲國子助教，知廬山學。弼性嚴重，動執禮法，言語應答，皆適經術〔七四〕，曉析詳明，無所滯泥。然短一足，時諺謂之「跛子先生」。　本傳〔七五〕

59 負局先生

負局先生，不知何許人，語似燕代人。循吴市中，衒磨鏡，取一文。輒問主人，得無疾苦否，若有輒出紫色丸藥與之，莫不愈。

60 青精先生

青精先生年千歲，色如童子，步行日過五百里〔七六〕，能終歲不食，亦能一日九食。

61 張禄先生

秦范睢游諸侯，欲事魏王，以事忤中大夫須賈，魏相乃笞擊睢，折脅搯齒。睢佯死得出。魏人鄭安平匿之，更名姓曰張禄。時秦使謁者王稽於魏，安平言於稽曰：「臣里中有張禄先生，欲見言天下事。」遂載而之秦，卒爲秦相。

本條大典卷八五七〇引，據輯。

62 濟南伏生

後漢伏湛，九世祖勝，字子賤，所謂濟南伏生者也。

63 東海蕭生

漢蕭望之，東海蘭陵人。宣帝時，京師雨雹，望之上疏，陳災異之説。宣帝自在民間聞望之名，曰：「此東海蕭生邪？下少府問狀，無有所諱。」對奏，拜爲謁者。

64 九江祝生

漢鹽鐵贊曰：「九江祝生奮史魚之節，發憤懣，譏公卿，介然直而不撓，可謂不畏强禦矣。」

65 負心門生

唐宦者楊復恭定策立昭宗，以諸子爲州刺史，又養子六百人，監諸道軍。天下威勢，舉歸其門。凶肆益甚，帝命誅之，復恭出奔被殺。李茂貞劾復恭自謂隋諸孤，以恭帝禪唐，故名復恭。兄子守亮爲興元節度使，復恭與守亮書曰：「承天門者，隋家舊業也，兒但積粟訓兵，何進奉爲？吾披荆榛立天子〔七七〕，既得位，乃廢定策國老，奈負心門生何！」門生，謂天子也，其不臣類此。本傳〔七八〕

66 好腳跡門生

唐李太師逢吉知貢舉，榜成未放而入相。及入第就中書見座主〔七九〕，時謂「好腳跡門生」，前世未有。

本條涵本説郛卷三引，據輯。

67 青光先生　長里先生

人生有骨録〔八〇〕，必有篤志，道使之然〔八一〕。若青光先生、谷希子、南岳松子、長里先生、墨羽之徒，皆爲太極真人所友，或爲太上天帝所念者，興雲騰龍以迎之，故不學道而仙道自來也。過此以下，皆須篤志也。

校勘記

〔一〕鄭志曰張逸問書贊曰　「書贊」原作「張贊」，據水經注卷二六淄水引鄭志改。

〔二〕字子莊　四庫考證：「原本『莊』訛『士』，據史記、前漢書改。」

〔三〕故號曰杜田生　「杜田生」，漢書卷八八儒林傳引同，大典卷八五七〇引實賓録「田」下有「先」字。

〔四〕蘇門生蕭然曾不經聽　「生」下原有「出山」二字，據三國志卷二一魏書阮籍傳陳壽注引魏氏春秋删。

〔五〕籍既嘯　「嘯」，三國志卷二一魏書阮籍傳陳壽注引魏氏春秋作「降」。

〔六〕四庫館臣案：「晉書阮籍傳：『籍嘗於蘇門山遇孫登，與商略終古及棲神道氣之術，登皆不應，籍因長嘯而退。至半嶺，聞有聲若鸞鳳之音，響乎巖谷，乃登之嘯也。』與此小異。」

〔七〕破長平軍欲遂滅趙　四庫考證：「原本脱『破』字、『欲』字，據漢書蘇林注補。」

〔八〕報東先生　「先生」，大典卷八五七〇引實賓録同，晉書卷五一束晳傳作「長生」。

〔九〕甚善不可諧　「善」，大典卷八五七〇引實賓録同，晉書卷九四祈嘉傳作「苦」。

〔一〇〕張仲華徵爲儒林祭酒　「張仲華」，晉書卷九四祈嘉傳作「張重華」，案：「仲」與「重」音近可通，大典卷八五七〇引實賓録作「張仲華」。

〔一一〕性和淡　「淡」，大典卷八五七〇引實賓録同，晉書卷九四祈嘉傳作「裕」，疑避南朝宋武帝諱改。

〔一二〕北齊楊遵彦以父見誅　案：北齊書卷三四楊愔傳、北史卷四一楊愔傳並載其從兄幼卿以直言忤旨見誅，與此異。

〔一三〕與沙門曇謨徵等屏居削迹　「徵」字原闕，據大典卷八五七〇引實賓録補。

〔一四〕受其道曰王先生業　「曰」字原闕，據大典卷八五七〇引實賓録補。「業」，四庫本、大典本並誤作「集」，今據杜淹文中子世家改。

〔一五〕先生以杖畫其庭　「其」字原闕，據神仙感應傳卷五補。

〔一六〕視其所居　「視」字原闕，據神仙感應傳卷五補。

〔一七〕水經　原闕，據大典卷八五七〇引實賓録補。
〔一八〕太極老君詣之　「老」字原闕，據真誥卷五補。
〔一九〕石先生　神仙傳卷一作「白石生」。
〔二〇〕常遊四海之外　「常遊」二字原闕，據雲笈七籤卷八六尸解補。
〔二一〕走其沙隨步隨没　雲笈七籤卷八六尸解引無「走」字。
〔二二〕泛泛而起　「泛泛」原作「泠泠」，據雲笈七籤卷八六尸解改。
〔二三〕名曰青藍花　四庫考證：「原本『青藍』二字互倒，據王嘉拾遺記改。」
〔二四〕卧沙中二百餘年　雲笈七籤卷八六尸解引無「二」字。
〔二五〕方安坐飯　「飯」原作「飲」，據後漢書卷八二薊子訓傳改。
〔二六〕有道士于吉　後漢書卷三〇襄楷列傳范曄注引江表傳「于吉」作「干吉」。
〔二七〕太上所命者　「上」原作「山」，據太平廣記卷一五神仙引神仙感遇傳改。
〔二八〕乘雲而至　「乘」原作「垂」，據南史卷七六鄧郁傳改。
〔二九〕尋當相候　「當相候」三字原闕，據南史卷七六鄧郁傳補。
〔三〇〕唐申先生元之　「申」，原作「田」，大典卷七七五六引實賓録作「申」。案：「田」、「申」二字本形近易訛，太平廣記卷三三神仙引仙傳拾遺前段謂：「申元之，不知何許人也。遊歷名山，博採方術，有修真度世之志。」與大典同，惟後段則云：「元之尚來往人間，自號田先生。」歷世真仙體道通鑑卷三九引亦同，是「申元之」亦稱「田先生」。大典無「元之亦隱顯」至「已數百歲矣」一段，疑四庫館臣據他書改作「田先生」，以資一律。今從大典、太平廣記、歷世真仙體道通鑑改，以存其舊。

〔三一〕神仙傳　原闕，據大典卷七七五六引實賓録補。

〔三二〕清靈　「靈」，三洞群仙録卷八引實賓録同，全唐文卷七一九連州静福山廖先生碑銘并序作「虚」。

〔三三〕静福　三洞群仙録卷八引實賓録同，全唐文卷七一九連州静福山廖先生碑銘并序「福」下有「山」字。

〔三四〕玉堂金簡之名矣　「簡」原作「蘭」，據三洞群仙録卷八引實賓録改。

〔三五〕全淳合虚　「全」、「合」，三洞群仙録卷九引實賓録作「味」、「含」，全唐文卷七一九連州静福山廖先生碑銘并序作「泉」、「谷」。

〔三六〕瞿硎先生　四庫考證：「原本脱『硎』字，據晉書補。」

〔三七〕可謂百世之師者矣　四庫考證：「原本『世』訛『王』，據後漢書改。」

〔三八〕本傳　原闕，據大典卷八五七〇引實賓録補。

〔三九〕宋陸修靖專精教法　「陸修靖」，諸書引名各異，三洞群仙録卷一引道學傳、全唐文卷九二六簡寂先生陸君碑並作「陸修静」。能改齋漫録卷一五方物作「陸静修」，云：「廬山簡寂觀，乃陸静修之居也。」

〔四〇〕吾將還舊隱　「隱」字原闕，據三洞群仙録卷一引道學傳補。

〔四一〕廬山諸徒見電旆紛然　「電旆」，全唐文卷九二六簡寂先生陸君碑作「霓旌」。

〔四二〕還止舊宇　「宇」原作「隱」，據全唐文卷九二六簡寂先生陸君碑改。

〔四三〕詔以所居爲簡寂觀　「觀」，全唐文卷九二六簡寂先生陸君碑作「館」。

〔四四〕嘗著妙德先生傳以續嵇康高士傳後以自況　「高士傳後」原作「高士後傳」，據大典卷八五七〇引實賓録乙。

〔四五〕自稱顧公　四庫考證：「『顧公』，梁書作『願公』。」

〔四六〕中大通初年　「初年」，梁書卷五一庾詵傳、南史卷七六庾詵傳並作「四年」。

〔四七〕上行先生已生彌勒淨域矣　「勒」，梁書卷五一庾詵傳、南史卷七六庾詵傳並作「陁」。

〔四八〕後魏劉延爽隱居酒泉　「劉延爽」，大典卷八五七〇引實賓録同，北史卷三四劉延明傳、魏書卷五二劉昞傳並作「劉延明」。

〔四九〕隱元先生　「元」，新唐書卷一〇二鄧世隆傳作「玄」。

〔五〇〕大峭之西　水經注卷四河水作「太峭以東，西峭以西。」疑實賓録記載有誤。

〔五一〕重嶺干霄　大典卷八五七〇引實賓録無此四字。

〔五二〕以虔不任職　大典卷八五七〇引實賓録作「以不仕」。

〔五三〕四庫館臣案：「舊唐書云：『天寶九載，國子監置廣文館。』又唐語林云：『天寶中，國學增置廣文館，以領詞藻之士。鄭虔久被貶謫，是歲始還京師參選，除廣文館博士。』據二書所稱，則廣文館非爲鄭虔始置，第虔爲此官，適當置館時耳。實賓録原文未詳所本，今姑仍其舊而附記於此。」

〔五四〕慈心爲本　「心」原作「以」，據太平廣記卷七二道術引紀聞改。

〔五五〕本傳　原闕，據大典卷八五七〇引實賓録補。

〔五六〕國史補　原闕，據大典卷八五七〇引實賓録補。

〔五七〕因號史遁先生　舊唐書卷一四九張薦傳作「因著史遁先生傳」。

〔五八〕穎士卒　「穎士」二字原闕，疑涉上文「穎士」而脱。新唐書卷二〇二蕭穎士傳謂：「（穎士）後客死汝南逆旅，年五十二，門人共謚曰文元先生。」據補。

〔五九〕士和著蘭陵先生誄　「誄」，大典卷八五七〇引實賓録誤作「諫」，今據新唐書卷二〇二閻士和傳改。

〔六〇〕下明詔加先生號曰昇元先生　「昇元先生」，全唐文卷六二四大唐昇元劉先生碑銘作「檢校光禄少卿」。

〔六一〕案：「又稱香山居士」與下文義不洽，檢新唐書卷一一九白居易傳「醉吟先生」下原接「爲之傳」，疑「又稱香山居士」六字原爲小注，因鈔者不慎而誤入正文。

〔六二〕野録　原闕，據大典卷八五七〇引實賓録補。

〔六三〕名𥋂　「𥋂」，太平廣記卷四神仙引仙傳拾遺作「利」。

〔六四〕晉平公時隱居鬼谷　太平廣記卷四神仙引仙傳拾遺「時」下有「人」字。

〔六五〕後漢任延爲會稽太守　四庫考證云：「『太守』，後漢書作『都尉』，與此小異。」

〔六六〕隱居不仕　「不仕」，後漢書卷七六任延傳作「太末」。

〔六七〕初述祖父道昭爲兗州於鄭城南小山起亭　「兗州」，中華書局點校本北史卷三五鄭述祖傳校勘記據錢氏考異云：「述祖之父道昭，歷光青二州刺史，未嘗爲兗州。疑『兗』當作『光』，字之誤也。」又「金石補正卷一鄭道昭雲峰山石刻題銜爲光州刺史，〔中略〕知『兗』確是『光』之訛。」「鄭城」，點校本北史謂：「光州無『鄭城』，掖縣也不名『鄭城』，『鄭』乃涉上文『鄭兗州』而衍。」案：大典卷八五七〇引實賓録與四庫本同，疑出原書之誤，今姑存其舊。

〔六八〕江南録　原闕，據大典卷八五七〇引實賓録補。

〔六九〕當時士流無不傳誦　「時」原作「世」，據大典卷八五七〇引實賓録改。

〔七〇〕本傳　原闕，據大典卷八五七〇引實賓録補。

〔七一〕本傳　原闕，據大典卷八五七〇引實賓録補。

〔七二〕跛子先生　「子」原作「足」，大典卷八五七〇引實賓録、馬令南唐書卷二三朱弼傳並作「子」，據改。下改同。

〔七三〕精究三傳　「三」，大典卷八五七〇引實賓録同，馬令南唐書卷二三朱弼傳作「五」。

〔七四〕皆適經術　「術」，大典卷八五七〇引實賓録作「實」，疑誤。

〔七五〕本傳　原闕，據大典卷八五七〇引實賓録補。

〔七六〕步行日過五百里　「行」字原闕，據太平廣記卷二神仙引神仙傳補。

〔七七〕吾披荆榛立天子　「天」原作「太」，新唐書卷二〇八楊復恭傳作「天」，案：唐昭宗始封壽王，後楊復恭率兵迎立爲皇太弟，其事見新唐書卷一〇昭宗紀，蓋「太」爲「天」之形訛，據改。

〔七八〕本傳　原闕，據涵本説郛卷三引實賓録補。

〔七九〕及入第就中書見座主　「入第」，唐語林卷四企羨作「第入」。

〔八〇〕人生有骨録　「骨」字原闕，據真誥卷五甄命授補。

〔八一〕道使之然　「道」上原衍「于」字，據真誥卷五甄命授删。

實賓録卷十二

1 國士六則

漢馬援與公孫述少相善，述欲授援以大將軍位，援曰：「天下雌雄未定，公孫不吐哺迎國士，何足久稽天下士乎？」因辭歸。

魏杜畿初至許，見侍中耿紀，語終夜。尚書令荀彧與紀比屋，夜聞畿言，異之，旦遣人謂紀曰〔一〕：「有國士而朝不進〔二〕，何以居官？」既見畿，知之如舊相識，遂進畿于朝。

魏光禄大夫武周有三子，陔，字元夏。及二子韶，叔夏。茂，季夏，皆總角見稱，並有器望，雖鄉人諸父，未能覺其多少。時劉公榮，名知人，嘗造周。周以三兒求目高下。公榮與言語，觀其舉動，謂周曰：「君三子皆國士也。元夏器量優〔三〕，有輔佐之風，展力仕宦，可爲亞公。叔夏、季夏，不減常伯、納言也。」陔後爲左僕射，韶終于常侍，茂至侍中。

吴孫權嘗嘆曰：「吕蒙、蔣欽，富貴榮顯，更能折節好學，耽悦書傳，輕財尚義，所行可迹，並作國士，不亦休乎！」

晉王徽之有雋才，少爲桓沖參軍，從沖值雨，便下馬入沖車中，謂沖曰：「豈有獨擅一車，不容國士乎？」

晉潘岳懷舊賦云：「余總角而獲見，承戴侯之清塵。名余以國士，眷余以嘉姻。」注云：「戴侯，名肇，字秀初。」

2 賢士 三則

鄧騭爲大將軍，時人士荒饑，死者相望，盜賊群起，四夷侵叛。騭等從節儉〔四〕，罷力役，推進天下賢士何熙、祋諷〔五〕、羊浸、李郃〔六〕、陶敦等列于朝廷，辟楊震、朱寵、陳禪置之幕府，故天下復安。

後漢宋弘爲大司空，推進賢士馮翊、桓梁三十餘人，或相及爲公卿者。

吕子義，當世清賢士也。每往之處，嫌其設食〔七〕，懷乾糧而往。主人榮其降己，乃盛爲饌食，子義出懷中糧，求一杯水而食之，其清高如此。

3 義士 五則

後漢彭修，年十五時，父爲郡吏，得休，與修俱歸，道爲盜所劫，修困迫，乃拔佩刀前持盜帥曰：「父辱子死，卿不顧死耶？」盜相謂曰：「此童子義士也，不宜逼之。」遂辭謝而去。杜林弟成物故，隗囂聽林持喪東歸。既遣而悔，令刺客楊賢于隴氏遮殺之〔八〕。賢見林身推鹿車，載致弟喪，乃嘆曰：「當今之世，誰能行義？我雖小人，何忍殺義士！」

晉長沙王乂爲張方所殺〔九〕，將殯城東，官屬莫敢往，故掾劉佑獨送之〔一〇〕，步從喪車，悲號斷絶，悲感路人。張方以其義士，不之問也。

宋矩慷慨有志節，張仲華據涼州〔一一〕，以矩爲宛城都尉。石季龍遣將軍麻秋攻大夏，護軍梁彧執太守晏〔一二〕，以城應秋。秋遣晏以書致矩。矩既至，謂秋曰：「辭父事君，當立功與義；苟功義不立，當守名節。」矩終不背主覆宗，偷生于世。」先殺妻子，自刎而死。秋曰：「義士也！」命葬之。

劉敏元厲己修學〔一三〕，不能以險難改心。永嘉之亂，同縣管平年七十餘〔一四〕，隨敏元西行，爲盜所劫。敏元已免，乃還謂賊曰：「此公孤老，餘年無幾，敏元請以身代，願諸君舍之。」有一賊瞋目叱敏元曰：「吾不放此公，憂不得汝乎！」敏元奮劍曰：「吾豈望生耶！當殺汝而後死。」盜長遽止之，而相謂曰：「義士也！害之犯義。」乃俱免之。

4 正士二則

秦誓曰：「囚奴正士。」

魏司馬景王新統正〔一五〕，王基書戒之曰：「許允、傅嘏、袁侃、崔贊皆一時正士，有直質而無流俗心，可與同政事也。」景王納其言。

5 直士

唐李綱爲禮部尚書兼太子建成詹事，後太子寖狎亡賴，猜間朝廷，頻諫不聽，遂乞骸骨。帝罵曰：「卿爲潘仁長史，而羞朕尚書耶？」綱頓首曰：「潘仁，賊也，志殘殺，然每諫輒止，爲其長史，故無愧。陛下功成，厚自伐，臣言如持水内石，敢久爲尚書乎？且臣事東宮，東宮又與臣忤，是以上印綬。」帝謝曰：「知公直士，幸卒輔吾兒〔一六〕。」乃拜太子少保。

6 廉士

漢薛宣爲左馮翊，池陽令舉廉吏獄掾王立〔一七〕，府未及召，聞立受囚家錢。宣責其縣，案驗獄掾，乃其妻獨受，獄掾實不知。掾慙自殺。宣聞之，移書池陽曰：「縣所舉廉吏獄掾立，家私受賕，而立不知，殺身以自明。立誠廉士，甚可憫惜！其以府决曹掾書立之柩，以顯其魂。」

7 節士

後漢太原閔仲叔者，世稱節士，雖周黨之潔清，自以爲弗及也。黨見其含菽飲水，遺以生蒜，受而不食。注云：「仲叔，名貢〔一八〕。」

8 信士三則

尾生，古之信士，守志亡軀〔一九〕。

後漢范式，字巨卿。少遊太學，爲諸生，與汝南張劭爲友，劭字元伯〔二〇〕。二人並告歸鄉里。式謂元伯曰：「後二年當還，將過拜尊親，見孺子焉。」乃共尅期日。後期方至，元伯具以白母，請設饌以候之。母曰：「二年之别，千里結言，爾何相信之審耶？」對曰：「巨卿信士，必不乖違。」母曰：「若然，當爲爾醖酒。」至其日，巨卿果到，升堂拜飲，盡歡而别。

來歙論曰：「世稱來君叔天下信士。夫專使乎二國之間，豈厭詐謀哉？而能獨以信稱者，良其誠心在乎使兩義俱安，而己不私其功也。」兩國，謂光武遣使隗囂云。

9 智士二則

范睢，魏人。初，秦昭王使謁者王稽于魏。稽載睢入秦，至湖關〔三二〕，見丞相穰侯西來。穰侯至，謂稽曰：「得無與客子俱來乎？無益，徒亂人國耳。」稽曰：「不敢。」即别去。范睢曰：「吾聞穰侯智士也，其見事遲，鄉者疑車中有人，忘索之。」于是睢下車走，曰：「此必悔之。」行十餘里，果使騎還索車中，無客，乃已。稽遂與睢入咸陽。

蔡澤，燕人。聞應侯范睢任鄭安平、王稽皆負重罪于秦，應侯内慙，澤乃西入秦。將見昭王，使人宣言以感怒應侯曰：「燕客蔡澤，天下雄俊弘辯智士也。一見秦王，王必困君而奪君之位。」後果代相秦云。

10 貞士

唐李翶薦所知于張徐州曰：「兹有平昌孟郊，貞士也，伏聞執事舊知之。郊爲五言詩，自前漢李都尉、蘇屬國及建安諸子、南朝二謝，郊能兼其體而有之。李觀薦郊於梁補闕肅書曰：『郊之五言詩，其有高處，在古無上〔三三〕。其有平處，下顧兩謝。』韓愈送郊詩曰：『作詩三百首，杳默咸池音。』彼二子皆知言也，豈欺天下之人哉！郊窮饑，不得安養其親，周天下無所遇，作詩曰：『食薺腸亦苦，强歌聲無歡。出門即有礙〔三〕，誰謂天地寬！』其窮甚矣。」

11 烈士五則

漢王延壽靈光殿賦云：「忠臣孝子，烈士貞女。」注：「烈士，豫讓、聶政等。」

後漢劉平事母至孝，世亂與母俱匿野澤中。平朝出求食，逢餓賊，將烹平，叩頭曰：「今旦爲老母求菜，老母待以爲命，願得先歸，食母畢，還就死。」因涕泣，賊見其至誠，哀而遣之。平還，既食母訖，因白曰：「屬與賊期，義不可欺。」遂還詣賊。衆大驚，曰：「嘗聞烈士，今乃見之。子去矣，吾不忍殺子。」于是得全。

後漢梁鴻高尚不仕，至吴，依大家臯伯通。及卒，伯通爲求葬地于吴要離冢傍。咸曰：「要離烈士，而伯鸞清高，可令相近。」

唐姜寶誼拒宋金剛，爲賊所擒。帝聞爲泣下曰：「彼烈士，必不下賊，死矣！」果謀還，被害。且死，西向大呼曰：「臣無狀，負陛下。」

唐羅隱説石烈士曰：「石孝忠者，爲人猛悍多力。事李愬，爲前驅，信任與愬家人伍。元和中，蔡平，天子快之，詔韓公撰平蔡碑，將所以大丞相功業于蔡州。孝忠一旦熟視其文，大恚怒。因作力推去其碑，僅傾陊者再三，吏不能止〔二四〕。乃執詣節度使，悉以聞。具獄，將斃于碑下。孝忠度必死也，苟虛死，則無以明愬功。乃僞低畏若不勝按驗〔二五〕，伺吏隙，用枷尾拉一吏殺之。天子聞之怒，使送闕下。召見曰：『汝推吾碑，殺吾吏，謂何？』答曰：『臣事李愬歲久，且吴秀琳，蔡之姦賊也，而愬降之。李祐，蔡之驍將也，而愬擒之。蔡之爪牙，脱落于是矣。及元濟縛，雖丞相與二三輩，不能先知也。蔡平之後，刻石紀功，盡歸丞相，而愬名第與光顔、重胤齒，愬固無所言矣。設不幸更有一淮西，其將略如愬者，復肯爲陛下用乎？賞不當功，罰不當罪，非陛下所以勸人也。臣所以推去碑者，不惟明愬之績，亦將爲陛下正賞罰之源。臣不推碑，無以爲吏擒。臣不殺吏，無以見陛下。臣死不容時矣，請就刑。』憲宗既得淮西本末，且多其義，遂赦之，因命曰『烈士』。復召段平仲撰碑，如孝忠語云。」

12 俊士三則

漢蒯通，方曹參爲齊相，禮下賢人，請通爲客。通謂相國曰：「齊東郭先生、梁石君二人，齊之俊士也。隱居不仕，未嘗卑節下意以求仕也。願足下使人禮之。」曹相國曰：「敬受命。」皆以爲上賓。

魏應璩與苗君胄書曰：「伊尹輟耕，郅惲投竿。」注云：「東觀記：郅惲，汝南人。鄭次都隱于弋陽山中，惲即去，從次都止，漁釣甚娱，留數日〔二六〕。惲喟然嘆曰：『天生俊士，以爲人也〔二七〕。鳥獸不可以同群。子從我爲伊、吕乎〔二八〕，將爲巢、許而去堯、舜也〔二九〕？』次都曰：『吾年耄矣，安得從子？子勉正性命，勿勞神以害生。』告别而去。惲客于江夏，郡舉孝廉爲郎。」

魏夏侯霸奔蜀，朝士問京師俊士，霸曰：「有鍾士季，其人管朝政，吴、蜀之憂也。」

13 奇士八則

趙堯爲符璽御史。趙人方與公謂御史大夫周昌曰：「君之史趙堯，年雖少，然奇士〔三〇〕，君必異之，是且代君之位。」

馮唐，武帝初即位，求賢良，舉唐。時年九十餘，不能爲官，乃以子遂爲郎。遂字王孫，亦奇士。

司馬遷書曰：「僕與李陵俱居門下，觀其爲人，自守奇士，事親孝，與士信，臨財廉，取予義，嘗思奮不顧身以徇國家之急，其素所蓄積也。」

漢朱雲以直諫不復仕，常居鄠田，時出乘牛車從諸生，所過皆恭事焉。薛宣爲丞相，雲往見之。宣備賓主禮，因留宿，從容謂曰：「在田野無事，且留我東閤，可以觀四方奇士。」雲應之曰：「小生乃欲相吏耶？」宣不敢言。注云：「小生謂其新學後進。言欲以我爲吏乎？」

王莽時，連率韓博上言：「有奇士，自稱巨無霸〔三一〕，長丈〔三二〕，大十圍，軺車不能載，三馬不能勝。」

晉周伯仁少有重名。司徒掾同郡賁嵩有清操，見顗，嘆曰：「汝潁固多奇士！自傷雅道陵遲〔三三〕，今復見周伯仁，將振起舊風，清我邦族矣。」

隋李德林聰明穎悟，任城王遣尚書令楊遵彥書曰〔三四〕：「燕、趙固多奇士，此言誠不謬。今歲所貢秀才李德林者，文章學識，固不待言，觀其風神氣宇，終爲棟梁之用〔三五〕。」

唐鄭注，詭譎陰狡。初依襄陽節度使李愬，挾邪市權，舉軍惡之。監軍王守澄白愬，愬曰：「然彼奇士也，將軍試與語。」守澄初不納，既坐，機辯橫生，鈎得其意，守澄大驚，引至後堂，語終夕〔三六〕，恨相見晚。謂愬曰「誠如公言」云。

14 雅士

魏邢顒爲平原侯植家丞，顒防閑以禮，無所屈撓，由是不合。庶子劉楨書諫植曰：「家丞邢顒，北土之彦，少秉高節，玄静澹泊，言少理多，真雅士也。」

15 志士三則

後漢朱暉性矜嚴，進止必以禮，諸儒稱其高。顯宗舅新陽侯陰就慕暉賢，自往候之，暉避之不見。復遣家丞致禮，暉遂閉門不受。就聞，嘆曰：「志士也，勿奪其節。」

後漢祭肜論曰〔三七〕：「時政平則文德用，武略之士無所奮其力能，故漢世有發憤張膽，争膏身于夷狄以要功名，多矣。祭肜、耿秉啓匈奴之權，班超、梁慬奮西域之略〔三八〕，卒能成功立名，享受爵位，薦功祖廟，勒勛于後，亦一時之志士也。」

吴陸績出爲鬱林太守，加偏將軍，意在儒雅，非其志也。自知亡日，乃爲辭曰：「有漢志士吴郡陸績，幼敦詩、書，長玩禮、易，受命南征，遘疾遇厄，遭命不幸，嗚呼悲隔！」

16 佳士五則

晉劉隗以王敦威權大盛，終不可制，勸帝出心腹〔三九〕，以鎮方隅。乃以譙閔王承爲湘州刺史，王敦謂之曰：「大王雅素佳士，恐非將相才也。」承曰：「公未見知爾，鉛刀豈不一割乎！」承以敦欲測其情，故發此言。敦果謂錢鳳曰：「彼不知懼而學壯語，此之不武，何能爲也。」敦後遣兵攻承害之。

任愷子罕，幼有門風，才望不及愷，以淑行致稱，爲清平佳士。

魏楊俊自少及長〔四〇〕，以人倫自任。同郡審固、陳留衛恂本皆出自兵伍，俊資拔獎致，咸作佳士。

劉璠降達奚武，周文見之如舊，謂僕射申徽曰：「劉璠佳士，古人何以過之！」

唐徐晦、郭承嘏，史臣曰：「徐、郭讜言，鬱爲佳士。」

17　辯士三則

秦王稽自魏載范睢歸，更名姓曰「張禄」。既入咸陽，稽因言曰：「魏有張禄先生，天下辯士也。曰『秦王之國危如累卵，得臣則安。然不可以書傳也。』臣故載來。」秦王弗信，使舍食草具，待命歲餘。

范睢言蔡澤辯士。〔四一〕

本條涵本説郛卷三引，據輯。

太史公謂陸賈辯士。〔四二〕

本條涵本説郛卷三引，據輯。

18 良士三則

呂氏春秋曰：「古之善相馬者，管青相脣吻，秦牙相前，皆天下之良士也。若趙之王良，秦之伯樂、九方歅，盡其妙矣。」〔四三〕

蜀董厥爲丞相府令史，諸葛亮稱之曰：「董令史，良士也。吾每與之言，思慎宜適。」

唐尉遲敬德初從劉武周，未幾與尋相舉地降，秦王引爲右府統軍。俄尋相叛，諸將疑敬德且亂，囚之。秦王曰：「敬德必叛，寧肯後尋相叛乎？」引見卧内，曰：「丈夫以氣相許，小嫌不足置胸中，我終不以讒害良士。」

19 壯士十則

漢高祖起豐沛，縱所送徒驪山，徒中壯士願從者十餘人。高祖被酒，夜經澤中，令一人前行，行前者還報曰：「前有大蛇當徑，願還。」高祖醉，曰：「壯士行，何畏！」乃前，拔劍擊斬蛇。　本紀〔四四〕

漢高祖與項羽會鴻門，亞父謀殺高祖。樊噲居營外，持盾直撞入帳下。羽目之，問爲誰。張良曰：「沛公參乘噲也。」羽曰：「壯士。」賜之巵酒彘肩。噲既飲酒〔四五〕，拔劍切肉食

之。羽曰：「能復飲乎？」噲曰：「臣死且不辭，豈特卮酒乎！」是日微噲奔入營譙讓項羽，高祖幾殆。　本傳〔四六〕

漢韓信，初，淮陰少年侮信曰：「雖長大，好帶刀劍，怯耳。」衆辱信曰：「能死，刺我；不能，出跨下。」于是信熟視，俛出跨下，一市皆笑信，以爲怯。信爲楚王，召辱己令出跨下者，以爲中尉，告諸將曰：「此壯士也。方辱我時，寧不能死？死之無名，故忍而就此。」

本傳〔四七〕

漢季布贊曰：「以項羽之氣，而季布以勇顯名楚，身履軍搴旗者數矣，可謂壯士。」又季布初匿朱家，朱家謂滕公曰：「以季布之賢，漢求之急如此，此不北走胡，南走越耳。夫忌壯士以資敵國，此伍子胥所以鞭荆平之墓也。」　本傳〔四八〕

漢彭越謀反，上赦以爲庶人，徙蜀青衣。西至鄭，逢呂后從長安東，欲之雒陽，道見越。越爲呂后泣涕，自言亡罪，願處故昌邑。后許諾，詔與俱東。至雒陽，呂后言上曰：「彭越壯士也，今徙之蜀，自此遺患，不如遂誅之。妾謹與俱來。」于是呂后令其舍人告越復謀反，夷越三族。　本傳〔四九〕

漢韓安國曰：「魏其言灌夫父死事，身荷戟馳不測之吴軍，身被數十創，名冠三軍，此天下壯士。」　灌夫傳〔五〇〕

蜀諸葛亮謂孫權曰：「田横，齊之壯士爾，猶守義不辱，況劉豫州王室之胄，英才蓋世，衆士慕仰，安能復爲曹操之下乎！」 本傳〔五一〕

晉西涼張駿遣治中從事張淳稱藩于蜀〔五二〕。李雄將於東峽〔五三〕，淳曰：「寡君使小臣萬里表誠者〔五四〕，誠以陛下矜戮力之臣故也。若欲殺臣者，當顯於都市，宣示衆目，云涼州不忘舊義，通使瑯玡，主聖臣明，發覺殺之。當令義聲遠著〔五五〕，天下畏威。今盜殺江中〔五六〕，威亦不顯〔五七〕，何足以揚休烈，示天下也。」雄曰：「張淳壯士，宜留任之〔五八〕。」雄曰：「壯士豈爲人留。」厚禮遣之。

本條大典卷一三四五一引，據輯。

隋劉昶〔五九〕，居士父。昶在周，尚公主。居士爲千牛備身，不遵法度，取公卿子弟膂力雄健者，輒將歸家，以車輪括其頸而棒之。殆死能不屈者，稱爲壯士，釋而與之交。

五代吴壽州團練使鍾泰章，諸子及其壻皆縱恣，爲郡人患。有告泰章侵市官馬，徐知誥稱王命，使徐州刺史王稔巡霍丘〔六〇〕，因爲壽州團練使，以泰章爲饒州刺史。召至金陵，徐温使陳彦謙三詰之，皆不對。或謂之曰：「公自壽徙饒，乃左遷也，胡不自明？」泰章曰：「吾在揚州，十萬軍中號爲壯士。壽州去淮數里，步騎不下五千，苟有他志，豈王稔單騎可代！我義不負國，雖黜爲縣令且行，況刺史乎！何爲自辯，彰朝廷之失〔六一〕！」聞者

嘉之。　十國紀年〔六二〕

20 勇士

漢田延年，方昌邑王淫亂，霍光與公卿議廢之，莫敢發言。延年時爲大司農，按劍廷叱群臣，即日議決。後延年有罪，田廣明謂杜延年：「春秋之義，以功覆過。當廢昌邑王時，非田子賓之言大事不成。」延年言之大將軍，大將軍曰〔六三〕：「誠然，實勇士也！當發大議時，震動朝廷。」光因舉手自撫心曰：「使我至今病悸。」　本傳〔六四〕

21 豪士三則

道學傳：豪士，號「鬼谷先生」，教弟子蘇秦、張儀。〔六五〕

吕氏春秋曰：「老聃、孔子、墨翟、關尹、子列子、陳駢、楊朱、孫臏、王廖、倪良〔六六〕，此十者，皆天下豪士也〔六七〕。」

晉齊王冏矜功自伐，受爵不讓，陸機惡之，作豪士賦以刺。

22 狂士

魏隱士焦先，字孝然，河東人。初與同郡侯武陽相隨，後關中亂，先失家屬，獨竄于江渚間，食草飲水，無衣履。時大陽長朱南望見之，謂爲狂士〔六八〕，欲遣船捕取。武陽語縣：「此狂癡人爾！」然行不踐邪徑，饑不苟食，寒不苟衣，由是人頗疑其不狂。

23 髦士

魏吉茂兄黄爲長陵令。時長吏禁擅去官，而黄聞司徒趙温薨，自以爲故吏，違科奔喪，爲司隸鍾繇所收，遂伏法。茂時白衣，始有清名于三輔，以爲兄坐追義而死，怨怒不肯哭〔六九〕。至歲終，繇舉茂。議者以爲茂必不就，及舉既到而茂就之，故時人或以茂爲畏繇，或以茂爲髦士也。

24 寒士三則

齊劉祥性韻剛疏，輕言肆行，不避高下。爲正員郎，司徒褚彦回入朝，以腰扇障日，祥從側過曰：「作如此舉止，羞面見人，扇障何益？」彦回曰：「寒士不遜。」祥曰：「不能殺袁

劉，安得免寒士？」 本傳〔七〇〕

後周劉璠少好讀書，兼善文筆〔七一〕。年十七〔七二〕，爲梁上黄侯蕭曄所器重。范陽張綰，梁之外戚，才高口辯，見推于世。以曄懿貴，亦假借之。璠年少未仕，而負才使氣，不爲之屈。綰嘗于新渝侯宅，因詬京兆杜杲曰：「寒士不遜。」璠厲聲曰：「此坐誰非寒士？」璠本意在綰，而曄以爲厲己，辭色不平。璠曰：「何王之門不可曳長裾也！」遂拂袖而去。曄謝之，乃止。 本傳〔七三〕

褚彦回謂謝超宗曰：「寒士不遜。」 本傳〔七四〕

本條涵本説郛卷三引，據輯。

25 貧士

晉劉寔位太尉。少貧窶，及位通顯，每崇儉素，不尚華麗。嘗詣石崇家，如厠，見有絳紋帳〔七五〕，裀褥甚麗，兩婢持香囊。寔便退，笑謂崇曰：「誤入卿内。」曰：「是厠耳。」寔曰〔七六〕：「貧士未嘗得此。」乃更如他厠。 本傳〔七七〕

26 居士九則

魏胡昭居陸渾山中，躬耕樂道，以經籍自娱。閭里敬而愛之。漢末，寇賊到陸渾南長樂亭，自相誓約，言：「胡居士賢者也，一不得犯其部落。」一州賴昭，咸無怵惕。

晉郄尚書與謝居士善，常謂慶緒識見雖不絶人，可以累心處都盡。注云：「郄尚書，恢也。謝敷，字慶緒。」

謝朓文章盛于一時，見到洽深相賞好〔七八〕，每稱其兼資文武。朓後爲吏部，欲薦之，洽覩時方亂，深相拒絶，遂築室巖阿，幽居積歲，時人號曰居士。

宋明僧紹，高尚不仕，齊高帝後謂其弟慶符曰：「卿兄高尚其事，亦堯之外臣。朕夢想幽人，固已勤矣。所謂『逕路絶，風雲通』。」仍賜竹根如意、筍籜冠，隱者以爲榮焉。渤海封延伯者，高行之士也，聞之嘆曰：「明居士身彌後而名彌先。」

齊何點隱居不仕。既老，娶魯國孔嗣女，嗣亦隱者。點雖婚，亦不與妻相見，築別室以處之，人莫諭其意。吴國張融少時免官，而爲詩有高言，點答曰：「昔聞東都日，不在簡書前。」雖戲而融久病之。及點後婚，融始爲詩贈點曰：「惜哉何居士，薄暮遘荒淫。」點亦病之。

阮孝緒，尉氏人。年十三，遍通五經。十五冠而見其父彦之〔七九〕，曰：「願迹松子于瀛海，追許由于空谷〔八〇〕，庶保促生，以免塵累。」自是屏居一室，非定省未嘗出户，家人莫見其面，親友因呼爲居士。

後魏盧景裕，少敏，專經爲學。避地太寧山，不營世事。叔父同職居顯要，而景裕止于園舍，情均郊野。謙恭守道，正素自得〔八一〕，由是世號居士。

後周韋夐，志尚夷簡，淡于榮利，高尚不屈。所居之宅，枕帶林泉。夐對玩琴書，蕭然自逸，時人號曰居士。

南海郡有楊居士，亡其名，以居士自目。往來南海枝郡，常自言有奇術。郡太守好奇者，每厚其禮，宴遊未嘗不召。一日使酒而忤太守，太守不能容。後又宴于郡齋，閲妓樂，而居士不得預。有謂居士曰：「太守宴而先生不得預，先生常自負有奇術，能設術以動之乎？」居士笑曰：「此末術耳，爲君召妓。」因命具酒肴，又命小童閉西廡下空屋。久之啓户，有三四美人出，裝飾擕樂而至，列坐奏樂。客或訊其所自，皆笑而不言。夜分，居士命妓婦起，入空室中。衆疑其鬼物。來日，有謁于太守者云：「昨日郡會，樂妓無何皆仆地，瞬目又暴風，飄其樂懸而去。夜分，諸妓方寤，樂懸亦歸于舊所。問諸妓，嘿無所見，不窮其由。」太守驚，謝遣之，不敢留郡中。

27 **醉士**〔八二〕

唐皮日休爲鹿門隱士書六十篇，其序曰：「醉士隱於鹿門，不醉則遊，不遊則息。息於道，思其所未至。息於文，慚其所未周。故復草隱士書焉〔八三〕。」文粹〔八四〕

28 **善士**

孟子曰：「薛居州，善士也。」

本條涵本説郛卷三引，據輯。

29 **塵外士**二則

晉向秀與嵇康爲物外游，康既被誅，秀應歲舉到京師，司馬文王問曰：「子嘗自云塵外之士，今安得來乎？」答曰：「臣爲巢、許狂狷，不足慕故也。」乃授之驃騎府從事。

宋謝靈運嘗著一齒屐以詣太宰，公曰：「此塵外之士也。」

30 方外士〔八五〕

晉阮籍雖不拘禮教，然性至孝。母終，正與人圍棊，對者求止，籍與決賭。既而飲酒二斗，號一聲，吐血數升。及將葬，食一蒸肫，飲酒二升，然後臨訣，直言窮矣，舉聲一號，因又吐血數升。毁瘠骨立，殆致滅性。裴楷往弔之，籍散髮箕踞，醉而直視，楷弔畢便去。或問楷：「凡弔者，主哭，客乃爲禮。籍既不哭，君何爲哭？」楷曰：「籍既方外之士，故不崇典禮。我俗中之士，故以儀軌自居。」時人嘆爲兩得〔八六〕。

校勘記

〔一〕旦遣人謂紀曰　「旦」原作「且」，據三國志卷一六魏書杜畿傳注引傅子改。

〔二〕有國士而朝不進　三國志卷一六魏書杜畿傳注引傅子「而」下無「朝」字。

〔三〕元夏器量優　三國志卷二七魏書胡質傳注引虞預晉書「量」下有「最」字。

〔四〕騭等從節儉　後漢書卷一六鄧騭列傳「從」作「崇」。

〔五〕祋諷　四庫考證：「原本『祋』訛『被』，據後漢書改。」

〔六〕李部　原作「李部」，後漢書卷八二李部傳：「李部字孟節，漢中南鄭人也。」據改。

〔七〕嫌其設食　太平御覽卷四二六人事部引物理論「設」下有「酒」字。

〔八〕令刺客楊賢于隴氏遮殺之　四庫考證：「原本『賢』訛『覽』，據後漢書改。」「氏」，後漢書卷二七杜林傳作「坻」。

〔九〕晉長沙王乂爲張方所殺　「乂」原作「義」，據晉書卷五九長沙王乂傳改。

〔一〇〕故掾劉佑獨送之　「劉佑」原作「劉佐」，晉書卷五九長沙王乂傳作「劉佑」，册府元龜卷八〇二總録部云：「劉佑爲長沙王乂掾」，據改。

〔一一〕張仲華據涼州　「張仲華」，晉書卷八九宋矩傳作「張重華」。

〔一二〕護軍梁彧執太守晏　「梁彧」，中華書局點校本晉書卷八九宋矩傳作「梁式」，校勘記云：「『式』，各本作『彧』，唯宋本作『式』，與張重華傳、通鑑九七合。」

〔一三〕劉敏元厲己修學　「厲」原作「廉」，據晉書卷八九劉敏元傳改。

〔一四〕同縣管平年七十餘　「管平」原作「官平」，據晉書卷八九劉敏元傳改。

〔一五〕魏司馬景王新統正　「景王」原作「宣王」，案：司馬懿爲宣王，嘉平三年卒，時值景王掌權之初，故王基爲之建言。太平御覽卷四二七人事部引魏志：「王基，字伯輿，東萊人。爲荆州刺史，書戒司馬景王曰〔中略〕景王納其言。」三國志卷二七魏書王基傳引亦同，今據改，下同。

〔一六〕幸卒輔吾兒　「幸」字原闕，據新唐書卷九九李綱傳補。

〔一七〕池陽令舉廉吏獄掾王立　四庫考證：「原本『獄』訛『後』，據後漢書改。」

〔一八〕名貢　「貢」下原有「士」字，後漢書卷五三閔仲叔傳注引謝沈書：「閔貢字仲叔」，知「士」字當衍，據删。

〔一九〕守志亡軀　「亡」原作「忘」，據漢書卷五一鄒陽傳師古注改。

〔二〇〕與汝南張劭爲友劭字元伯　原作「與汝南張邵字元伯爲友」，據後漢書卷八一范式傳改。

〔二一〕至湖關　史記卷七九范雎傳「湖」下無「關」字。

〔二二〕在古無上　「古」原作「高」，據唐詩紀事卷三五、全唐文卷六三五薦所知於徐州張僕射書改。

〔二三〕出門即有礙　「即有礙」，唐詩紀事卷三五引同，全唐文卷六三五薦所知於徐州張僕射書作「如有閡」。

〔二四〕吏不能止　「止」原作「正」，據全唐文卷八九六羅隱説石烈士改。

〔二五〕乃僞低畏若不勝按驗　「低」原作「祇」，據全唐文卷八九六羅隱説石烈士改。

〔二六〕留數日　文選卷四二應璩與從弟君苗君胄書李善注引東觀漢記「數」下有「十」字。

〔二七〕以爲人也　四庫考證：「原本『人』訛『名』，據後漢書改。」

〔二八〕子從我爲伊吕乎　「伊吕」，文選卷四二應璩與從弟君苗君胄書李善注引東觀漢記作「伊尹」。

〔二九〕將爲巢許而去堯舜也　四庫考證：「『去堯舜』，漢書郅惲傳注作『父老堯舜』，與此異。」

〔三〇〕然奇士　「士」，史記卷九六張丞相列傳作「才」。

〔三一〕自稱巨無霸　「巨無霸」，漢書卷九九王莽傳作「巨毋霸」，「無」與「毋」二字通。

〔三二〕長丈　「丈」字原闕，據漢書卷九九王莽傳補。

〔三三〕自傷雅道陵遲　晉書卷六九周顗傳「傷」作「頃」。

〔三四〕任城王遺尚書令楊遵彦書曰　「任城王」原作「成王」，據隋書卷四二李德林傳改。「楊遵彦」原作「王遵彦」，北齊書卷三四楊愔傳：「楊愔，字遵彦，小名秦王，弘農華陰人。〔中略〕天保初，以本官領太子少傅，别封陽夏縣男。又詔監太史，遷尚書右僕射。」隋書卷四二李德林傳引同作「楊遵彦」，據改。

〔三五〕終爲棟梁之用　「棟梁」原倒作「梁棟」，據隋書卷四二李德林傳乙。

〔三六〕語終夕　「語」字原闕，據新唐書卷一七九鄭注傳補。

〔三七〕後漢祭肜論曰　「祭肜」，東觀漢記卷九祭肜傳引同，後漢書卷四七論曰作「祭彤」。

〔三八〕班超梁慬奮西域之略　「梁慬」原作「梁謹」，後漢書卷四七梁慬傳：「梁慬字伯威，北地弋居人也。」據改。「西域」原作「西越」，據後漢書卷四七論曰改。

〔三九〕勸帝出心腹　「心腹」原倒作「腹心」，據晉書卷三七閔王承傳乙。

〔四〇〕魏楊俊自少及長　「楊俊」原作「陳俊」，三國志卷二三楊俊傳：「楊俊字季才，河内獲嘉人也。受學陳留邊讓，讓器異之。〔中略〕俊自少及長，以人倫自任。」據改。

〔四一〕案：本條見史記卷七九蔡澤傳，今引之如下：「後數日，入朝，言於秦昭王曰：『客新有從山東來者曰蔡澤，其人辯士，明於三王之事，五伯之業，世俗之變，足以寄秦國之政。』」

〔四二〕案：本條見史記卷九七陸賈傳太史公曰，今引録如下：「余讀陸生新語書十二篇，固當世之辯士。」

〔四三〕四庫館臣案：「今本吕氏春秋云：『古之善相馬者，寒風是相口齒，麻朝相頰，子女厲相目，衛忌相髭，許鄙相𦙶，投伐褐〔案：「褐」字原闕，據吕氏春秋卷二〇恃君覽觀表補〕相胸脅，管青相䐈肳，陳悲相股脚，秦牙相前，贊君相後。此十人者，皆天下之良工也。』實賓録『良工』作『良士』，『䐈肳』作『脣吻』，與本書異。」

〔四四〕本紀　原闕，據大典卷一三四五一引實賓録補。

〔四五〕噲既飲酒　「噲」字原闕，據大典卷一三四五一引實賓録補。

〔四六〕本傳　原闕，據大典卷一三四五一引實賓録補。

〔四七〕本傳　原闕，據大典卷一三四五一引實賓録補。

〔四八〕本傳　原闕，據大典卷一三四五一引實賓録補。

〔四九〕本傳　原闕，據大典卷一三四五一引實賓録補。

〔五〇〕灌夫傳　原闕，據大典卷一三四五一引實賓録補。

〔五一〕本傳　原闕，據大典卷一三四五一引實賓録補。

〔五二〕晉西涼張駿遣治中從事張淳稱藩于蜀　「張駿」原作「張雄」，案：前涼諸王無稱張雄者，疑涉下文李雄而誤，晉書卷八六張駿傳作「張駿」，據改。本書兩次稱「張駿」皆歸之於「西涼」，與後作

「前涼」有别。

〔五三〕李雄將於東峽　「李雄」原作「李淳」，晉書卷八六張駿傳：「（李）雄怒，僞許之，將覆淳於東峽。」據改。

〔五四〕寡君使小臣萬里表誠者　「君」字原闕，據晉書卷八六張駿傳補。

〔五五〕當令義聲遠著　「著」原作「者」，據晉書卷八六張駿傳改。

〔五六〕今盜殺江中　「今」原作「令」，據晉書卷八六張駿傳改。

〔五七〕威亦不顯　「亦」，晉書卷八六張駿傳作「刑」。

〔五八〕雄曰張淳壯士宜留任之　案：晉書卷八六張駿傳作「雄司隸校尉景騫言於雄」，知此非李雄之言，疑有脱誤。

〔五九〕隋劉昶　「昶」下原有「傳」字，案：「傳」字與下文意不諧，疑衍，今據文删。

〔六〇〕使徐州刺史王稔巡霍丘　「徐州」，大典卷一三四五一引實賓録同，資治通鑑卷二七二後唐紀作「滁州」。

〔六一〕彰朝廷之失　十國春秋卷一〇「彰」上有「以」字。

〔六二〕十國紀年　原闕，據大典卷一三四五一引實賓録補。「十」字原闕，據文補。

〔六三〕大將軍曰　「大將軍」三字原闕，據漢書卷九〇田延年傳補。

〔六四〕本傳　原闕，據大典卷一三四五一引實賓録補。

〔六五〕案：本條引「道學傳」未知所出，原文另見太平御覽卷五三〇禮儀部引鬼谷子，所引較詳，今引之如下：「周有豪士，居鬼谷，號爲鬼谷先生。蘇秦、張儀往見之。先生曰：『吾將爲二子陳言至道，子其齋戒，擇日而學。』後秦、儀齋戒而往。」

〔六六〕楊朱孫臏王瞭倪良　吕氏春秋卷一七審分覽不二「楊朱」作「陽生」、「王瞭」作「王廖」、「倪良」作「兒良」。

〔六七〕此十者皆天下豪士也　案：吕氏春秋卷一七審分覽不二無此段。

〔六八〕謂爲狂士　「狂士」，三國志卷一一魏書胡昭傳裴松之注引作「亡士」。

〔六九〕怨怒不肯哭　「怨」原作「然」，據三國志卷二三魏書常林傳裴松之注改。

〔七〇〕本傳　原闕，據涵本説郛卷三引實賓録補。

〔七一〕兼善文筆　「善」字原闕，據北史卷七〇劉璠傳補。

〔七二〕年十七　「年」字原闕，據北史卷七〇劉璠傳補。

〔七三〕本傳　原闕，據涵本説郛卷三引實賓録補。

〔七四〕案：本條見南史卷一九謝超宗傳，今迻録如下：「後司徒褚彦回因送湘州刺史王僧虔，閣道壞，墜水；僕射王儉驚跣下車。超宗拊掌笑曰：『落水三公，墜車僕射。』彦回出水，霑濕狼藉。超宗先在僧虔舫，抗聲曰：『有天道焉，天所不容，地所不受。投畀河伯，河伯不受。』彦回大怒曰：『寒士不遜。』超宗曰：『不能賣袁、劉得富貴，焉免寒士。』前後言誚，稍布朝野。」其中所述褚彦回「寒士不遜」一事，與前則互異。

〔七五〕見有絳紋帳　「帳」字原闕，據晉書卷四一劉寔傳補。

〔七六〕寔曰　原闕，據晉書卷四一劉寔傳補。

〔七七〕本傳　原闕，據涵本説郛卷三引賓録補。

〔七八〕見到洽深相賞好　「到洽」原作「劉洽」，案：到洽乃到溉之弟，其事見南史卷二五到彦之傳：「洽字茂沿，清警有才學。父坦以洽無外家，乃求娶於羊玄保以爲外氏。」據改。

〔七九〕十五冠而見其父彦之　案：南史卷七六阮孝緒傳「彦之」下有：「彦之誡曰：『三加彌尊，人倫之始。宜思自勗，以庇爾躬。』」此處引文簡略，殆有删削。

〔八〇〕追許由于空谷　「空」，南史卷七六阮孝緒傳作「穹」。

〔八一〕正素自得　「正」，魏書卷八四盧景裕傳、北史卷三〇盧景裕傳並作「貞」，疑宋人諱改。

〔八二〕醉士　四庫本原作「鹿門隱士」，據涵本説郛卷三引賓録改。

〔八三〕故復草隱士書焉　全唐文卷七九八鹿門隱者書六十篇并序「隱」下無「士」字。

〔八四〕文粹　原闕，據涵本説郛卷三引賓録補。

〔八五〕方外士　「士」，涵本説郛卷三引賓録作「人」。

〔八六〕四庫館臣案：「劉義慶編世説，以阮籍此事隸任誕門。劉孝標注引戴逵論曰：『若裴公之制弔，欲冥外以護内，有達意也，有弘防也』云云。可以正『嘆爲兩得』之謬，附識於此。」

實賓録卷十三

1 儒宗五則

漢王式爲昌邑王師，王既以罪廢，使者責式：「何以亡諫書？」對曰：「臣以詩三百五篇授王，至於忠臣孝子之篇，未嘗不反覆言之；至於危亡失道之君，未嘗不涕泣爲王深陳之。臣以三百五篇諫，是以亡書〔一〕。」得減死論，爲世儒宗。

劉芳論曰：「劉芳超然獨立〔二〕，沉深好古，博通洽識，爲世儒宗。」

唐元行沖，爲時儒宗。

王播弟起、姪鐸，贊曰：「王氏儒宗，一門三相。」

鄭餘慶傳曰：「鄭貞公博學好古，一代儒宗。」

2 名儒四則

孟子少，學而歸，母方織，問之曰：「學何所至矣？」曰：「自若。」母乃以刀斷織。孟子懼而問其故〔三〕，母曰：「子之廢學，若吾之斷織。」孟子懼，旦夕勤學不息，遂成天下名儒。

漢薛宣知翟方進名儒，有宰相器。

鮑宣好學明經，哀帝以其名儒，優容之。

魏袁紹一見鄭玄，嘆曰：「吾本謂鄭君東州名儒，今見乃天下長者。夫以布衣雄世，豈徒然哉。」

3 通儒二則

唐太宗詔前代通儒，梁皇甫侃、褚仲都〔四〕。周熊安生、沈重。陳沈文阿、周弘正、張譏。隋何妥、劉炫等子孫，並加引擢。

後漢劉寵父丕〔五〕，博學，號爲通儒。

4 腐儒三則

唐祝欽明與郭山惲諂附韋后〔六〕，建議皇后爲亞獻，郊見上帝。景雲初，侍御史倪若水劾奏：「欽明、山惲腐儒無行，以諂佞亂常改作，百王所傳，一朝墮放〔七〕。今聖朝中興，不宜使小人在朝，請斥遠，以肅其人。」乃貶欽明饒州刺史。

唐朱朴，腐儒木强，無他才伎。道士許嚴士出入禁中，常依朴爲姦利。

五代漢劉旻，初，周太祖迎旻子贇於徐州，欲以爲漢嗣。旻信以爲然，太原少尹李驤曰：「郭公舉兵犯順，其勢不能爲漢臣，必不爲漢立後。」因勸旻以兵下太行，控孟津以俟變，庶幾贇得立，而罷兵可也。旻大罵：「驤腐儒，欲離間我父子。」命左右牽出斬之。驤臨出嘆曰：「吾爲愚人畫計，死誠宜矣！」俄周太祖果代漢，贇降爲湘陰公而死〔八〕。旻慟哭，爲驤立祠，歲時祀之。

5 盜儒

唐李宗閔、牛僧孺贊曰：「夫口道先王之語〔九〕，而行如市人，其名曰『盜儒』。僧孺、宗閔方正敢言進，既當國，反奮私昵黨，排擊所憎〔一〇〕，是時權震天下，人皆指曰『牛李』，非盜謂何？」

6 眞儒者

裴休位宰相，能文章，書楷遒媚有體法。爲人藴藉，進止雍閑。宣宗嘗曰：「休眞儒者。」

7 真高人

晉紹續，樂安太守，爲石勒所執。續身灌園鬻菜，以供衣食。勒屢察之，嘆曰：「此真高人矣。」 本傳

本條涵本説郛卷三引，據輯。

8 任孔子

後漢任丘少好學，隱於山，連辟不就，時人號曰「任孔子」。

9 杜孔子

杜育童孺奇才，博學能文，心解性達，無所不綜，一時以爲「武陽杜孔子」〔一〕。

10 關西孔子二則

劉孝標辯命論云：「近世有沛國劉瓛、弟璡〔二〕，並一時之秀士也。瓛則關西孔子，通涉六經，循循善誘，服膺儒行〔三〕。」

唐蕭德言博涉經史，尤精左氏春秋。太宗以爲著作郎，弘文館學士。以老請致仕，太宗不許，又遺書曰：「濟南伏生，重見於兹日；關西孔子，故顯於當今〔一四〕。」

11 江東孔子

陳顧野王〔一五〕，吴人也。博識洽聞，多所著述，時人號曰「江東孔子」。

12 仲尼不死　顏回復生

後漢孔融與禰衡更相贊揚，衡謂融曰：「仲尼不死。」融答曰：「顏回復生。」

13 推爲顏子

唐沈傳師材行有餘，工書，有楷法。貞元末，進士擢第。權德輿知貢舉，門生七十人，推傳師爲顏子。

14 宗曾子

南齊宗元卿有志行，早孤，爲祖母所養。祖母病，元卿在遠輒心痛，大病則大痛，小病則小痛。鄉里崇事之，號「宗曾子」。

15 **蔡曾子**

齊有蔡曇智，至性孝友，鄉里號「蔡曾子」，廬江何伯璵兄弟，號爲「何展禽」〔一六〕，並爲高士沈顗所重〔一七〕。

16 **今世曾子**

齊劉瓛有至性，祖母病疽經年，手持膏藥，漬指爲爛。母孔氏甚嚴明，謂親戚曰：「阿稱便是今世曾子。」稱，瓛小名也。

17 **海東曾子**

唐百濟王義慈事親孝，與兄弟友，時號「海東曾子」〔一八〕。

18 **顔冉仲弓**

後漢趙戩遇三輔亂〔一九〕，客荆州。時禰衡來遊渭北，言朝士〔二〇〕，及南見戩，曰：「所謂劍則干將、莫耶；木則椅桐、梓漆；人則顏冉、仲弓。」

19 老子 五則

玄妙內篇經云：「老子之母曰無妙玉女〔二一〕，娠老子凡八十一歲，逍遥李樹之下，啓左腋生〔二二〕。生而白首，故號老子，以李爲姓〔二三〕。」葛洪仙傳云：「老子當文王時爲守藏史〔二四〕，至宣王時爲柱下史〔二五〕。時俗見其久壽，故號爲老子。」又云：「老子之號，因玄而出，在天地之先，無衰老之期，故號老子。」或云：「老子欲西出關，關尹知其非常，從之問道術。老子驚怪，故吐舌聃然，遂有老聃之云。」

晉庾亮鎮武昌，諸佐吏殷浩之徒，乘秋夜往共登南樓，俄而不覺亮至，諸人將起避之。亮徐曰：「諸君少住，老子於此處興復不淺。」便據胡床與浩等飲詠終坐。其坦率行己，多此類也。

晉蘇峻謀逆，中書令庾亮不勝，與温嶠推侃爲盟主。初，先帝遺詔褒進大臣，而侃及祖約不在其列，侃、約疑亮删遺詔，並流怨言。亮懼，於是出温嶠爲江州以廣聲援，修石頭以備之。至是，侃至潯陽，既憾於亮，議者咸謂侃欲誅執政以謝天下。亮甚懼，及見侃〔二六〕，引咎自責，風止可觀。侃不覺釋然，乃謂亮曰：「君侯修石頭以備老子，今日反見求邪〔二七〕！」便談宴終日。

晉應詹弱冠知名，質素洪雅。鎮南大將軍劉洪〔二八〕，詹之祖舅也，請爲長史，謂之曰：「君器識弘深，當代老子於荆南矣。」仍委以軍政。洪著續漢南，應詹力也。後爲江州刺史、平南將軍云。

梁何點隱居不仕。梁武與點有舊，及踐祚，手詔論舊，賜鹿皮巾，並召之。點以巾褐引入華林園，帝賜詩酒，恩禮如舊，仍下詔徵爲侍中。捋帝鬚曰：「乃欲臣老子。」辭疾不起。復詔詳加資給。

20 陽子

漢司馬相如上林賦曰：「陽子驂乘，纖阿爲御。」注云：「陽子，伯樂也。秦繆公臣，姓孫，名陽〔二九〕。」

21 微子

宋謝密，字弘微。叔混，名知人，風格高峻，少所交納，唯與族子靈運、瞻、晦、曜以文義賞會。嘗共宴處，居在烏衣巷，故謂之烏衣之游。瞻等才辭敏富，弘微每以約言服之，混特所敬貴，號曰「微子」。謂瞻等曰：「汝諸人雖才義豐辯，未必能愜衆心，至于領會機賞，言約理要，故當與我共推微子。」

22 元子

唐元結，初參山南東道來瑱府。瑱誅，丐侍親歸樊上。授著作郎，益著書，作自釋，曰：「河南，元氏望也。結，元子名也。次山，結字也，世業載國史，世系在家譜。少居商餘山，著元子十篇，故以元子爲稱。」

23 黔婁子

黔婁先生修身清節，不求進於諸侯。著書四篇，言道家之務，號曰黔婁子。高士傳〔三〇〕

24 嚴夫子

漢梁王始與羊勝公、孫詭求爲漢嗣，鄒陽争以爲不可，故見讒。枚先生、嚴夫子皆不敢諫。注云：「先生，枚乘。夫子，嚴忌。」司馬相如傳注云：「嚴本姓莊，避明帝諱，遂爲嚴爾。當時尊尚，號曰『夫子』。」

25 蕭夫子二則

唐蕭穎士文章學術俱冠，詞林負盛名，而湮沉不遇。嘗有新羅使至，云：「東夷士庶，願請蕭夫子爲國師。」雖不行，其聲名遠播如此。又尹徵、柳并、盧異、盧士式等皆執弟子禮，以次授業，號蕭夫子云。

唐蕭鄴博學强識，號蕭夫子。擢進士第，後拜相。

26 韓夫子

唐韓翃有詩名〔三一〕，羈滯貧甚。有李生者，與翃友，家累千金，負氣愛才。其幸姬曰柳氏，艷一時。李生居之第，與翃爲宴歌之地，而館翃於其側。翃素知名，其所候問，皆當時之彦。柳自門窺之，謂其侍者曰：「韓夫子豈長貧賤者乎！」遂通意焉。李因以贈翃，又資三十萬去。

27 牛醫子

沈休文宋書恩倖傳論曰：「胡廣累世農夫，伯始致位公相；黄憲牛醫之子，叔度名動京師。」

28 浄住子

齊竟陵王子良行狀曰：「貴而好禮，怡記典墳。雖牽以物役，孜孜無怠。乃撰四部要略、浄住子，並勒一家言，懸諸日月。」注云：「梵語菩薩〔三〕，此爲浄住，以如戒而住也。是佛之子，故謂之子〔三〕。」

29 浮休子

唐張鷟著朝野僉載，自號爲「浮休子」，蓋取漢賈誼鵩鳥賦「其生兮若浮，其死兮若休」云。

30 知常子

五代吴越錢文奉，武肅之孫。爲建武節度使，好崇飾臺榭，作别第及南園、東莊，皆積石爲山，環以奇花嘉木。日與僚屬燕樂，縱賓客分適園池間，文奉羽衣，乘白騾，或泛輕舟，聞笑語則就飲盡歡，自號「知常子」。

31 豢龍子

唐彭城人劉軻，慕孟軻爲人，秉筆慕揚雄、司馬遷爲文，故著翼孟三卷、豢龍子十卷。左氏「蔡墨云：『古者畜龍，故國有豢龍氏。昔有董父，能擾畜龍，以服事帝舜，賜之姓曰董，氏曰豢龍。其後有劉累，學擾龍于豢龍氏。』」豢龍之號，蓋取諸此。

32 周撞子

唐廣明中，薛尚書能失律于許昌，都將周岌代之。朝廷務姑息，因以節畀之。其年，王相國徽過許〔三四〕，岌官已平水土矣，開筵以待相國，主禮甚隆。獻酬既合，相國謂岌曰：「聞貴藩有部將周撞子者，得非司空耶？何以致此號？」岌愧赧良久，曰：「岌出身走卒，實藴壯心，每有征行，不避鋒刃，左衝右鬬，屢立微功，故軍中有此號。」相國微笑曰：「當時撲落渦河裏，可是撞不著耶！」岌昔爲步將，征徐方，爲賊所敗，溺于渦水，或拯之僅免，故相國爲是言。岌不勝慚，拂衣而起，相國曁賓客亦罷。明日，不辭而發，出其境方授譽云。

33 田家子

魏王經，冀州名士。甘露中爲尚書，坐高貴鄉公事誅。初經爲郡守，繼母謂經曰〔三五〕：「汝田家子，今仕至二千石，物忌太過，不祥可知矣〔三六〕。」經不能從，歷二州刺史〔三七〕，司隸校尉，終以致敗。

34 鏩檂子

蜀王先主微時於軍中，同火幕有張卒，忘其名，曾與先主賭博，以鏩刀檂打破先主頭，時號張爲「鏩檂子」。他日先主忽思前事，特授戎州刺史。

35 赤軍子

五代南唐虔州妖賊張遇賢作亂，皆絳衣，時謂之「赤軍子」。嗣主璟遣將討平之。

36 甯武子

晉衛瓘性正静有名理〔三八〕，以明識清允稱。魏末，爲中書郎，時權臣專政，瓘優游其間，無所親疏，甚爲傅嘏所重，謂之「甯武子」。

37 樗里子

樗里子，名疾，秦惠王之弟也。其室在昭王廟西渭南陰鄉樗里〔三九〕，故俗謂之「樗里子」。

38 汝南子

後漢戴憑，汝南平輿人〔四〇〕。能學京氏易，爲侍中，數進見問得失。帝謂憑曰：「侍中當正補國政〔四一〕，勿有隱情。」憑對曰：「陛下嚴。」帝曰：「朕何用嚴？」憑曰：「伏見前太尉西曹掾蔣遵，清亮忠孝，學通古今，陛下納膚受之訴，遂致禁錮，世以爲嚴。」帝怒曰：「汝南子欲黨乎？」憑出，自繫廷尉，有詔敕出。尋敕解遵禁錮。

39 東皋子

唐王績，絳州龍門人。性簡放，遊北山東皋，葛巾躬耕，每著書自號「東皋子」。

40 猗玗子

唐元結，少居商餘山。天下兵興，逃亂入猗玗洞，始稱猗玗子。

41 竟陵子

唐陸羽，復州竟陵人，隱於江湖，稱竟陵子。

42 梁丘子

唐白履忠，浚儀人。貫知文史，高尚不仕，居古大梁城，號梁丘子。

43 丘園子

五代蜀程賁隱居西蜀，自號丘園子。立身介潔，言動必循禮則，尤嗜酒，復喜藏書，簡册鉛槧，未嘗離手。

44 柳篋子

唐柳璨遷左拾遺，公卿大臣託爲牋奏，時譽日洽，以其博奥，號「柳篋子」。

45 楊風子

五代梁楊凝式，善行草書，官至左僕射，而西洛寺觀三百餘處題幾遍，時人以其狂縱，以「風子」呼之。

46 吴氏季子

後漢吴祐，父恢爲南海太守。祐年十二歲，隨從到官。恢欲殺青簡以寫經書，祐諫曰：「昔馬援以薏苡興謗，王陽以衣囊徼名。嫌疑之間，誠先賢所慎。」恢乃止，撫其首曰：「吴氏世不乏季子矣。」

47 **雄人**

蜀劉璋遣法正迎劉備〔四二〕，劉巴諫曰：「備，雄人也，入必爲害，不可内也。」

48 **可人**二則

晉桓温嘗經王敦墓，曰：「可人。」其心跡若是。本傳

本條涵本説郛卷三引，據輯。

唐温造姿表瑰傑，性嗜書，然盛氣，少所降屈。不喜爲吏，隱王屋山。壽州刺史張建封聞其名，書幣招禮，造欣然言曰：「可人也！」往從之。建封聞其名，雖咨謀，而不敢縻以職事。

49 **玉人**二則

後漢荀爽，字慈明。兄靖，字叔慈。或問許子將，靖與爽孰賢？子將曰：「二者皆玉人也，慈明外朗，叔慈内潤。」

白氏六帖：「晉衛玠爲洗馬，時人號爲『玉人』。」

50 狂人 二則

漢東方朔爲郎，數召至前談語，人主未嘗不悦也。時詔賜之食於前。飯已，盡懷其餘肉持去，衣盡污。數賜縑帛，擔揭而去〔四三〕。徒用所賜錢帛，取少婦於長安中好女。率取婦一歲所者即棄去，更取婦。所賜錢財盡索之於女子。左右諸郎伴呼之曰「狂人」〔四四〕。

晉劉邁爲殷仲堪中兵參軍。桓玄在江陵，甚豪横，士畏之過於仲堪。玄曾於廳事前戲馬，以稍擬仲堪。邁時在坐，謂玄曰：「馬稍有餘，精理不足〔四五〕。」玄自以雄才冠世，而心知外物不許之。仲堪爲之失色。玄出，仲堪謂邁曰：「卿乃狂人也！玄夜遣殺卿，我豈能相救！」仲堪使邁往下都以避之。玄果令追之，邁僅而免禍。

51 寵人

周單襄公曰：「郤氏，晉之寵人也，三卿而五大夫，可以戒懼矣。高位實疾顛，厚味實腊毒〔四六〕。」

52 忍人三則

越太宰嚭讒伍子胥於王，曰：「伍員貌忠而實忍人，其父兄不顧，安能顧王？」

楚成王將以商臣爲太子〔四七〕，令尹子上曰：「商臣蜂目而豺聲，忍人也。」王不聽。

前燕謝艾言於張華曰：「李逵不能殉身國難而背義叛君，且右手過尺，垂臂度膝，豺聲忍人，不可用也。」

53 賨人

秦併天下，以廩君之地爲黔中郡，薄賦歛之，歲出錢四十萬。巴人呼賦爲賨，因謂之賨人焉。

54 善人

見論語。〔四八〕

本條涵本説郛卷三引，據輯。

55 盛德人

庾亮曰：「孟嘉故是盛德人。」　本傳〔四九〕

本條涵本説郛卷三引，據輯。

56 木强人

漢周昌也。〔五〇〕

本條涵本説郛卷三引，據輯。

57 當塗旅人

唐范傳正爲李太白碑：「晚歲，渡牛渚磯，至姑孰，悦謝家青山，有終焉之志，竟卒於此。其生也，聖朝之高士；其往也，當塗之旅人。」

58 三界傑人

法師韋節〔五一〕，後周武帝屢有錫賜。時陳國使周弘正入貢回，欲即師問道。帝召之對，剖析深微，抑揚三教。弘正美而嘆曰：「此三界傑人，非止二國之可仰而已。」

59 羲皇上人

淵明自謂也。〔五二〕

本條涵本説郛卷三引，據輯。

60 江湖散人〔五三〕

唐陸龜蒙少高放，通六經大義。舉進士，一不中，居松江甫里，往從張搏遊〔五四〕，不喜與流俗交，雖造門不肯見。不乘馬，升舟設蓬席，賫束書、茶竈、筆床、釣具往來。時謂「江湖散人」。散人者，散誕之人也。心散、意散、形散、神散，既無羈限，爲時之怪，遂爲散人歌。或號「天隨子」、「甫里先生」。後以高士召，不至。

61 狂生三則

後漢仲長統少好學，博涉書記，贍於文辭。性俶儻〔五五〕，敢直言，不矜小節，語默無常，時人或謂之狂生。

袁閎少厲操行，苦身修節。築土室於庭，不爲户，自牖納飲食而已。人以爲狂生。

禰衡裸身著衣，擊鼓以辱魏武。孔融勸往謝之，衡著布單衣、疏巾，手持三尺梲杖，坐大營門，以杖捶地大罵。吏白：外有狂生，坐於營門，言語悖逆，請收案罪。

62 弄筆生

祖君彦博學强記，屬辭贍速。煬帝立，忌知名士，調東都書佐，檢校宿城令，世謂祖宿城。負其才，常鬱鬱思亂。後佐李密爲之草檄，乃深斥主闕。密敗，世充見之，曰：「汝爲賊駡國足未？」彦曰：「跖客可使刺由，但愧不至耳！」郎將王拔柱曰：「弄筆生有餘罪。」乃蹙其心，即死。

63 商君

商君者，衛之諸庶孽公子也，名鞅，姓公孫氏。事秦孝公，以富民强兵之術，封之商、於十五邑，爲列侯，號商君。

64 鄂君

漢高祖以殺項羽論功行封，群臣皆以曹參爲第一。鄂千秋時爲謁者，進曰：「曹參雖有野戰略地之功，此特一時之事。上與楚相拒五歲，失軍亡衆，蕭何嘗從關中遣軍補其處。上乏絶者數矣，何轉漕關中，給食不乏。陛下雖亡山東，何嘗全關中待陛下，此萬世功也。雖無曹參等百數，何缺于漢？漢得之不必待以全。奈何欲以一旦之功加萬世之功哉！蕭何當第一，曹參次之。」上曰：「善。」乃令何第一。上曰：「吾聞進賢受上賞，蕭何功雖高，待鄂君迺得明。」于是封鄂千秋爲關内侯。

65 廩君

巴郡南郡蠻，本有五姓，其山有赤黑二穴，巴氏之子生於赤穴，四姓之子皆生黑穴。未有君長，皆事鬼神，乃共擲劍於石穴，約能中者，奉以爲君。巴氏子務相乃獨中之，衆皆歎。又令各乘土船，約能浮者，當以爲君。餘姓悉沉，唯務相獨浮。因共立之，是爲廩君。

66 **賢君**

魏賈逵初爲郡吏，守絳邑長。郭援攻絳下之〔五六〕，聞逵名，欲使爲將，以兵劫之，逵不屈。將殺之，絳吏民呼：「殺我賢君，寧俱死爾！」援乃囚逵土窖中，以車輪蓋上，使人固守。將殺之，逵從窖中謂守者曰：「此間無健兒邪？而當使義士死此中乎？」有祝公道者，憐其守正，引出之。

67 **隱君**

北齊李緯少聰慧，有才學。爲尚書南主客郎。緯前後接對凡十八人，頗爲稱職。父渾、兄繪皆以才學顯，鄴下爲之語曰：「學則渾、繪、緯，口則繪、緯、渾。」緯嘗逸遊放達，自號「隱君」，蕭然有絕塵之意。

68 **介君**

吴介象通長生道，吴先主甚欽敬之，稱爲「介君」。

69 徵君二則

任安少好學，隱山，連辟不就。建安中，讀史記魯連傳，歎曰：「性以潔白爲治，情以得志爲樂，性治情得，體道而不憂〔五七〕，彼棄我取，與時無争。」遂終身不仕，號「任徵君」。

五代前蜀許寂博通經史〔五八〕，時江淮多盜，寂自會稽因之南岳，以茹芝絶粒自適。漢南謂之「徵君」焉。

70 稷嗣君

漢以叔孫通爲博士，號「稷嗣君」。史記：「欲以繼蹤齊稷下之風。」劉向以稷爲齊城門名〔五九〕。談説之士，期會于稷門下，故曰「稷下」。

71 積賢君

晉張駿拜涼州牧，有計略，厲操改節，勤修庶政，總御文武，咸得其用，遠近嘉詠，號曰「積賢君」。

72 忠清君

北齊宋遊道剛直，疾惡如讎。爲御史中丞，案兗州刺史李子正貪暴〔六〇〕，文襄於尚書都堂集百僚撲殺〔六一〕。兗州人謂遊道曰「忠清君」。

73 冥漠君

宋謝惠連祭古冢文，以不知名氏，故號「冥漠君」。文選

本條涵本説郛卷三引，據輯。

74 杳冥君

唐薛稷爲杳冥君銘。〔六二〕

本條涵本説郛卷三引，據輯。

75 劉君子

蜀劉巴少知名，魏尚書陳群與丞相諸葛亮書，號爲「劉君子」〔六三〕。

76 三君子二則

唐盧懷慎、李元紘、杜暹傳，史臣曰：「盧、李、杜三君子，以清白垂美簡書，公孫弘之流也。」

唐韓愈爲徐泗濠三州節度掌書記廳石記曰：「南陽公鎮徐州，歷十二年〔六四〕，而掌記者凡三人：其一人曰高陽許孟容，今入爲禮部郎中；其一人曰京兆杜兼，今爲禮部員外郎、觀察判官；其一人曰隴西李博，授秘書郎。南陽公文章稱天下，其所辟，實所謂閎辯通敏兼人之材者也。後之人苟未知南陽公之文章〔六五〕，吾請觀於三君子；苟未知三君子之文章，吾請觀於南陽公可知矣。」

77 四君子四則

唐貞元中〔六六〕，李元賓、韓愈、李絳、崔群同年進士。先是，四君子定交久矣，共遊梁補闕之門。居三歲〔六七〕，肅未之面，而四賢造肅多矣，靡不偕行。肅異之，一日延接，觀等俱以文學爲肅所稱，復獎以交遊之道。肅素有人倫鑒。觀、愈等既去，復止絳、群，曰：「公等文行相契，他日皆振大名。然二君子位極人臣。」後二賢果如其言。

唐劉禹錫爲吏部侍郎，奚陟神道碑曰：「公爲吏部侍郎，言能審官者，本朝有裴、馬、盧、李四君子，物論以公媲焉。」

唐杜牧冬至日寄小姪阿宜詩曰：「李杜泛浩浩，韓柳摩蒼蒼。近者四君子，與古争强梁。願爾一祝後，讀書日忙忙。一日讀千紙〔六八〕，一月讀一箱。朝廷用文治，大開陟職場〔六九〕。願爾出門去，取官如驅羊。」

唐律大德上弘和尚，初居弘州，與姜相公輔、顔太師真卿暨本道廉使楊君憑、韋君丹四君子友善。提振禁戒，講四分律，從善遠罪者無數。

78 博物君子

魯昭公元年，晉侯有疾，鄭使公孫僑如晉聘，且問疾。叔向問焉，曰：「寡君之疾病，卜人曰『實沈、臺駘爲祟』，史莫之知。敢問此何神也？」子産曰：「昔高辛氏有二子，伯曰閼伯，季曰實沈。金天氏有裔子曰昧，爲玄冥師，生允格、臺駘〔七〇〕。」晉侯聞子産之言，曰：「博物君子。」

79 徇忠縣君

唐嘿啜攻飛狐〔七一〕，縣令古玄應妻高能固守，虜引去，詔封徇忠縣君。 楊烈婦傳

本條涵本説郛卷三引，據輯。

80 穰侯

秦魏冉者，昭王母宣太后弟也。相秦有功，封于穰，號曰「穰侯」。

81 揚侯

漢揚雄，其先在河、汾之間，周衰而揚氏或稱侯，號曰「揚侯」。

82 鄧侯

晉鄧攸爲吴郡太守，刑政清明，百姓歡悦，爲中興良守。後稱疾去職。郡嘗有送迎錢數百萬，攸去郡，不受一錢。百姓數千人留牽攸船，不得進，乃以小舸夜中發去〔七二〕。吴人歌之曰：「紞如打五鼓，鷄鳴天欲曙。鄧侯挽不留，謝令推不去。」

83 應侯

晉應詹爲南平太守。王澄爲荆州，假詹督南平、天門、武陵三郡軍事。天門、武陵谿蠻並反，詹討降之。時政令不一，諸蠻怨望，並謀背叛。詹召蠻酋，破銅券與盟，由是懷詹，數郡無虞。其後天下大亂，詹境獨全。百姓歌之曰：「亂離既普，殆爲灰朽。僥倖之運，賴兹應侯。歲寒不凋，孤境獨守。捄我塗炭〔七三〕，惠隆丘阜。潤同江海，恩猶父母。」

本條涵本説郛卷三引，據輯。

84 酇侯

漢蕭何薨，子禄嗣〔七四〕。薨，無子，高后乃封何夫人爲酇侯。本傳

本條涵本説郛卷三引，據輯。

85 臨光侯

漢樊噲以吕后女弟吕須爲婦，噲死，吕須亦爲臨光侯。本傳

本條涵本説郛卷三引，據輯。

86 明雎亭侯〔七五〕

漢許負，河內温縣老嫗以相稱〔七六〕，高祖封爲明雎亭侯。　蜀劉焉傳并漢周亞夫傳

本條涵本説郛卷三引，據輯。

87 忠臣二則

齊有上書於景公，云不知晏子何以爲忠臣也，公以爲然。晏子入朝，公不悦，晏子退而窮處，耕于海濱，堂下生藜藿，門生荆棘。七年，國内分争，景公恐而復政。

王淩爲豫州刺史，時司馬懿既誅曹爽，加九錫。淩以帝幼，制於强臣，謀立楚王彪，以興曹氏。事露，懿自率軍收之，淩計無所出，面縛見懿，即以淩歸京師。道經賈逵廟，淩呼曰：「王淩，大魏之忠臣，惟爾有神知之。」至都鴆死。懿尋寢疾，夢淩爲祟而薨〔七七〕。

88 名臣

雋不疑，漢之名臣，於安平之代而劍不離身，蓋君子之於武備，不可已也。

89 良臣

魯昭公元年，晉侯有疾，秦使醫和視之，曰：「疾不可爲也。良臣將死，天命不祐。」趙孟曰：「誰當良臣？」對曰：「主是謂矣。主相晉國，于今八年，晉國無亂，諸侯無闕，可謂良臣矣。今君至於淫以生疾，將不能圖恤社稷，禍孰大焉？主不能禦，吾是以云也。」趙孟曰：「良醫也。」厚禮而歸之。

90 諫臣

唐李景伯爲諫議大夫，中宗宴侍臣，酒酣，各命爲回波詞。或以諂言媚上，或要丐謬寵，至景伯，獨爲箴規語以諷帝，歌曰：「迴波爾時酒巵，微臣職在箴規。禮飲只合三爵，君臣雜混非宜〔七八〕。」舉席爲帝不悦，中書令蕭至忠曰：「真諫臣也。」

91 素臣

謂丘明也。

本條涵本説郛卷三引，據輯。

無仲尼，則西山之餓夫與東國之絀臣惡乎聞？注云：「餓夫，夷、齊；絀臣，柳下惠。」

92 東國絀臣

93 英雄 三則

魏武帝將見匈奴使，自以形陋，不足雄遠國，使崔季珪代〔七九〕，帝自捉刀立牀頭。既畢，令間諜問曰：「魏王如何？」使者答曰：「魏王雅望非常，然牀頭捉刀人，此乃英雄也。」魏武聞之，追殺此使。

武帝初爲下邳太守，與何無忌謀復晉室。無忌謂劉毅曰：「桓氏强盛，其可圖乎？」毅曰：「天下自有强弱，苟爲失道，雖强易弱，正患事主難得爾。」無忌曰：「天下草澤之中非無英雄也。」毅曰：「所見惟有劉下邳爾。」又帝謂孟昶曰：「草間當有英雄起，卿頗聞乎？」昶曰：「英雄有誰，正當是卿爾！」

五代周行逢少無賴，坐法黥。後據有潭州，或謂行逢曰：「朝廷使者來，必笑公黥，以藥可去之。」行逢笑曰：「吾雖不讀書，不聞英布去黥而王。布，英雄也，吾何耻哉！」

94 **半英雄**〔八〇〕

魏傅巽〔八一〕，字公悌。博學，有知人鑒識。在荆州，目龐統爲「半英雄」。劉表傳〔八二〕

95 **盃酒英雄**

白居易哭劉尚書夢得詩曰：「盃酒英雄君與操，文章微婉我知丘〔八三〕。」

96 **一代英雄**

宋武帝微時，惟王謐常謂曰：「卿當爲一代英雄。」

本條涵本説郛卷三引，據輯。

97 **亂世姦雄**

許子將謂魏太祖曰：「子亂世之姦雄。」子將傳

本條涵本説郛卷三引，據輯。

98 姦人之雄七則

孔子爲魯司寇，七日而誅亂政大夫少正卯，子貢曰：「少正卯，魯之聞人，夫子爲政而始誅之，或者失乎？」孔子曰：「少正卯，姦人之雄，不可以不誅。」家語〔八四〕

朱博爲丞相，附麗傅晏，奏免傅喜侯，左將軍彭宣劾奏曰：「博執左道，虧損上恩，結信貴戚，傾亂政治，姦人之雄。」本傳〔八五〕

原涉專以振施貧窮，赴人之急爲務，常率賓客爲人治喪事。後人有毀涉者曰「姦人之雄也」，喪家子即時殺言者。游俠傳〔八六〕

漢杜業，哀帝初上言：「安昌侯張禹姦人之雄，惑亂朝廷，使先帝負謗海内。」本傳〔八七〕

唐裴度爲諸葛武侯祠堂碑曰：「玄德知人之明者，倚仗曰魚之有水；仲達姦人之雄者，嗟稱曰天下奇才。」

漢鮑宣上書成帝曰：「方陽侯孫寵、宜陵侯息夫躬辯足以移衆，强可以獨立，姦人之雄，惑世尤劇者也，宜以時罷退。」

晉張華爲相，初趙王倫，撓亂關中，氐羌反叛，乃以梁王肜代之。或説華曰：「趙王貪昧，信用孫秀，所在爲亂，而秀姦人之雄。今可遣梁王斬秀，割趙之半，以謝關右，不亦可

乎！」華從之，彤許諾。秀友人辛冉言於彤曰：「氐羌自反，非秀之爲。」故得免死。倫、秀後誅華云。　本傳〔八八〕

99 滑稽之雄

或問：「東方生名過實者，何也？」曰：「應諧、不窮、正諫、穢德，應諧似優，不窮似哲，正諫似直，穢德似隱。」請問「名」。曰：「詼達。」「惡比？」〔八九〕。曰：「非夷尚容，依隱玩世，其滑稽之雄乎！」　揚子〔九〇〕

100 穿窬之雄

或問：「吕不韋其智矣乎？以人易貨？」曰〔九一〕：「誰謂不韋智者歟？以國易宗。吕不韋之盜，穿窬之雄乎？」　揚子〔九二〕

101 器偉材雄

唐李晟封西平王，史臣曰：「西平器偉材雄，人望而畏，出身事主，落落有將帥之風。」

102 丈夫之雄

漢末，吴郡太守盛憲，字孝章。孫策平定吴、會，誅其英豪，憲素有高名，策深忌之。初，憲與孔融善，融憂不免禍〔九三〕，乃與曹公書曰：「孝章，丈夫之雄。公誠能馳一介之使，加咫尺之書，則孝章可致，友道可洪也〔九四〕。」俄爲策所殺。孫韶傳〔九五〕

103 一代之雄 三則

晉桓玄爲太傅，大會，朝臣畢集。坐裁竟，問王楨之：「我何如卿第七叔？」于時賓客爲之咽氣。徐答之云〔九六〕：「叔是一代之雄〔九七〕，公是千載之英。」一座歡然。注：「楨之，徽之之子。第七叔，獻之也。」世説傳云：「一時之標。」

桓玄聞劉裕起兵，憂懼不能寢食。或曰：「劉裕等狂惑，事必無成。」玄曰：「裕足爲一代之雄，何往無成。」

唐蘇味道、李嶠贊曰：「房、杜、姚、宋，俱立大功。咸以二族，譚爲美風。蘇、李文學，一代之雄。有慙輔弼，稱之定同〔九八〕。」

104 **匹夫之雄**

魏程昱謂吕布匹夫之雄。　本傳〔九九〕

本條涵本説郛卷三引，據輯。

105 **布衣之雄**

荀彧以袁紹布衣之雄。〔一〇〇〕

本條涵本説郛卷三引，據輯。

106 **三教布衣**

唐陳陶也。〔一〇一〕

本條涵本説郛卷三引，據輯。

校勘記

〔一〕是以亡書　漢書卷八八王式傳「亡」下有「諫」字。

〔二〕劉芳超然獨立　「超然獨立」，北史卷四二論曰作「矯然特立」。

〔三〕孟子懼而問其故　「孟」字原闕，據古列女傳卷一母儀傳補。

〔四〕褚仲都　原作「褚仲郁」，據資治通鑑卷一九五唐紀改。

〔五〕後漢劉寵父丕　四庫考證：「原本脱『劉』字，據後漢劉寵傳補。」

〔六〕唐祝欽明與郭山惲諂附韋后　「郭山惲」原作「郭仙惲」，據新唐書卷一〇九祝欽明傳改。下改同。

〔七〕一朝隳放　「放」原作「於」，據新唐書卷一〇九祝欽明傳改。

〔八〕贇降爲湘陰公而死　四庫考證：「原本脱『陰』字，據五代史補。」

〔九〕夫口道先王之語　「王」原作「生」，據新唐書卷一七四贊曰改。

〔一〇〕排擊所憎　「擊」，新唐書卷一七四贊曰作「擎」。

〔一一〕一時以爲武陽杜孔子　「武陽」，太平御覽卷三八五人事部引文士傳作「舞陽」，案：何良俊語林賞譽引崔鴻十六國春秋前涼録：「杜育，字子光，濮陽舞陽人。」疑「武」爲「舞」之音訛。

〔一二〕弟璡　「璡」原作「珽」，文選卷五四劉孝標辯命論引作「璡」，南齊書卷一七四劉璡傳：「瓛弟璡。璡字子璥，方軌正直。」據改。

〔一三〕服膺儒行　「行」下原有「濟濟有辭致，見者奇之，其後才名益著」，案：文選卷五四劉孝標辯命論無此段，疑有誤。「辭致」以下見北史卷三六薛道衡傳：「子道衡，字玄卿。六歲而孤，專精好學。年十歲，講左傳，見子産相鄭之功，作國僑贊，頗有詞致，見者奇之。其後才名益著。齊司州牧、彭城王溆引爲兵曹從事。尚書左僕射楊愔見而嗟賞，授奉朝請。吏部尚書隴西辛術與語，歎曰：『鄭公業不亡矣！』河東裴讞目之曰：『鼎遷河朔，吾謂「關西孔子」，罕遇其人，今復遇薛君矣！』」薛道衡亦稱關西孔子，疑原書與上文劉瓛別作一條，今據文删。

〔一四〕四庫館臣案：「『關西孔子』始於後漢楊震，附記。」

〔一五〕陳顧野王　四庫考證：「原本『顧』訛『故』，據陳書改。」

〔一六〕廬江何伯璵兄弟號爲何展禽　案：大典卷一二〇一五引實賓録無此段。「何伯璵」原作「何伯與」，據南史卷七三吴達之傳改。

〔一七〕並爲高士沈顗所重　「高士」二字原闕，據大典卷一二〇一五引實賓録補。「沈顗」，南史卷七三吴達之傳引同，大典作「沈雲」，疑誤。

〔一八〕時號海東曾子　四庫考證：「『海東曾子』，唐書百濟傳作『海東曾閔』，與此稍異。」案：新唐書卷二二〇百濟傳作「海東曾子」，蓋爲實賓録所出。

〔一九〕後漢趙戢遇三輔亂　「趙戢」，太平御覽卷四四五人事部引典略作「趙戩」。

〔二〇〕言朝士　太平御覽卷四四五人事部引典略作「底訾朝士」。

〔二一〕老子之母曰無妙玉女　「無妙玉女」，雲笈七籤卷三道教本始部作「玄妙玉女」。

〔二二〕啓左腋生　「啓」，雲笈七籤卷三道教本始部作「剖」。

〔二三〕以李爲姓　雲笈七籤卷三道教本始部「以」上有「指樹爲氏」四字。

〔二四〕老子當文王時爲守藏史　「守」字原闕，據太平廣記卷一神仙引神仙傳補。

〔二五〕至宣王時爲柱下史　「宣王」，太平廣記卷一神仙引神仙傳作「武王」，與此異。

〔二六〕及見侃　「及」原作「乃」，據晉書卷七三庾亮傳改。

〔二七〕今日反見求邪　「今日」原作「迺」，據晉書卷七三庾亮傳改。

〔二八〕鎮南大將軍劉洪　「劉洪」，晉書卷七〇應詹傳作「劉弘」，蓋避宋諱改。

〔二九〕名陽　「陽」下原有「子」，案：史記卷一一七司馬相如傳注引張揖云：「陽子，伯樂也。孫陽字伯樂，秦繆公臣，善御者也。」漢書卷五七司馬相如傳注引張揖曰：「陽子，伯樂也，秦繆公臣，姓孫，名陽。」據删。

〔三〇〕高士傳　原闕，據大典卷一〇二八七引實賓録補。

〔三一〕唐韓翃有詩名　「韓翃」，太平廣記卷四八五雜傳記引許堯佐柳氏傳作「韓翊」。

〔三二〕梵語菩薩　「菩薩」，文選卷六〇齊竟陵文宣王行狀李善注作「布薩」。

〔三三〕故謂之子　「子」，文選卷六〇齊竟陵文宣王行狀李善注作「浄住子」。

〔三四〕王相國徽過許　「徽」原作「徵」，據太平廣記卷二五七嘲誚引三水小牘改。

〔三五〕繼母謂經曰　「繼」，三國志卷九魏書夏侯玄傳作「經」。

〔三六〕物忌太過不祥可知矣　三國志卷九魏書夏侯玄傳作「物太過不祥，可以止矣」。

〔三七〕歷二州刺史　「州」字原闕，據三國志卷九魏書夏侯玄傳補。

〔三八〕晉衛瓘性正静有名理　「正」，晉書卷三六衛瓘傳作「貞」，疑宋人諱改。

〔三九〕其室在昭王廟西渭南陰鄉樗里　四庫考證：「原本『渭』訛『謂』，據史記索隱改。」

〔四〇〕汝南平輿人　四庫考證：「原本『汝南』下多『子』字，據後漢書删。」

〔四一〕侍中當正補國政　「正」，後漢書卷七九戴憑傳作「匡」，蓋爲宋人諱改。

〔四二〕蜀劉璋遣法正迎劉備　「劉璋」原作「劉章」，據三國志卷三九蜀書劉巴傳裴松之注引零陵先賢傳改。

〔四三〕擔揭而去　「擔」，史記卷一二六滑稽列傳作「檐」。

〔四四〕左右諸郎伴呼之曰狂人　史記卷一二六滑稽列傳「左」上有「人主」二字。

〔四五〕精理不足　「精」原作「情」，據晉書卷八五劉邁傳改。

〔四六〕厚味實腊毒　四庫考證：「原本『腊』訛『暗』，據國語改。」

〔四七〕楚成王將以商臣爲太子　四庫考證：「原本『成王』訛『武成』，據左傳改。」

〔四八〕案：論語「善人」共四見，分見述而：「子曰：『善人，吾不得而見之矣。』」先進：「子張問善人之道。」子路：「子曰：『善人爲邦百年，亦可以勝殘去殺矣。誠哉是言也！』」堯曰：「周有大賚，善人是富。」

〔四九〕案：本條出晉書卷九八孟嘉傳，今引之如下：「孟嘉字萬年，江夏鄳人，吴司空宗曾孫也。嘉少知名，太尉庾亮領江州，辟部廬陵從事。嘉還都，亮引問風俗得失，對曰：『還傳當問吏。』亮舉麈尾掩口而笑，謂弟翼曰：『孟嘉故是盛德人。』轉勸學從事。」

〔五〇〕案：本條見漢書卷四二贊曰，今迻録如下：「張蒼文好律曆，爲漢名相，而專遵用秦之顓頊曆，何哉？周昌，木强人也。」

〔五一〕法師韋節　「韋節」原作「諱節」，案：三洞群仙録卷一三引神仙傳：「法師韋節，後魏莊帝時爲陽夏守，師道士趙通法師，遂還簪紱於朝，受三洞靈文、神方秘訣。後卜居華山之陽，人因號爲『華陽子』。」歷世真仙體道通鑑卷二九引同作「韋節」，據改。

〔五二〕案：此見陶淵明集卷七與子儼等疏，云：「見樹木交蔭，時鳥變聲，亦復歡然有喜。常言五六月中，北窗下卧，遇涼風暫至，自謂是羲皇上人。」

〔五三〕江湖散人　原作「甫里先生」，據涵本説郛卷三引實賓録改。

〔五四〕往從張摶遊　「張摶」原作「張博」，新唐書卷一九六陸龜蒙傳引作「張摶」，范成大吴郡志卷六云：「木蘭堂在郡治後，嵐齋録云：『唐張摶自湖州刺史移蘇州，於堂前大植木蘭花，當盛開時燕郡中詩客，即席賦之。』」據改。

〔五五〕性俶儻　「性」字原闕，據後漢書卷四九仲長統傳補。

〔五六〕郭援攻絳下之　「郭援」原作「郭緩」，三國志卷一五魏書賈逵傳、裴松之注引魏略並作「郭援」，據改，下同。

〔五七〕體道而不憂　「憂」原作「優」，據太平御覽卷五〇九逸民部引高士傳改。

〔五八〕五代前蜀許寂博通經史　「許寂」原作「許籍」，舊五代史卷七一許寂傳云：「許寂，字閑閑。祖秘，名聞會稽。〔中略〕唐末，除諫官，不起，漢南謂之徵君。」册府元龜卷八一〇總録部引同，據改，下改同。

〔五九〕四庫考證：「漢書張晏注曰：『后稷佐唐，欲令復爲之。』與此説互異。」

〔六〇〕案兖州刺史李子正貪暴　「李子正」，北史卷三四宋遊道傳作「李子貞」，疑宋人諱改。

〔六一〕案：本條見北史卷三四宋遊道傳，蓋原書删節過簡，致未言文襄撲殺之由，今引其所闕文如下：「文襄以子貞預建義勳，意將含忍。遊道疑陳元康爲其内助，密啓云：『子貞、元康交游，恐其别有請屬。』文襄怒，於尚書都堂集百僚，撲殺子貞。」

〔六二〕案：本條見海録碎事卷二一政事禮儀部，今録於下：「薛稷爲杳冥君銘，其略云：『時代攸徂，寧窮姓氏？久歇火風，爰歸地水。』」

〔六三〕號爲劉君子　「劉君子」，三國志卷三九劉巴傳作「劉君子初」。案：劉巴字子初，疑脱「初」字。

〔六四〕歷十二年　「十二」，東雅堂昌黎集注卷一三徐泗濠三州節度掌書記廳石記作「十一」。

〔六五〕後之人苟未知南陽公之文章　「苟」原作「尚」，據東雅堂昌黎集注卷一三徐泗濠三州節度掌書記廳石記改。

〔六六〕唐貞元中　「貞元」原作「貞觀」，太平廣記卷一七〇知人引摭言引作「貞元」，案：洪興祖韓子年譜卷一引科名記謂：「貞元八年陸贄主司，試明水賦、御溝新柳詩。其人賈稜、陳羽、歐陽詹、李博、李觀、馮宿、王涯、張季友、齊孝若、劉遵古、許季同、侯繼、穆贄、韓愈、李絳、温商、庾承宣、員結、胡諒、崔群、邢册、裴光輔、萬瑠，是年一榜多天下孤雋偉傑之士，號『龍虎榜』。」是知「貞觀」當爲「貞元」之誤，據改。

〔六七〕居三歲　「三」，太平廣記卷一七〇知人引摭言作「二」。

〔六八〕一日讀千紙　「千」，據樊川文集卷一冬至日寄小姪阿宜詩作「十」。

〔六九〕大開陟職場　「陟」，樊川文集卷一冬至日寄小姪阿宜詩作「官」。

〔七〇〕生允格臺駘　四庫考證：「原本脱『生』字，『允』訛『元』，並據左傳增改。」

〔七一〕唐嘿啜攻飛狐　「嘿啜」，新唐書卷二〇五楊烈婦傳作「默啜」，案：「嘿」爲「默」之異體，古通用。

〔七二〕乃以小舸夜中發去　晉書卷九〇鄧攸傳作「攸乃小停，夜中發去」。

〔七三〕捄我塗炭　「捄」，晉書卷七〇應詹傳作「拯」，案：「捄」爲「救」之異體，與「拯」義近。

〔七四〕子禄嗣　「禄」原作「孫」，據漢書卷一高帝紀顔師古注改。

〔七五〕明雌亭侯　「明」，史記卷五七絳侯周勃世家索隱引姚氏按語作「鳴」。

〔七六〕河内温縣老嫗以相稱　史記卷五七絳侯周勃世家索隱引姚氏按語無「以相稱」三字。

〔七七〕夢凌爲祟而薨　晉書卷一宣帝紀「夢」下有「賈逵」二字。

〔七八〕禮飲只合三爵君臣雜混非宜　舊唐書卷九〇李景伯傳作「侍宴既過三爵，諠譁竊恐非儀」。

〔七九〕使崔季珪代　四庫考證：「原本『崔』訛『權』，據世説改。」

〔八〇〕半英雄　原作「半人」，四庫考證引殷芸小説謂：「傅巽有知人之鑒，在房州目龐統爲『半英雄』。與此互異。」涵本説郛卷三引實賓録正作「半英雄」，據改，下文改同。

〔八一〕魏傅巽　「傅巽」原作「孟選」，三國志卷六魏書劉表傳注引傅子：「巽子公悌，瓌偉博達，有知人鑒。」涵本説郛卷三引實賓録作「傅巽」，今據改。

〔八二〕劉表傳　原闕，據涵本説郛卷三引實賓録補。

〔八三〕文章微婉我知丘　「丘」原作「君」，案：「丘」謂「孔丘」，正與上文「曹操」對，若作「君」，則與上句覆，白氏長慶集卷六九哭劉尚書夢得作「丘」，據改。

〔八四〕家語　原闕，據涵本説郛卷三引實賓録補。

〔八五〕本傳　原闕，據涵本説郛卷三引實賓録補。

〔八六〕游俠傳　原闕，據涵本説郛卷三引實賓録補。

〔八七〕本傳　原闕，據涵本説郛卷三引實賓録補。

〔八八〕本傳　原闕，據涵本説郛卷三引實賓録補。

〔八九〕請問名曰詠達惡比　原作「請問名字達惡比」，據法言卷一一淵騫改。

〔九〇〕揚子　原闕，據涵本説郛卷三引實賓録補。

〔九一〕曰　原闕，據法言卷一一淵騫補。

〔九二〕揚子　原闕，據涵本説郛卷三引實賓録補。

〔九三〕融憂不免禍　「禍」字原闕，據三國志卷五一吴書孫韶傳注引會稽典録補。

〔九四〕友道可洪也　「洪」，三國志卷五一吴書孫韶傳注引會稽典録作「弘」，蓋避宋諱而改。

〔九五〕孫韶傳　原闕，據涵本説郛卷三引實賓録補。

〔九六〕徐答之云　世説卷中品藻「徐」上有「王」字。

〔九七〕叔是一代之雄　世説卷中品藻「叔」上有「亡」字。

〔九八〕稱之定同　「定」，舊唐書卷九四贊曰作「豈」。

〔九九〕案：本條出三國志卷一四魏書程昱傳，今録之如下：「昱乃歸，過范，説其令靳允曰：『聞吕布執君母弟妻子，孝子誠不可爲心！［中略］夫布，麤中少親，剛而無禮，匹夫之雄耳。宫等以勢假合，不能相君也。兵雖衆，終必無成。』」

〔一〇〇〕案：本條出三國志卷一魏書武帝紀：：「彧以爲『紹悉衆聚官渡，欲與公決勝敗。公以至弱當至彊，若不能制，必爲所乘，是天下之大機也。且紹，布衣之雄耳，能聚人而不能用。夫以公之神武明哲而輔以大順，何向而不濟！』」

〔一〇一〕案：本條見海録碎事卷九人事部，今迻録如下：「唐陳陶以詩名，兼釋老學，自號『三教布衣』。」

實賓録卷十四

1 白丁

隋李敏，字樹生。美姿容，善騎射，工歌舞絃管。開皇初，周宣帝后樂平公主有女娥英，妙擇婿對，敕貴公子弟集弘聖宫者以百數〔一〕。公主選取敏，禮儀如尚帝女。後將侍宴〔二〕，公主謂敏曰：「我以天下與至尊，惟一女夫，當爲汝求柱國。若授餘官，慎無謝。」及進見上，上親御琵琶，遣敏歌舞，大悦，謂公主曰：「敏何官？」對曰：「一白丁爾。」謂敏曰：「今授儀同。」敏不答。上曰：「不滿爾意邪？今授開府。」又不謝。上曰：「公主有大功於我，何得向其女婿惜官，今授卿柱國。」敏乃拜而蹈舞。遂於坐發詔授柱國云。

2 敕使墓户〔三〕

唐杜宣猷，咸通中爲福建觀察使。是時，諸道歲進閹兒，號「私白」，閩、嶺最多，後皆任事，當時謂閩爲中官區藪。宣猷每歲時遣吏致祭其先，時號「敕使墓户」。卒用群中官力徙宣歙觀察使。原注：「玉泉子云『時號爲敕使看墓』。」

3 隨使户

五代吴越儇，元瓘之子〔四〕。鎮永嘉，清謹自將，温人舊苦徭役，貧富同科，儇至，始置籍均之。性清儉，無所侵擾，民以是悦慕。數歲加平章事，移鎮姑蘇，温人有携家屬以從者，謂之「隨使户」〔五〕。出城之日，民皆巷哭。九國志〔六〕

4 老兵三則

蜀彭羕仕蜀〔七〕，以事左遷江陽太守。馬超曰：「卿才具秀拔，寧當外授小郡〔八〕？」羕曰：「老革荒謬〔九〕，可復道邪！」郭璞曰：「老革者，皮色枯瘁之形。」裴松之以爲皮去毛曰革。古者以革爲兵，故語稱兵革，革猶兵也。羕罵備爲老革，猶言老兵也。

唐皇甫湜答李生書曰：「近世風教偷薄，進士猶甚，争爲虚張以相高自謾。詩未有劉長卿一句，已呼阮籍爲老兵矣；筆語未有駱賓王一字，已罵宋玉爲罪人矣；書字未識偏傍，高談稷、契；讀書未知句讀，下視服、鄭。此時之大病，所當嫉者。」

五代荆南季昌，方莊宗初有中國，詔季昌入朝。將行，幕客梁震曰：「唐室反正，有平天下心，繕甲治兵以自固，猶恐不保。今去國千里餘，入不測之淵，公梁室勳舊，安知不以仇敵相遇？」昌不從。震謂人曰：「老兵此去得免，是新朝無謀矣。」

5 神兵

唐崔寧世儒家，爲漢州刺史。討吐蕃，既薄賊城，城皆累石，不得攻，惟東南不合者丈許，諜知之，乃爲地道，再宿而拔，拓地數百里。敵皆驚，以寧爲神兵。

6 家兵

朱儁爲太僕，光和中，賊帥常山人張燕寇河内，逼近京師。於是出儁爲河内太守，將家兵擊卻之。

7 女戎

唐長孫無忌等贊曰：「天以女戎間唐而興，雖義士仁人抗之以死，決不可支。」

本條涵本説郛卷三引，據輯。

8 八都

五代蜀王建初從秦宗權征討有功，宗權遣將王淑帥兵八千人，從忠武監軍楊復光擊黄巢將朱温，淑逗撓不進，復光斬之，分其衆爲八都，以鹿晏弘等八人各將一部，從下鄧州。復光遂率八都，收復長安。

9 破柴都

五代後蜀趙崇韜累從征討有功，周師來侵，崇韜率勵將士，行陣整肅，士卒有點其頰爲斧形者，號「破柴都」。周師前鋒屢爲崇韜所破。

10 破天荒

唐荆州每歲解送舉人，多不成名，號曰「天荒解」。中書舍人劉蜕既以荆解及第〔一〇〕，時號曰「破天荒」。北夢瑣言

本條涵本説郛卷三引，據輯。

11 癡〔一一〕

晉王湛有隱德，兄子濟嘗輕之，以爲癡。見湛床頭有周易，問曰：「叔父何用此爲？」湛曰：「體中不佳時，脱復看爾。」濟請言之。湛因剖析玄理，微妙有奇趣，皆濟所未聞。不覺渙然〔一二〕，心形俱肅。遂流連彌月累夜，自視缺然。

12 白癡

魯成公十八年，晉厲公卒，使荀罃、士魴逆周子于京師而立之。周子有兄而無慧，不能辨菽麥，故不可立。注云：「菽，大豆也。豆麥殊形易別，故以爲癡者之候。不惠，蓋世所説白癡。」

13 酒囊飯袋

五代武陵周行逢雖處藩鎮，躬守儉素，僚吏每以自奉太簡爲言。行逢曰：「吾常恨馬氏恣縱奢僭，車服器用擬於乘輿，後房姬妾不勝珠翠者迨千餘人，諸院王子出入，鞍馬僕從前後烜赫有及五七里者，文武之道未嘗留意，時人皆謂之酒囊飯袋。及家國傾喪，死溝

鋻者十有八九，得非天道致罰而然歟！若又效之，非所以爲子孫計也。」荆湘近事〔一三〕

14 行尸走肉〔一四〕

後漢任末學無常師，每言人而不學則何以成。臨終誡曰：「夫人好學，雖死若存；不學者雖存，謂之行尸走肉爾！」

15 戴帽餳

隋梁彦光爲岐州刺史，其俗頗質，以静鎮之，合境大化，奏課爲天下第一。及爲相州刺史，如岐州法〔一五〕。鄴都雜俗，人多變詐，爲之作歌，稱其不能理政。百姓呼爲「戴帽餳」。本傳〔一六〕

16 格佞

宋武帝少事戎旅，不經涉學，及爲宰相，頗慕風流，時或談論，人皆依違不敢難。鄭鮮之難必切至，未嘗寬假。與帝言，要須帝理本屈，然後置之。帝有時慚恧變色，感其輸情，時人謂爲「格佞」。

17 墮疊

唐竇滈爲京兆尹，有慘酷之名，謂之「墮疊」。

18 佞散騎

梁江革爲廬陵王長史，時少王行事，多傾意於籤帥，革以正直自居，不與典籤趙道智坐。道智因還都啓事，面陳革隳事好酒，以瑯琊王曇聰代爲行事。南州士庶爲之語曰：「故人不道智，新人佞散騎，莫知度不度，新人不如故。」

19 作楚囚

東晉過江人士，每至暇日，相要出新亭飲宴。周顗中坐而嘆曰：「風景不殊，舉目有江河之異〔一七〕。」皆相視流涕。惟王導愀然變色曰：「當共戮力王室，克復神州，何至作楚囚相對泣邪！」衆收淚而謝之。

20 供御囚

北齊文宣每行，載死囚以從，齊人呼曰「供御囚」。南史王瑜傳并文宣記（一八）

本條涵本説郛卷三引，據輯。

21 池水清

唐有韓伸者，善飲博。或經年忘其家，多落魄于花柳間。其妻怒甚，或時自往驅趁而同歸。常遊東川，經年不歸。一日聚其徒，挈飲妓而致幽會。夜坐方洽，妻領女僕潛匿鄰舍，伸夜會筵合，揭聲唱池水清不絶，其妻於腦後一棒，打落幞頭，撲滅燈燭。伸即竄入飯牀之下。有同坐客暗遭鞭撻，不勝其苦，然後遣二青衣，把髻牽行，一步一棒，牽至燭下，乃知其非良人。伸尚露頭潛飯牀下。蜀人大以爲笑，時輩呼韓爲「池水清」。

22 附驥尾二則

伯夷叔齊傳曰：「伯夷、叔齊雖賢，得夫子而名益彰。顔回雖篤學，附驥尾而行益顯。」

漢樊噲，少以屠狗爲事；灌嬰，睢陽販繒者也。太史公曰：「方其鼓刀屠狗賣繒之時，豈自知附驥之尾，垂名漢庭，德流子孫哉？」

23 萬人敵 二則

前秦張蚝膂力過人，或曳牛走〔一九〕。苻堅甚寵之，常致左右，終爲名將。所在有殊功，世稱鄧羌、張蚝萬人敵。

後周王傑本名文達，少有壯志，每以功名自許。周文奇其才，嘗謂諸將曰：「王文達，萬人敵也。」

24 老傭

後漢初，劉盆子居長樂宮。臘日，設樂大會，盆子坐正殿，中黄門持兵在後，公卿列坐殿上。酒未行，其中一人出刀筆書謁欲賀，其餘不知書者起往請之，各各屯聚，更相背向〔二〇〕。大司農楊音按劍罵曰：「諸卿皆老傭也！今日設君臣之禮，反更淆亂，兒戲尚不如此，皆可格殺！」

25 狂奴

後漢嚴光隱身不見，光武三聘而後至。司徒侯霸見之，語亦不答，乃投札與之，口授曰：「君房足下：位至鼎足，甚善。懷仁輔義天下悦，阿諛順旨要領絶。」霸得書，封奏之。帝笑曰：「狂奴故態也。」

26 老奴四則

胡奮女選入爲貴人，奮唯一子早亡，及聞女爲貴人，哭曰：「老奴不死，唯有二兒，男入九地之下，女在九天之上。」

宋趙倫之雖外戚貴寵，而居身儉素，性野拙澀，於世事多所不解。爲護軍，資力不稱，以是見貶。光禄大夫范泰好戲，笑謂曰：「司徒公闕，必用汝老奴。我不言汝資地所任，要是外戚高秩次第所至。」倫之大喜，每載酒肴詣泰。

齊袁蒨善圖寫人面〔二〕，與真無別。時南康郡守劉繪妹爲鄱陽王妃，伉儷甚篤。王爲齊明帝所誅，妃追傷過切，心用恍惚，遂成癎病，醫所不療。乃令蒨畫王形像，併圖王平生所寵姬，共照鏡，狀如偶寢。密令媪奶示妃。妃見乃唾之，因罵曰：「斫老奴晚！」於是悲情遂歇，病亦痊除。

唐文昌左丞盧獻第二女，先適鄭氏，其夫早亡，誓不再醮。姿容端秀，顔調甚高〔二二〕。姊夫羽林將軍李思沖，姊亡之後，奏請續親，許之，兄弟並不敢白。思沖擇日備禮，贄幣甚盛。執敕就宅〔二三〕，盧氏拒關，大聲詈曰：「老奴，我非汝匹也。」乃踰垣至所親家截髮。沖奏之，敕不奪其志。後爲尼，甚精進。

27 死狗奴

唐孫揆爲昭義軍節度使，討李克用不勝，被執，克用厚禮，將用之，曰：「公輩當從容廟堂，何爲自履行陣？」揆大罵不屈，克用怒，使以鋸解齒不行，揆謂曰：「死狗奴，解人當束之以版，汝輩安知？」行刑者如其言，罵聲不輟至死。昭宗憐之，贈左僕射。

28 守錢奴

梁鄧差，南郡臨沮人，大富。道佔人先不相識，道邊相對共食，羅布殊味。二人呼差同飲，謂曰：「觀二人，遠行商估，勢不在豐，何爲頓爾珍羞美食？」估人曰：「人生在世，終止爲身口爾。一朝病死，安能復進甘呼乎？」終不如臨沮鄧生，平生不用，爲守錢奴耳。」

差不告姓名，歸至家，宰鵝自食，動筋斂骨，梗其喉而死。廣五行記

本條涵本説郛卷三引，據輯。

29 六籍奴婢

唐劉蕡精於儒術，嘗讀文中子，忿而言曰：「才非殆庶，擬上聖述作，不亦過乎？」或問：「文中子於六籍如何？」蕡答：「以人望，文中子於六籍，猶奴婢之於郎主耳！」後人遂號文中子爲六籍奴婢。

30 老婢材

晉王敦病篤，不能御衆，命兄含爲元帥，率兵犯闕。帝遣中軍司馬曹渾等擊含于越城，含軍敗，敦聞，怒曰：「我兄老婢材，自後門户衰矣〔二四〕！兄弟材兼文武者，世將、處季皆早死，今大事去矣。」

31 憨獠

五代南唐劉玢不君，其弟洪熙等陰遣陳道庠養勇士劉思潮等弑玢〔二五〕。其弟晟立，晟

殺其諸弟及劉思潮等。陳道庠懼，不自安，其友特進鄧仲以荀悦漢紀遺之〔二六〕，道庠莫能曉，仲罵曰：「憨獠〔二七〕！韓信誅而彭越醢，皆在此書矣！」道庠悟，益懼。晟聞之大怒，斬之。

32 高癩子

五代十國南平高氏據有荆南，地狹兵弱，介於吴、楚，爲小國之主。自吴稱帝，而南漢、閩、楚皆奉梁正朔，歲時貢舉，皆假道荆南。從誨嘗邀留其使者，掠取其物，而諸道以書責誚，或發兵加討，即復還之而無愧。其後南漢與閩皆稱帝，從誨所向稱臣，蓋利其賜予。俚俗語謂奪攘苟得無愧耻者爲癩子，猶言無賴也，故諸國皆目爲「高癩子」。通鑑謂之「高無賴」。

33 輕薄團頭

唐昭宗時，翰林學士韓渥薦趙崇爲相，崇時爲御史大夫，梁祖嘗言於昭皇：「趙崇是輕薄團頭。於鄂州坐上，佯不識駱駝，呼爲山驢王。」遂阻三事之拜。昭宗實録〔二八〕

34 **輕薄公子**

隋宇文化及也。本傳〔二九〕

本條涵本說郛卷三引，據輯。

35 **逸群公子**

唐韋騶自稱也。甘澤謡〔三〇〕

本條涵本說郛卷三引，據輯。

36 **乞活**

晉東瀛公騰之鎮鄴也，携并州將田甄等部衆萬餘人至鄴，遣就穀冀州，號爲「乞活」。

37 **乞兒**

陰生者，長安渭橋下乞兒也。常乞於市中，人厭苦〔三一〕，以糞洒之。旋見於里中，衣不汙如故。長吏試收繫〔三二〕，著桎梏，續在市中乞。洒者之家室自壞〔三三〕。長安中謡言曰：

「見乞兒，與美酒，以免破屋之咎名。」

38 奴賊

唐原州奴賊爲寇，丘行恭詣賊營，手斬奴帥，謂衆曰：「若皆豪傑也，何爲事奴乎？使天下號曰奴賊。」衆皆伏，曰：「願改事公。」

39 老賊五則

魏荀彧既死，孫權以露布告蜀，劉備聞之曰：「老賊不死，禍亂未已。」

魏曹公下荆州，劉琮舉衆降，吴人皆恐，咸請迎之，獨周瑜請擊之。權曰：「老賊欲廢漢自立久矣，徒忌二袁、吕布、劉表與孤爾。今數雄已滅，唯孤尚存，孤與老賊勢不兩立。君言當擊，甚與孤合，此天以君授孤也。」遂敗之於赤壁。

魏劉雄鳴者，藍田人。少以採藥射獵爲事，常居覆車山下，每晨夜，出行雲霧中，以識道不迷，而時人因謂之能爲雲霧。郭、李之亂，人多就之。後詣太祖，執其手曰：「孤方入關，夢得一神人，即卿邪！」乃厚禮之，表爲將軍，令迎其部黨。部黨不欲降，遂劫反〔三四〕。太祖遣夏侯淵破之，雄鳴復歸降，太祖捉其鬚曰：「老賊，真得汝矣！」復其官。

晉桓大司馬乘雪欲獵，先過王、劉諸人。真長見其裝束單急，問：「老賊欲持此作何？」桓曰：「我若不爲此，卿輩亦那得坐談？」

北齊文宣帝以祖珽險薄多過，帝數罪之，每謂爲老賊。

40 白賊

宋張暢爲安北長史，魏太武南征，至彭城。暢在城上與魏尚書李孝伯語。時太尉江夏王義恭鎮彭城，孝伯曰：「魏主言太尉、鎮軍久闕南信，殊當憂邑，若欲遣信，當爲護送。」暢曰：「此方間路甚多，不復以此勞魏主。」孝伯曰：「亦知有水路，似爲白賊所斷。」暢曰：「君着白衣，故稱白賊邪？」孝伯大笑曰：「今之白賊亦不異黄巾、赤眉。」暢曰：「黄巾、赤眉似不在江南。」孝伯曰：「亦不離青、徐。」暢曰：「今者青、徐實爲有賊，但非白賊。」

41 蔡賊

唐末馬殷與劉建鋒皆蔡州朗山同里人〔三五〕，凡秦宗權黨散爲盜者，皆以酷烈相矜，時通名「蔡賊」云。

42 銅山大賊

唐李義府相高宗，晚以裒索爲務。金吾倉曹參軍楊行穎白其贓，詔司刑太常伯劉祥道與三司雜訊，除名流嶲州。或作河間道元帥劉祥道破銅山大賊李義府露布，榜于衢。原注：「譚賓録云：『露布稱「混奴婢而亂放，各識家而競入」。』」

43 劫陵塚賊

五代梁温韜爲義勝軍節度使，在鎮七年，唐諸陵在其境内者，悉發掘之，取其金寶。徙鎮忠武。莊宗滅梁，韜自許來降，因令嬖人景進納賂劉皇后，皇后爲言之，莊宗待韜甚厚。郭崇韜曰：「此劫陵塚賊爾，罪不可赦！」莊宗曰：「已宥之矣，不可失信。」遽遣還鎮。頃之，受代歸闕，久留京師，親黨或憂其闕乏，其子揚言曰：「使一裸體黄漢，足了一年支費。」蓋謂劫陵所得金偶人也。

44 二虜

後魏靈、獻之間，烏桓、鮮卑二虜迭盛，石槐驍猛，盡有單于之地，蹋頓凶桀，公據遼西

之土。又贊曰：「二虜首施，鯁我北垂〔三六〕。道暢則訓，時薄光離。」本傳
本條大典卷一〇八七六引，據輯。

45 索虜

宋、齊、梁、陳、齊、周、隋天下參隔，南方謂北爲「索虜」，北方指南爲「島夷」。唐李延壽傳
本條大典卷一〇八七六引，據輯。

校勘記

〔一〕敕貴公子弟集弘聖宫者以百數　北史卷五九李敏傳「者」下有「日」字，則句斷當作「敕貴公子弟集弘聖宫者，日以百數」。
〔二〕後將侍宴　「侍」原作「特」，據北史卷五九李敏傳改。
〔三〕敕使墓户　「敕使墓户」原作「私白」，據涵本説郛卷三引實賓録改。
〔四〕元瓘之子　「元瓘」原作「允瓘」，據涵本説郛卷三引實賓録改。
〔五〕謂之隨使户　「户」，十國春秋卷八三吴越作「百姓」。
〔六〕九國志　原闕，據涵本説郛卷三引實賓録補。

〔七〕蜀彭羕仕蜀　「彭羕」原作「彭義」，據三國志蜀書卷四〇彭羕傳改，下改同。

〔八〕寧當外授小郡　三國志蜀書卷四〇彭羕傳「郡」下有「失人本望乎」。

〔九〕老革荒謬　「謬」，三國志蜀書卷四〇彭羕傳作「悖」。

〔一〇〕中書舍人劉蛻既以荆解及第　「劉悦」原作「到」，據太平廣記卷二五一詼諧引北夢瑣言改。

〔一一〕案：本條言王湛深於周易一事亦見卷二「名士」條，惟字句稍有删節，今因題名不一，姑存其舊。

〔一二〕不覺涣然　「涣」，晉書卷七五王湛傳作「懔」。

〔一三〕荆湘近事　原闕，據涵本説郛卷三引實賓録補。案：「荆」原作「九」，蓋涉上「九」字而誤，海録碎事卷八聖賢人事部云出荆湘近事，據改。

〔一四〕案：本條與卷五「任氏經苑」前半同，蓋截取其半另稱以「行尸走肉」，今存其舊。

〔一五〕如岐州法　「如」下原衍「部」字，據涵本説郛卷三引實賓録删。

〔一六〕本傳　原闕，據涵本説郛卷三引實賓録補。

〔一七〕舉目有江河之異　四庫考證案：「『江河』，世説作『山河』，與此異。」

〔一八〕南史王瑜傳并文宣記　「瑜」原作「俞」，據南史卷二一王瑜傳改。

〔一九〕或曳牛走　「走」字原闕，據太平御覽卷二七五兵部引崔鴻前燕録補。

〔二〇〕更相背向　「背向」原倒作「向背」，據後漢書卷一一劉盆子傳乙。

〔二一〕齊袁蒨善圖寫人面　「袁蒨」，原作「袁舊」，南史卷三九劉瑱傳作「殷蒨」，太平廣記卷二一一畫引謝赫畫品作「袁蒨」。案：宋人避「殷」諱，「舊」則「蒨」之形訛，今據太平廣記改，下同。

〔二三〕顔調甚高　「顔調」，朝野僉載卷三作「言辭」。

〔二三〕執敕就宅　「敕」，朝野僉載卷三作「贄」。

〔二四〕我兄老婢材自後門户衰矣　「材」，晉書卷九八王敦傳作「耳」，又無「自後」二字。

〔二五〕其弟洪熙等陰遣陳道庠養勇士劉思潮等弑玢　「劉思潮」原作「陳思朝」，據新五代史卷六五劉晟傳改，下改同。

〔二六〕其友特進鄧伸以荀悦漢紀遺之　新五代史卷六五劉晟傳無「特進」二字。

〔二七〕憨獠　四庫考證：「原本『憨』訛『憝』，據五代史改。」

〔二八〕昭宗實録　原闕，據涵本説郛卷三引實賓録補。

〔二九〕案：本條並見北史卷七九宇文化及傳、隋書卷八五宇文化及傳，今引北史文如下：「化及，述長子也。性兇險，不循法度，好乘肥挾彈，馳騖道中，由是長安謂之輕薄公子。」

〔三〇〕案：本條見太平廣記卷三一一神引甘澤謡，今引之如下：「韋騶者，明五音，善長嘯，自稱逸群公子。」

〔三一〕人厭苦　列仙傳卷下陰生「人」上有「市」字。

〔三二〕長吏試收繫　列仙傳卷下陰生「吏」下有「知之」二字。「試」，列仙傳作「械」。

〔三三〕洒者之家室自壞　列仙傳卷下陰生作「乃去灑者之家，室自壞，殺十餘人。」

〔三四〕遂劫反　「劫」原作「卻」，據三國志卷八魏書張魯傳裴松之注引魏略改。

〔三五〕唐末馬殷與劉建鋒皆蔡州朗山同里人　「同里人」原作「人同里」，據新唐書卷一九〇劉建鋒傳改。

〔三六〕鞭我北垂　「鞭我」原作「我鞭」，據後漢書卷九〇烏桓鮮卑傳贊曰改。

舊本實賓録疑文辨證

舊輯本原據永樂大典輯録實賓録佚文，同時另由他書增補内容，惟所引或有未稱引作實賓録而以爲原書所載，或有重出他書而其成書時代晚於本書者，凡此輯録者皆未深考。今按舊本卷目次序注明所出，逐條辨析如左。

1　四尉　卷四

漢長安有四尉，晉洛陽有六尉。隋改縣尉爲縣正，又爲書佐。新唐書百官志注云：「唐武德元年，改書佐曰縣尉，尋改曰正。畿縣、上縣，正皆四人。七年，改縣正復曰尉。」然唐六典載：「長安、萬年、河南、洛陽、奉先、太原、晉陽七縣，尉各六人。京兆、河南、太原諸畿縣，及諸州上縣，尉各二人而已。」新、舊唐書皆從之，新書自與注文矛盾，不能定於一也。按：李太白作溧陽瀨水貞義女碑云：「縣尉廣平宋陟、丹陽李濟、南朝陳然、清河張昭，皆有卿才霸略，同事相協。」又虞城縣令李公去思頌碑亦云：「縣尉李向、趙濟、盧榮等，同德比義，好謀而成。」以此二碑推之，則上縣不止兩尉明矣。

案：本條未見諸書引作實賓録，四庫館臣云：「此則係論官制，與實賓録本書似不相涉，今姑因大典所録，而附存於此。」查本條全鈔自賓退録卷三，且照録考證文字及「按語」，與實賓録僅鈔録原典，不作考證之體例有別。實賓録成書下限大抵不晚於宋高宗紹興二十四年（一一五四），當不及見成書於宋寧宗嘉定十七年（一二二四）之賓退録，疑鈔録者因二書名近而誤輯。

2　八俊　卷五

後漢黨錮傳以「李膺、荀昱、杜密、王暢、劉祐、魏朗、趙典、朱寓爲『八俊』。俊者，言人之英也。」「八俊」録云：「少傅潁川襄城李膺，字元禮。天下模楷李元禮。司空山陽高平王暢，字叔茂。天下英秀王叔茂。太僕潁川陽城杜密，字周甫。天下良輔杜周甫。司隸校尉沛國朱寓，字季陵。天下冰凌朱季陵〔一〕。尚書會稽上虞魏朗，字少英。天下忠貞魏少英。沛國潁陰荀昱〔二〕，字伯條。天下好交荀伯條。大司農博陵安平劉祐，字伯祖。天下稽古劉伯祖。太常蜀郡成都趙典，字仲經。天下才英趙仲經。至朱並，又告以張儉、檀彬、褚鳳、張肅、薛蘭、馮禧、魏玄、徐乾爲八俊。

案：本條未見諸書引作實賓録，舊本據後漢書黨錮傳及陶淵明集卷九聖賢群輔録輯入，云：「八俊、八顧、八及、八廚，事見後漢書黨錮傳及陶潛群輔録。今實賓録既存八顧、八廚，不應獨遺八俊、八及名目，謹據二書補鈔。」今實賓録原書不存，其詳不可確知，館臣前文既謂八元、八愷事見左傳而不敢以意增入，此處卻據之補輯，實自亂其例。

3 八及 卷五

後漢黨錮傳以「張儉、岑晊、劉表、陳翔、孔昱、苑康〔三〕、檀敷〔四〕、翟超爲八及〔五〕。及者，言能導人追宗者也。」「三君」、「八俊」録云：「御史中丞汝南召陵陳翔，字子鱗。海内貴珍陳子鱗。衛尉山陽高平張儉，字元節。海内忠烈張元節。太尉掾汝南細陽范滂，字孟博。海内奢謂范孟博。蒙令山陽高平檀敷，字文有。海内通士檀文有。洛陽令魯國孔昱，字世元。海内才珍孔世元。太山太守渤海重合苑康，字仲真。海内彬彬苑仲真。太尉掾南陽棘陽岑晊，字公孝。海内珍好岑公孝。鎮南將軍荆州牧武城侯山陽高平劉表，字景升。海内所稱劉景升。至朱並，又告以朱楷、田盤、疎耽、薛敦、宋布、唐龍、嬴咨、宣褒爲八及。

案：本條未見諸書引作實賓録，舊本據後漢書黨錮傳及陶淵明集卷九聖賢群輔録輯入。

4 家公 家父 卷六

顔之推家訓云：「昔侯霸之子孫，稱其祖父曰家公；陳思王稱其父曰家父，母爲家母；

潘尼稱其祖曰家祖：古人之所行，今人之所笑也。今南北風俗，言其祖及二親，無云家者；田里猥人，方有此言。」之推，北齊人，逮今幾七百年，稱家祖者復紛紛，皆是名家望族，亦所不免。家父之稱，俗輩亦多有之，但家公、家母之名少耳。山簡謂：「年幾三十，不爲家公所知。」蓋指其父，非祖也。

案：本條見賓退録卷三，未見諸書引作實賓録。

5　天上神仙　地下神仙　卷九

新淦祥符觀道士何得一，宣和間遊京師，遇方士陶光國，愛其人物秀整，語之曰：「當爲辨一事始亟歸〔六〕。」無幾何，徽宗夢人曰：「天上神仙鄭化基，地下神仙何得一。」明日命閲祠部帳，得諸新淦籍中，化基其師也。遽命召，時得一方次郢州守貳，禮請以往。既對，上大悦，賜號冲妙大師，主龍德太乙宫，旋授丹林郎。

案：本條見賓退録卷二，未見諸書引作實賓録。

校勘記

〔一〕天下冰凌朱季陵　「冰」原作「水」，疑形近之訛，據陶淵明集卷九聖賢群輔録改。

〔二〕沛國潁陰荀昱　「荀昱」原作「荀翌」，中華書局點校本後漢書卷八孝靈帝紀校勘記謂：「洪頤軒讀書叢録謂『翌』當作『昱』，荀淑傳、黨錮傳序及竇武傳並作『昱』。」陶淵明集卷九聖賢群輔録引同，據改。

〔三〕苑康　原作「范康」，後漢書卷六七苑康傳：「苑康字仲真，勃海重合人也。」據改，下同。

〔四〕檀敷　後漢書卷六七檀敷傳作「檀敷」。

〔五〕案：陶淵明集卷九聖賢群輔録所録「八及」無「翟超」，有「范滂」。

〔六〕當爲辨一事始亟歸　「始」原作「姑」，據賓退録卷二改。

實賓録新舊輯本對照表

序號	標目	新本卷次	舊本卷次	備注
一	木皇	卷一	卷一	
二	太平天子二則	卷一	卷一	
三	白版天子	卷一	卷一	
四	無愁天子	卷一	卷一	
五	和事天子	卷一	卷一	
六	明主	卷一	卷一	
七	撥亂主	卷一	卷一	
八	銅馬帝	卷一	卷一	
九	賢王	卷一	卷一	
一〇	倿王	卷一	卷一	

續表

序號	標目	新本卷次	舊本卷次	備注
一一	睡王	卷一	卷七	
一二	三王五則	卷一	卷一	
一三	五王二則	卷一	卷一	
一四	八王	卷一	卷一	
一五	洛生王	卷一	卷一	
一六	小鄭王	卷一	卷一	
一七	西王東王	卷一	卷一	
一八	夥涉爲王	卷一	卷一	
一九	三王五侯	卷一	卷五	
二〇	五王一侯	卷一	卷五	
二一	神宰	卷一	卷一	
二二	名宰	卷一	卷一	

續表

序號	標目	新本卷次	舊本卷次	備注
二三	睡相	卷一	卷七	
二四	癡宰相	卷一	無	據涵本說郛卷三輯
二五	盲宰相	卷一	無	據涵本說郛卷三輯
二六	伴食宰相	卷一	無	據涵本說郛卷三輯
二七	麻膏相公	卷一	卷一	
二八	三九相公	卷一	卷一	
二九	白沙相公	卷一	卷一	
三〇	曲子相公	卷一	卷一	
三一	行轍方相	卷一	卷九	舊本原作「行方相」
三二	小村方相	卷一	無	據涵本說郛卷三輯
三三	摸稜首	卷一	無	據涵本說郛卷三輯
三四	學士	卷一	無	據涵本說郛卷三輯

續表

序號	標目	新本卷次	舊本卷次	備注
三五	八學士	卷一	卷五	
三六	女學士	卷一	無	據涵本說郛卷三輯
三七	十八學士	卷一	卷一	
三八	青錢學士	卷一	卷一	
三九	八磚學士	卷一	無	據涵本說郛卷三輯
四〇	斗酒學士	卷一	無	據涵本說郛卷三輯
四一	石祭酒	卷一	無	據涵本說郛卷三輯
四二	輕薄祭酒	卷一	卷一	
四三	軟餅中丞	卷一	卷一	
四四	李御史	卷一	卷一	
四五	縮葱御史	卷一	卷一	
四六	呈身御史	卷一	卷一	

續表

序號	標目	新本卷次	舊本卷次	備注
四七	驄馬御史	卷一	無	據涵本説郛卷三輯
四八	白兔御史	卷一	無	據涵本説郛卷三輯
四九	金牛御史	卷一	無	據涵本説郛卷三輯
五〇	四其御史	卷一	無	據涵本説郛卷三輯
五一	侏儒郎中	卷一	卷一	舊本「侏儒郎中」上原有「緑袍員外」四字
五二	何需郎中	卷一	卷一	
五三	侍芝郎	卷一	無	據涵本説郛卷三輯
五四	伏獵侍郎	卷一	無	據涵本説郛卷三輯
五五	青衫外郎	卷一	卷一	
五六	博士	卷一	無	據涵本説郛卷三輯
五七	算博士	卷一	無	據涵本説郛卷三輯
五八	判詩博士	卷一	卷一	

續表

序號	標目	新本卷次	舊本卷次	備注
五九	瘦羊博士	卷一	無	據涵本說郛卷三輯
六〇	王門下彈琴博士	卷一	卷一	
六一	白馬從事	卷一	卷一	
六二	議曹從事	卷一	無	據涵本說郛卷三輯，原作「義曹徒士」
六三	紫袍主事	卷一	無	據涵本說郛卷三輯
六四	南廊承旨	卷一	卷一	
六五	軺車督郵	卷一	卷一	
六六	花鳥使	卷一	卷一	
六七	飛鳥使	卷一	無	據涵本說郛卷三輯
六八	黄車使者	卷一	卷一	
六九	可喜進馬	卷一	卷一	
七〇	髯參軍　短主簿	卷一	無	據涵本說郛卷三輯

續表

序號	標目	新本卷次	舊本卷次	備注
七一	鑾府參軍	卷一	卷一	
七二	進士	卷一	無	據涵本說郛卷三輯
七三	著緋進士	卷一	卷一	
七四	無解進士	卷一	卷一	
七五	進士中進士	卷一	卷一	
七六	不利市秀才	卷一	卷六	舊本原作「不利秀才」
七七	秦婦吟秀才	卷一	無	據涵本說郛卷三輯
七八	五老榜	卷一	卷六	
七九	武舉榜	卷一	卷六	
八〇	國師二則	卷一	卷一	
八一	太尉	卷一	卷一	
八二	尉佗	卷一	卷一	

續 表

序號	標目	新本卷次	舊本卷次	備注
八三	香尉	卷一	無	據涵本説郛卷三輯
八四	小太尉	卷一	卷一	
八五	外軍校尉	卷一	卷一	
八六	赤牛中尉	卷一	無	據涵本説郛卷三輯
八七	執虎子	卷一	卷一	
八八	枯松太保	卷一	卷一	
八九	飛將	卷一	卷一	
九〇	賢將二則	卷一	卷一	
九一	健將	卷一	卷一	
九二	神將二則	卷一	卷一	
九三	佳將	卷一	卷一	
九四	名將	卷一	卷一	

續表

序號	標目	新本卷次	舊本卷次	備注
九五	疾雷將	卷一	卷一	
九六	三驍將	卷一	卷一	
九七	武原將	卷一	卷一	
九八	真將軍	卷一	卷一	
九九	飛將軍	卷一	卷一	
一〇〇	潘將軍	卷一	無	據涵本説郛卷三輯
一〇一	大樹將軍	卷一	卷一	
一〇二	厭新將軍	卷一	卷一	
一〇三	赤馬將軍	卷一	卷八	
一〇四	百蟲將軍	卷一	無	據涵本説郛卷三輯
一〇五	王烈將軍	卷一	無	據涵本説郛卷三輯
一〇六	東中郎將二則	卷一	卷一	

續表

序號	標目	新本卷次	舊本卷次	備注
一〇七	良二千石	卷一	卷一	
一〇八	薄德二千石	卷一	卷一	
一〇九	賢刺史	卷一	卷一	
一一〇	癩兒刺史	卷一	卷一	
一一一	鐺腳刺史	卷一	卷一	
一一二	十司户	卷一	卷一	
一一三	八司馬	卷一	卷一	
一一四	孔司馬	卷一	無	據涵本説郛卷三輯
一一五	十指揮使	卷一	卷一	
一一六	健令	卷一	卷一	
一一七	市令	卷一	無	據涵本説郛卷三輯
一一八	尚書令	卷一	無	據大典卷一三四九七輯

續表

序號	標目	新本卷次	舊本卷次	備注
一一九	能吏	卷一	卷一	
一二〇	良守	卷一	卷一	
一二一	良吏二則	卷一	卷一	
一二二	良史九則	卷一	卷一	
一二三	九州伯　五湖長	卷一	卷一	
一二四	四時仕宦	卷一	卷一	
一二五	襄樣節度	卷一	無	據大典卷一四七〇七輯
一二六	呷醋節度	卷一	無	據大典卷一四七〇七輯
一二七	酒阿郎節度使	卷一	無	據涵本説郛卷三輯
一二八	僕射	卷一	無	據涵本説郛卷三輯
一二九	看馬僕射	卷一	無	據涵本説郛卷三輯
一三〇	陳白舍人	卷一	卷二	

續表

序號	標目	新本卷次	舊本卷次	備注
一三一	鳳閣舍人	卷一	無	據涵本説郛卷三輯
一三二	斵窗舍人	卷一	無	據涵本説郛卷三輯
一三三	五日京兆	卷一	無	據涵本説郛卷三輯
一三四	果毅	卷一	無	據涵本説郛卷三輯
一三五	土山頭果毅	卷一	無	據涵本説郛卷三輯
一三六	捉船使君	卷一	無	據涵本説郛卷三輯
一三七	女侍中	卷一	無	據涵本説郛卷三輯
一三八	女尚書	卷一	無	據涵本説郛卷三輯
一三九	雷尚書	卷一	無	據涵本説郛卷三輯
一四〇	中大夫	卷一	無	據涵本説郛卷三輯
一四一	張大夫	卷一	無	據涵本説郛卷三輯
一四二	召虎	卷二	卷二	

續表

序號	標目	新本卷次	舊本卷次	備注
一四三	管鮑	卷二	卷二	
一四四	仲父二則	卷二	卷二	
一四五	甯越	卷二	卷二	
一四六	尾生	卷二	卷二	
一四七	扁鵲	卷二	卷二	
一四八	勾踐	卷二	卷二	
一四九	樊噲	卷二	卷二	
一五〇	相如	卷二	卷二	
一五一	陳遵	卷二	卷二	
一五二	王粲四則	卷二	卷二	
一五三	曹鄭	卷二	卷二	
一五四	鮑謝	卷二	卷二	

續表

序號	標目	新本卷次	舊本卷次	備注
一五五	太阿	卷二	卷三	
一五六	晏平仲二則	卷二	卷二	
一五七	今董狐	卷二	卷二	
一五八	鬼董狐	卷二	無	據涵本説郛卷三輯
一五九	陶彭澤	卷二	卷二	
一六〇	似袁粲	卷二	卷二	
一六一	小褚公	卷二	卷二	
一六二	僞荆卿	卷二	無	據涵本説郛卷三輯
一六三	風流宗	卷二	卷二	舊本原作「荀奉倩　袁曜卿」
一六四	卿之士龍	卷二	卷二	
一六五	許由東隣	卷二	卷二	
一六六	我家東阿	卷二	卷二	

續表

序號	標目	新本卷次	舊本卷次	備注
一六七	我家任城	卷二	卷二	
一六八	可方桓靈	卷二	卷二	
一六九	西方公	卷二	卷二	
一七〇	清鄉公	卷二	卷二	
一七一	贊皇公	卷二	卷二	
一七二	河上公	卷二	卷二	
一七三	太牢公	卷二	卷八	
一七四	逍遥公	卷二	無	據大典卷一二〇四三輯
一七五	樂和李公	卷二	卷二	
一七六	江上丈人	卷二	卷二	
一七七	安丘丈人	卷二	卷二	
一七八	荷蓧丈人	卷二	卷十	

續　表

序號	標目	新本卷次	舊本卷次	備注
一七九	高士四則	卷二	卷十二	
一八〇	真高士	卷二	卷二	舊本原作「高士」
一八一	吴中高士	卷二	卷二	
一八二	涼州高士	卷二	卷二	
一八三	齊國高士	卷二	卷二	
一八四	南州高士	卷二	卷二	據涵本説郛卷三輯
一八五	青巖男子	卷二	卷二	
一八六	關東男子	卷二	卷二	
一八七	窮相女子	卷二	卷二	據涵本説郛卷三輯
一八八	朝隱	卷二	卷十三	
一八九	充隱	卷二	卷十三	
一九〇	真隱	卷二	卷十三	

續表

序號	標目	新本卷次	舊本卷次	備注
一九一	通隱	卷二	卷十三	
一九二	天隱	卷二	無	據涵本說郛卷三輯
一九三	仕隱	卷二	無	據涵本說郛卷三輯
一九四	孝隱士	卷二	卷二	舊本原作「隱士」
一九五	荆臺隱士	卷二	卷二	
一九六	游俠隱士	卷二	無	據涵本說郛卷三輯
一九七	隨駕隱士	卷二	無	據涵本說郛卷三輯
一九八	黄扉隱士	卷二	無	據大典卷一三四五〇輯
一九九	縉雲隱者	卷二	卷二	
二〇〇	潯陽三隱	卷二	卷二	
二〇一	逸人	卷二	無	據涵本說郛卷三輯
二〇二	嵩山逸人	卷二	卷二	

續　表

序號	標目	新本卷次	舊本卷次	備注
二〇三	江南望士	卷二	卷二	
二〇四	西州逸士	卷二	卷二	
二〇五	丘園逸士	卷二	卷十三	舊本原作「逸士」
二〇六	南嶽逸士	卷二	無	據涵本説郛卷三輯
二〇七	逸民	卷二	無	據涵本説郛卷三輯
二〇八	荆楚逸民	卷二	無	據涵本説郛卷三輯
二〇九	四明逸老	卷二	無	據涵本説郛卷三輯
二一〇	華陽真逸	卷二	無	據涵本説郛卷三輯
二一一	荆山居士	卷二	卷二	
二一二	東山居士	卷二	卷二	
二一三	東宮居士	卷二	卷二	
二一四	西州智士	卷二	卷二	

序號	標目	新本卷次	舊本卷次	備注
二一五	真處士	卷二	無	據沈本説郛輯
二一六	七松處士	卷二	卷十	
二一七	名士二十七則	卷二	卷十二	其中一則舊本原題「冀州名士」
二一八	冀州名士	卷二	卷二	
二一九	南嶽太師	卷二	卷二	
二二〇	關東大豪	卷二	卷二	
二二一	南土之秀	卷二	卷二	
二二二	江左之秀	卷二	卷二	
二二三	吴中之秀	卷二	卷二	
二二四	酒徒	卷二	無	據涵本説郛卷三輯
二二五	烟波釣徒	卷二	無	據涵本説郛卷三輯
二二六	山長二則	卷二	卷十一	

續表

序號	標目	新本卷次	舊本卷次	備注
二二七	有莘媵臣　渭濱賤老	卷二	卷二	
二二八	南山四皓　淮陽一老	卷二	卷二	
二二九	三族	卷三	卷三	
二三〇	四族二臣	卷三	卷三	
二三一	四姓　五姓	卷三	卷三	
二三二	七姓二則	卷三	卷三	
二三三	萬石君二則	卷三	無	據涵本説郛卷三輯
二三四	萬石秦氏	卷三	卷三	
二三五	孝泌	卷三	卷三	
二三六	孝孫	卷三	卷六	
二三七	孝馮家	卷三	無	據涵本説郛卷三輯
二三八	孝張里	卷三	卷三	

續表

序號	標目	新本卷次	舊本卷次	備注
二三九	孝行張氏	卷三	卷三	
二四〇	萬石張家	卷三	卷三	
二四一	書樓張家	卷三	卷三	
二四二	三相張家	卷三	卷三	
二四三	三戟張家	卷三	無	據沈本説郛輯
二四四	三戟崔家	卷三	卷三	
二四五	龍舌張氏	卷三	卷三	
二四六	點頭崔家	卷三	無	據涵本説郛卷三輯
二四七	孝義劉家	卷三	卷三	
二四八	豢龍劉氏	卷三	卷六	舊本原作「國婆」
二四九	法名家	卷三	卷三	
二五〇	郎官家	卷三	無	據涵本説郛卷三輯

續表

序號	標目	新本卷次	舊本卷次	備注
二五一	真書盧家	卷三	卷三	
二五二	尖頭盧家	卷三	無	據涵本説郛卷三輯
二五三	闕下林家	卷三	卷三	
二五四	鈒鏤王家	卷三	卷三	
二五五	五侯王家	卷三	卷三	據涵本説郛卷三輯
二五六	鳳閣王氏	卷三	卷三	據涵本説郛卷三輯
二五七	不語楊家	卷三	卷三	
二五八	世修降表李家	卷三	卷三	
二五九	修行諸楊	卷三	卷三	
二六〇	靖恭諸楊	卷三	卷三	
二六一	篤行董氏	卷三	卷三	據涵本説郛卷三輯
二六二	義門裴氏	卷三	卷三	據大典卷二三四五輯

續表

序號	標目	新本卷次	舊本卷次	備注
二六三	二王六則	卷三	卷三	
二六四	三王三則	卷三	卷三	
二六五	二鍾	卷三	卷三	
二六六	二曹	卷三	卷三	
二六七	二陳	卷三	卷三	
二六八	二解	卷三	卷三	
二六九	二傅	卷三	卷三	
二七〇	二黄	卷三	卷三	
二七一	二武	卷三	卷三	
二七二	二馮	卷三	卷三	
二七三	三李	卷三	卷三	
二七四	三張二則	卷三	卷三	

續表

序號	標目	新本卷次	舊本卷次	備注
二七五	三楊	卷三	卷三	
二七六	三周	卷三	卷三	
二七七	三羅	卷三	卷三	
二七八	方王	卷三	卷三	
二七九	二陸三張	卷三	卷三	
二八〇	三陸二則	卷三	卷三	
二八一	東海三何	卷三	卷三	
二八二	兩邢二魏	卷三	卷三	
二八三	二李三楊	卷三	卷三	
二八四	八裴八王	卷三	卷三	
二八五	前賈後張	卷三	卷三	
二八六	大荀小荀	卷三	卷三	

續表

序號	標目	新本卷次	舊本卷次	備注
二八七	大崔生小崔生	卷三	卷三	
二八八	大鄭君小鄭君	卷三	卷三	
二八九	老杜小杜	卷三	卷三	
二九〇	大令小令	卷三	卷三	
二九一	大樞小樞	卷三	卷三	
二九二	大二小二	卷三	卷三	
二九三	二仲	卷三	卷三	
二九四	二超	卷三	卷三	
二九五	二衡	卷三	卷三	
二九六	三長	卷三	卷三	
二九七	五伯	卷三	卷三	
二九八	八慈二方	卷三	卷三	

續　表

序號	標目	新本卷次	舊本卷次	備注
二九九	大小王東陽	卷三	卷三	
三〇〇	韓李二文公	卷三	卷三	
三〇一	杜衛二氏	卷三	卷三	
三〇二	南北二玄	卷三	卷三	舊本原作「二玄」
三〇三	韋氏三宗	卷三	卷三	
三〇四	冶葛	卷三	無	據涵本説郛卷三輯
三〇五	一條葛	卷三	卷十	
三〇六	一絶	卷四	卷四	
三〇七	二絶三則	卷四	卷四	
三〇八	二賢二則	卷四	卷四	
三〇九	二守二則	卷四	卷四	
三一〇	二伯二則	卷四	卷四	

續表

序號	標目	新本卷次	舊本卷次	備注
三一一	二少	卷四	卷四	
三一二	二庶	卷四	卷四	
三一三	二凶　五則	卷四	卷四	
三一四	二莊	卷四	卷四	
三一五	二五耦	卷四	卷四	
三一六	兩賢	卷四	卷四	
三一七	兩哲	卷四	卷四	
三一八	雙美	卷四	卷四	
三一九	雙廟	卷四	卷四	
三二〇	三絶四則	卷四	卷四	其中一條據三洞群仙録卷八輯
三二一	三賢五則	卷四	卷四	
三二二	三雄	卷四	卷四	

續表

序號	標目	新本卷次	舊本卷次	備注
三一三	三雋	卷四	卷四	
三一四	三英	卷四	卷四	
三一五	三哲	卷四	卷四	
三一六	三士	卷四	卷四	
三一七	三征	卷四	卷四	
三一八	三方	卷四	卷四	
三一九	三强	卷四	卷四	
三二〇	三宰	卷四	卷四	
三二一	三凶	卷四	卷四	
三二二	三獨夫	卷四	卷四	
三二三	京師三穢	卷四	卷四	
三二四	四絶	卷四	卷四	

續表

序號	標目	新本卷次	舊本卷次	備注
三三五	四賢二則	卷四	卷四	
三三六	四傑	卷四	卷四	
三三七	四聰二則	卷四	卷四	
三三八	四君	卷四	卷四	
三三九	四豪	卷四	卷四	
三四〇	四叔	卷四	卷四	
三四一	四公	卷四	卷四	
三四二	四凶二則	卷四	卷四	
三四三	四罪人	卷四	卷四	
三四四	五賢	卷四	卷四	
三四五	五宗	卷四	卷四	
三四六	五陵	卷四	卷四	

續　表

序號	標目	新本卷次	舊本卷次	備注
三四七	五佞人	卷四	卷四	
三四八	五邪　五倖	卷四	卷四	
三四九	六絶	卷四	卷四	
三五〇	六代二則	卷四	卷四	
三五一	六朝	卷四	卷四	
三五二	六家	卷四	卷四	
三五三	六齊	卷四	卷四	
三五四	六傑　四元	卷四	卷五	
三五五	七國	卷五	卷五	
三五六	七貴	卷五	卷五	
三五七	八凱	卷五	卷五	
三五八	八虞	卷五	卷五	

續表

序號	標目	新本卷次	舊本卷次	備注
三五九	八世	卷五	卷五	
三六〇	八顧	卷五	卷五	
三六一	八廚	卷五	卷五	
三六二	八慈	卷五	卷五	
三六三	八仙	卷五	卷五	
三六四	八神　八翌　八英　八力	卷五	卷五	
三六五	九師	卷五	卷五	
三六六	九工	卷五	卷五	
三六七	九侯	卷五	卷五	
三六八	十一公	卷五	卷五	
三六九	十二子	卷五	卷五	
三七〇	十八賢	卷五	卷五	

續表

序號	標目	新本卷次	舊本卷次	備注
三七一	十九侯	卷五	卷五	
三七二	二十賢	卷五	卷五	
三七三	二十四賢	卷五	卷五	
三七四	五經笥二則	卷五	卷五	
三七五	五經紛綸	卷五	卷五	
三七六	五經復興	卷五	卷五	
三七七	五經指南	卷五	卷五	
三七八	任氏經苑	卷五	卷五	
三七九	易聖二則	卷五	卷五	
三八〇	詩宗	卷五	卷五	
三八一	詩史	卷五	卷五	
三八二	詩仙　詩魔	卷五	卷五	

續表

序號	標目	新本卷次	舊本卷次	備注
三八三	漢聖	卷五	卷五	
三八四	學直	卷五	卷五	
三八五	書窟	卷五	卷五	
三八六	幕府書廚	卷五	卷五	
三八七	周禮庫	卷五	卷五	舊本原作「司禮庫」
三八八	文陣雄帥	卷五	卷五	
三八九	大手筆三則	卷五	卷五	
三九〇	高手筆　按孔子	卷五	卷十四	
三九一	五言長城	卷五	卷五	
三九二	三十六體	卷五	卷五	
三九三	一字師	卷五	卷五	
三九四	青牛師	卷五	卷八	

續表

序號	標目	新本卷次	舊本卷次	備注
三九五	負卷從師	卷五	無	據大典卷九二二輯
三九六	許洞庭	卷五	卷五	
三九七	劉仙掌	卷五	卷五	
三九八	劉鑰匙	卷五	無	據涵本説郛卷三輯
三九九	夏江城　劉夜坐	卷五	卷五	
四〇〇	釘坐梨	卷五	卷五	據涵本説郛卷三輯
四〇一	小聖	卷五	卷五	
四〇二	得筋得肉	卷五	卷五	
四〇三	草賢	卷五	卷五	
四〇四	庾賢	卷五	卷十三	
四〇五	賢者	卷五	卷十三	
四〇六	賢輔	卷五	無	據大典卷一四九一二輯

續表

序號	標目	新本卷次	舊本卷次	備注
四〇七	霸王之輔	卷五	無	據大典卷一四九一二輯
四〇八	神品妙品	卷五	卷五	
四〇九	畫聖	卷五	卷五	
四一〇	畫師	卷五	卷五	
四一一	棋聖	卷五	卷五	
四一二	圍棋州都大中正	卷五	卷五	
四一三	下水船二則	卷五	無	據涵本説郛卷三輯
四一四	没字碑二則	卷五	無	據涵本説郛卷三輯
四一五	神父三則	卷六	卷六	
四一六	慈父二則	卷六	卷六	
四一七	賈父二則	卷六	卷六	
四一八	杜父	卷六	卷六	

續表

序號	標目	新本卷次	舊本卷次	備注
四一九	柳父	卷六	卷六	
四二〇	巢父	卷六	卷六	
四二一	漢陰老父	卷六	無	據涵本說郛卷三輯
四二二	伊川田父	卷六	無	據涵本說郛卷三輯
四二三	賀兒	卷六	卷六	
四二四	二兒二則	卷六	卷六	
四二五	寧哥	卷六	卷六	
四二六	邠哥	卷六	卷六	
四二七	奇兒	卷六	卷六	
四二八	禄兒	卷六	卷六	
四二九	癡兒	卷六	卷六	
四三〇	吴兒	卷六	卷七	舊本原作「木人石心」

續表

序號	標目	新本卷次	舊本卷次	備注
四三一	買聲兒	卷六	卷六	
四三二	乳臭兒二則	卷六	卷六	
四三三	小兒王	卷六	卷六	
四三四	聖童	卷六	卷六	
四三五	神童五則	卷六	卷六	
四三六	才童	卷六	卷六	
四三七	神鷄童	卷六	卷八	
四三八	孝友童子	卷六	卷六	
四三九	神仙童子	卷六	卷六	
四四〇	童子學士	卷六	卷六	
四四一	將種	卷六	卷六	
四四二	人種	卷六	無	據涵本說郛卷三輯

續　表

序號	標目	新本卷次	舊本卷次	備注
四四三	播種	卷六	無	據大典卷一三一九四輯
四四四	李老	卷六	卷六	
四四五	賀老	卷六	卷六	
四四六	王老	卷六	卷六	
四四七	長樂老	卷六	卷六	
四四八	擣蒜老	卷六	卷十	
四四九	宗室遺老	卷六	卷六	
四五〇	旱母	卷六	卷六	
四五一	暗燭底覓虱老母	卷六	卷六	
四五二	乾阿嬭	卷六	無	據涵本説郛卷三輯
四五三	陳姥	卷六	卷六	
四五四	蕭娘吕姥	卷六	卷六	據大典、四庫輯本，並參酌南史卷五一蕭宏傳校輯

續表

序號	標目	新本卷次	舊本卷次	備注
四五五	齋娘	卷六	無	據涵本説郛卷三輯
四五六	劉三娘	卷六	無	據涵本説郛卷三輯
四五七	娘子軍	卷六	無	據涵本説郛卷三輯
四五八	楊烈婦	卷六	無	據涵本説郛卷三輯
四五九	狗頭新婦	卷六	無	據涵本説郛卷三輯
四六〇	李阿婆　王伯母　曹新婦	卷六	卷六	
四六一	誠節夫人	卷六	無	據涵本説郛卷三輯
四六二	義成夫人	卷六	無	據涵本説郛卷三輯，原作「美成夫人」
四六三	崇義夫人	卷六	無	據涵本説郛卷三輯
四六四	西堂夫人	卷六	無	據涵本説郛卷三輯
四六五	左右夫人	卷六	無	據涵本説郛卷三輯
四六六	夾寨夫人	卷六	無	據涵本説郛卷三輯

續　表

序號	標目	新本卷次	舊本卷次	備注
四六七	秃翁	卷六	無	據涵本説郛卷三輯
四六八	田舍翁	卷六	卷六	
四六九	多田翁	卷六	卷六	
四七〇	吴老翁	卷六	卷六	
四七一	千歲翁	卷六	卷六	
四七二	丹崖翁	卷六	卷二	
四七三	足穀翁	卷六	無	據涵本説郛卷三輯
四七四	囁嚅翁	卷六	卷七	
四七五	三癖翁	卷六	卷七	
四七六	賣藥翁	卷六	卷十	
四七七	皂江漁翁	卷六	卷二	
四七八	眇目老翁	卷六	卷七	

續表

序號	標目	新本卷次	舊本卷次	備注
四七九	新豐折臂翁	卷六	卷七	
四八〇	李叟	卷六	卷十一	
四八一	于叟	卷六	卷十一	
四八二	邪叟	卷六	卷十一	
四八三	應叟	卷六	卷十一	
四八四	北叟三則	卷六	卷十一	
四八五	俞叟	卷六	卷十一	
四八六	遁叟	卷六	卷十一	
四八七	巢箕叟	卷六	卷十一	
四八八	群玉峰叟	卷六	無	據涵本說郛卷三輯
四八九	周郎二則	卷六	卷六	
四九〇	沈郎	卷六	卷六	

續 表

序號	標目	新本卷次	舊本卷次	備注
四九一	苻郎	卷六	卷六	
四九二	顧郎	卷六	卷六	
四九三	石郎	卷六	卷六	
四九四	陸郎 蕭郎	卷六	卷六	
四九五	楊三郎	卷六	無	據涵本說郛卷三輯
四九六	王四郎	卷六	卷六	
四九七	王郎子	卷六	卷六	
四九八	烏衣諸郎	卷六	卷六	
四九九	四友	卷六	卷六	
五〇〇	小友	卷六	卷六	
五〇一	良友	卷六	卷六	
五〇二	死友二則	卷六	卷六	

續表

序號	標目	新本卷次	舊本卷次	備注
五〇三	素友	卷六	無	據涵本説郛卷三輯，原作「素有」，據沈本説郛改
五〇四	忘年友	卷六	卷六	
五〇五	陳君友皓	卷六	卷六	
五〇六	古人交	卷六	卷六	
五〇七	君子之交二則	卷六	卷六	
五〇八	館客	卷六	卷六	
五〇九	談客	卷六	卷六	
五一〇	揖客	卷六	無	據涵本説郛卷三輯
五一一	風月主人	卷六	卷六	
五一二	菊松主人	卷六	無	據涵本説郛卷三輯
五一三	一鳴先輩	卷六	卷六	
五一四	蒼頭公	卷七	卷七	

續表

序號	標目	新本卷次	舊本卷次	備注
五一五	尖頭奴	卷七	卷七	
五一六	大頭仙人	卷七	卷七	
五一七	白面少年	卷七	卷七	
五一八	羞面見人	卷七	卷七	
五一九	柴黑	卷七	卷七	
五二〇	一丈黑	卷七	卷七	
五二一	黄頷小兒	卷七	卷七	
五二二	白眉	卷七	卷七	
五二三	朱深眼	卷七	卷七	
五二四	大鼻二則	卷七	卷七	
五二五	髗王	卷七	卷七	
五二六	天閹	卷七	無	據涵本説郛卷三輯

續表

序號	標目	新本卷次	舊本卷次	備注
五二七	天口	卷七	卷七	
五二八	神口	卷七	卷七	
五二九	虎口三則	卷七	卷七	
五三〇	白鬚公	卷七	卷七	
五三一	髭王	卷七	卷七	
五三二	長頸王	卷七	卷七	
五三三	瘦揚	卷七	卷七	
五三四	心狠面狠	卷七	卷七	
五三五	肚中鑄劍	卷七	卷七	
五三六	楊大肚	卷七	卷七	
五三七	楊剥皮	卷七	無	據涵本說郛卷三輯
五三八	潘鐓腳	卷七	卷十	

續表

序號	標目	新本卷次	舊本卷次	備注
五三九	辣手	卷七	卷七	
五四〇	有腳陽春	卷七	卷七	
五四一	皮裹晉書	卷七	無	據涵本說郛卷三輯
五四二	皮裹陽秋	卷七	無	據涵本說郛卷三輯
五四三	玉而冠者	卷七	卷七	
五四四	徐嗔	卷七	卷七	
五四五	柳顛	卷七	卷七	
五四六	蕭啞	卷七	卷七	
五四七	鄧渴	卷七	卷七	
五四八	郭尖	卷七	卷七	
五四九	王獨坐	卷七	卷七	
五五〇	鮑不鬧	卷七	卷七	

續表

序號	標目	新本卷次	舊本卷次	備注
五五一	畢不管	卷七	卷七	
五五二	王惹鬧	卷七	卷七	
五五三	張百會	卷七	卷七	
五五四	張萬言	卷七	卷七	
五五五	温八吟	卷七	卷七	
五五六	崔四入	卷七	卷七	
五五七	三不開	卷七	卷七	
五五八	三不肯	卷七	卷七	
五五九	三不辜	卷七	卷七	
五六〇	萬事休	卷七	卷七	
五六一	安穩朝	卷七	卷七	
五六二	三短	卷七	卷七	

續表

序號	標目	新本卷次	舊本卷次	備注
五六三	三反	卷七	卷七	
五六四	詩癖	卷七	卷七	
五六五	馬癖二則	卷七	卷七	
五六六	錢癖	卷七	卷七	
五六七	地癖	卷七	無	據涵本說郛卷三輯
五六八	譽兒癖	卷七	無	據涵本說郛卷三輯
五六九	左傳癖	卷七	無	據涵本說郛卷三輯
五七〇	錢愚	卷七	無	據涵本說郛卷三輯
五七一	一龍	卷八	卷八	
五七二	二龍四則	卷八	卷八	
五七三	雙龍	卷八	卷八	
五七四	三龍二則	卷八	卷八	

續 表

序號	標目	新本卷次	舊本卷次	備注
五七五	四龍四則	卷八	卷八	
五七六	五龍二則	卷八	卷八	
五七七	八龍	卷八	卷八	
五七八	十龍	卷八	卷八	
五七九	卧龍三則	卷八	卷八	
五八〇	潛龍	卷八	卷八	
五八一	不睡龍	卷八	卷八	
五八二	海龍王	卷八	卷八	
五八三	人中龍	卷八	卷八	
五八四	火龍子	卷八	卷八	
五八五	釋奴龍子	卷八	卷八	
五八六	土龍乞雨	卷八	卷八	

續表

序號	標目	新本卷次	舊本卷次	備注
五八七	兩虎	卷八	卷八	
五八八	虎子二則	卷八	卷八	
五八九	熊虎三則	卷八	卷八	
五九〇	筆虎	卷八	無	據涵本説郛卷三輯
五九一	白虎王	卷八	卷八	
五九二	飛虎子	卷八	卷八	
五九三	飛豹	卷八	卷八	
五九四	清河騏驥	卷八	卷八	
五九五	驥子龍文	卷八	卷八	
五九六	千里駒三則	卷八	卷八	
五九七	驎駒鳳雛	卷八	卷八	
五九八	白馬生	卷八	卷八	

續表

序號	標目	新本卷次	舊本卷次	備注
五九九	黄驄年少	卷八	卷八	
六〇〇	鬱屈蜀馬	卷八	卷八	
六〇一	栗犢	卷八	卷八	
六〇二	閣道大牛	卷八	卷八	
六〇三	千斤犗特捲角牸	卷八	卷八	
六〇四	五羖	卷八	卷八	
六〇五	羊公鶴	卷八	無	據涵本説郛卷三輯
六〇六	牂羊羖攊	卷八	卷八	
六〇七	三羊五馬	卷八	卷八	
六〇八	山鹿野麋	卷八	卷八	
六〇九	驢王	卷八	卷八	
六一〇	夏侯驢子	卷八	卷八	

續表

序號	標目	新本卷次	舊本卷次	備注
六一一	麒麟楦	卷八	卷八	
六一二	鄒駱駝	卷八	卷八	
六一三	郭槖駝	卷八	卷八	
六一四	王駱駝	卷八	卷八	
六一五	望柳槖駝	卷八	卷八	
六一六	鄧馳子	卷八	卷八	
六一七	鼉精	卷八	卷八	
六一八	張大蟲	卷八	卷八	舊本原作「大蟲」
六一九	李大蟲	卷八	卷八	舊本原作「大蟲」
六二〇	何蟲豸	卷八	卷八	
六二一	封豕	卷八	卷八	
六二二	豬王	卷八	卷八	

序號	標目	新本卷次	舊本卷次	備注
六二三	豬突豨勇	卷八	卷八	
六二四	猿猴	卷八	無	據涵本說郛卷三輯
六二五	沐猴而冠	卷八	卷八	
六二六	獼猴面	卷八	卷八	
六二七	獼猴騎土牛	卷八	卷八	
六二八	劉黑獺	卷八	卷八	
六二九	屠狢子	卷八	卷八	
六三〇	狢子	卷八	卷八	
六三一	猘子	卷八	卷八	
六三二	三狗	卷八	卷八	
六三三	庸狗	卷八	卷八	
六三四	死狗	卷八	卷八	

續表

序號	標目	新本卷次	舊本卷次	備注
六三五	吴狗	卷八	卷八	
六三六	狗鼠	卷八	卷八	
六三七	鼠子六則	卷八	卷八	
六三八	鼠輩	卷八	卷八	
六三九	覰鼠貓兒	卷八	卷八	
六四〇	失窟老鼠	卷八	卷八	
六四一	麞頭鼠目子	卷八	卷七	舊本原作「麞頭鼠目」
六四二	逆流蝦蟆	卷八	卷八	
六四三	飽水蝦蟆	卷八	卷八	
六四四	媪	卷八	卷八	
六四五	鳳雛	卷八	卷八	
六四六	鳳毛二則	卷八	無	據涵本說郛卷三輯

續表

序號	標目	新本卷次	舊本卷次	備注
六四七	鳳翔龍飛	卷八	卷八	
六四八	鳳之一毛	卷八	卷八	
六四九	鷙入鳳池	卷八	卷八	
六五〇	雙鳳連飛	卷八	卷八	
六五一	鳩集鳳池	卷八	無	據涵本説郛卷三輯
六五二	雙鸞	卷八	卷八	
六五三	皂鵰	卷八	卷八	
六五四	楊鵰	卷八	卷八	
六五五	王鷂子	卷八	卷八	
六五六	南鷂北鷹	卷八	卷八	
六五七	姦兔兒	卷八	無	據涵本説郛卷三輯
六五八	李鴉兒二則	卷八	卷八	

續表

序號	標目	新本卷次	舊本卷次	備注
六五九	薄地鴉	卷八	卷八	
六六〇	白頸鴉	卷八	無	據涵本説郛卷三輯
六六一	鴈子都	卷八	卷八	
六六二	白鸎鷀	卷八	卷八	
六六三	趍蛇鸛雀	卷八	卷八	
六六四	霍亂禿梟	卷八	卷八	
六六五	衣冠土梟	卷八	無	據涵本説郛卷三輯
六六六	角鵄	卷八	卷八	
六六七	黄鷹	卷八	卷八	
六六八	人蟺	卷八	無	據涵本説郛卷三輯
六六九	人貓	卷八	無	據涵本説郛卷三輯
六七〇	井底蛙	卷八	無	據涵本説郛卷三輯

續表

序號	標目	新本卷次	舊本卷次	備注
六七一	喜鵲	卷八	無	據涵本説郛卷三輯
六七二	謫仙三則	卷九	卷九	
六七三	地仙二則	卷九	卷九	
六七四	水仙二則	卷九	卷九	
六七五	酒仙二則	卷九	卷九	
六七六	茶仙	卷九	卷九	
六七七	斥仙人	卷九	卷九	
六七八	王仙人	卷九	卷九	
六七九	肉飛仙	卷九	卷十四	
六八〇	神仙宗伯	卷九	卷九	
六八一	以爲仙人二則	卷九	卷九	
六八二	荆楚仙人	卷九	卷二	

續　表

序號	標目	新本卷次	舊本卷次	備注
六八三	賢師	卷九	卷九	
六八四	劉法師	卷九	卷九	
六八五	玄中法師	卷九	卷九	
六八六	精思法師	卷九	卷九	
六八七	五斗米師二則	卷九	卷九	
六八八	太平道師	卷九	卷九	
六八九	大賢良師	卷九	卷九	
六九〇	程斬邪	卷九	卷九	
六九一	張山人	卷九	卷九	
六九二	王山人	卷九	卷九	
六九三	二道士	卷九	卷九	
六九四	文章道士	卷九	無	據涵本説郛卷三輯

續表

序號	標目	新本卷次	舊本卷次	備注
六九五	世神	卷九	卷九	
六九六	針神二則	卷九	卷九	其中一則據涵本説郛卷三輯
六九七	茶神	卷九	無	據涵本説郛卷三輯
六九八	神人二則	卷九	卷九	
六九九	神明九則	卷九	卷九	
七〇〇	以爲神七則	卷九	卷九	
七〇一	趙鬼	卷九	卷九	
七〇二	新鬼　故鬼	卷九	卷九	
七〇三	鬼揶揄	卷九	卷九	
七〇四	羅刹	卷九	卷九	舊本原作「蛇蝮嗔」
七〇五	夜叉　羅刹	卷九	卷九	
七〇六	人頭羅刹　鬼面夜叉	卷九	卷九	

續表

序號	標目	新本卷次	舊本卷次	備注
七〇七	牛頭羅刹	卷九	無	據涵本説郛卷三輯
七〇八	真牛頭	卷九	無	據涵本説郛卷三輯
七〇九	牛頭阿婆	卷九	卷九	
七一〇	牛頭阿旁	卷九	無	據涵本説郛卷三輯
七一一	李八百	卷九	卷九	
七一二	倀子	卷九	卷九	
七一三	貳負臣	卷九	卷九	
七一四	伯裘	卷九	卷九	
七一五	竹王	卷九	卷九	
七一六	花精	卷九	卷九	
七一七	花羞	卷九	無	據涵本説郛卷三輯
七一八	花見羞	卷九	無	據沈本説郛卷三輯

續表

序號	標目	新本卷次	舊本卷次	備注
七一九	壺公二則	卷九	卷九	
七二〇	赤松公	卷九	卷十	
七二一	鹿皮公	卷九	卷十	
七二二	粥飯僧	卷九	卷九	
七二三	顧和尚	卷九	卷九	
七二四	邊和尚	卷九	無	據涵本說郛卷三輯
七二五	長生人	卷九	卷十	
七二六	白石生	卷九	卷十	
七二七	功德山	卷九	無	據涵本說郛卷三輯
七二八	茅山造像	卷九	無	據大典卷一八二二四輯
七二九	地藏菩薩	卷九	無	據涵本說郛卷三輯
七三〇	蘇扛佛	卷九	無	據涵本說郛卷三輯

續表

序號	標目	新本卷次	舊本卷次	備注
七三一	水淫	卷九	無	據涵本説郛卷三輯
七三二	舍利	卷九	無	據涵本説郛卷三輯
七三三	西白	卷九	無	據三洞群仙録卷五輯
七三四	端箭師	卷十	卷十	
七三五	鈍漢	卷十	卷十四	
七三六	癡漢三則	卷十	卷十四	
七三七	呷醋漢	卷十	卷十	
七三八	智短漢	卷十	卷十	舊本原作「短智漢」
七三九	黄麞漢	卷十	卷八	
七四〇	田舍漢三則	卷十	卷十四	
七四一	癡漢子	卷十	無	據涵本説郛卷三輯
七四二	將軍漢	卷十	無	據涵本説郛卷三輯

續表

序號	標目	新本卷次	舊本卷次	備注
七四三	蕭四織	卷十	卷十	
七四四	武一谷	卷十	卷十	
七四五	丁滅門	卷十	卷十	
七四六	欒公社	卷十	卷十	
七四七	葉君祠	卷十	卷十	
七四八	鄭公風	卷十	卷十	
七四九	鄭君池	卷十	卷十	
七五〇	歇後鄭五	卷十	卷七	
七五一	黄門户	卷十	無	據涵本説郛卷三輯
七五二	李公騎	卷十	卷十	
七五三	李摩雲	卷十	卷二	
七五四	孝子石	卷十	卷十	

續 表

序號	標目	新本卷次	舊本卷次	備注
七五五	白帝倉	卷十	卷十	
七五六	寶劍二則	卷十	卷十	
七五七	文大劍	卷十	卷十	
七五八	潘大劍	卷十	卷十	
七五九	張神劍	卷十	卷十	
七六〇	水鏡	卷十	卷十	
七六一	鐵條	卷十	卷十	
七六二	陳鐵	卷十	卷十	
七六三	來嚼鐵	卷十	卷十	
七六四	王鐵槍	卷十	卷十	
七六五	賈鐵嘴	卷十	無	據大典卷一一〇七七輯
七六六	費鐵嘴	卷十	無	據大典卷一一〇七七輯

續表

序號	標目	新本卷次	舊本卷次	備注
七六七	四軍紫	卷十	卷十	
七六八	萬頃波	卷十	卷十	
七六九	烟燻地朮	卷十	卷十	舊本原作「烟燻地木」
七七〇	山東木强	卷十	無	舊本原作「山東木横」
七七一	臺穢	卷十	卷十	舊本原作「中霜穀束」
七七二	内記室	卷十	無	據涵本説郛卷三輯
七七三	卞田居　傅蠶室	卷十	卷十	
七七四	談天衍　雕龍奭　炙轂過髡	卷十	卷十	
七七五	腰鼓兄弟	卷十	卷十	
七七六	菰蘆中偉人	卷十	卷十	
七七七	青山白雲人	卷十	無	據涵本説郛卷三輯
七七八	凌霄花	卷十	卷十	

續　表

序號	標目	新本卷次	舊本卷次	備注
七七九	杞梓四則	卷十	卷十	
七八〇	瓊廚金穴	卷十	卷十	
七八一	錦繡堆	卷十	卷十	
七八二	豐年玉	卷十	無	據涵本説郛卷三輯
七八三	藍田生玉	卷十	卷十	
七八四	珠玉在旁	卷十	卷十	
七八五	明珠照人	卷十	無	據大典卷二九九九輯
七八六	南金四則	卷十	卷十	
七八七	南金東箭	卷十	卷十	舊本原作「南金」
七八八	桂林一枝　崑山片玉	卷十	卷十	
七八九	荒萊特苗　鹵田善秀	卷十	卷十	
七九〇	瑶林植庭　雪羽馴廡	卷十	卷十	

序號	標目	新本卷次	舊本卷次	備注
七九一	軒冕龍門　濠梁宗匠	卷十	卷十	舊本原作「軒冕龍門　膏粱宗匠」
七九二	金閨衆彦　蘭臺群英	卷十	卷十	
七九三	文章司命　人物權衡	卷十	卷十	
七九四	達禮之宗　儒林之亞	卷十	卷十	
七九五	決定嫌疑　視表見裏	卷十	卷十	
七九六	國珍	卷十	卷十	
七九七	國楨	卷十	卷十	
七九八	家寶	卷十	卷十	
七九九	楷模三則	卷十	卷十	
八〇〇	冠冕	卷十	卷十	
八〇一	海内冠冕二則	卷十	卷十	
八〇二	天下楷模	卷十	卷十	

續表

序號	標目	新本卷次	舊本卷次	備注
八〇三	遺愛二則	卷十	卷十	
八〇四	當時談宗	卷十	卷十	
八〇五	後來領袖二則	卷十	卷十	
八〇六	後生準的	卷十	卷十	
八〇七	後進之冠	卷十	卷十	
八〇八	舊德老成	卷十	卷十	
八〇九	人物志	卷十	無	據涵本說郛卷三輯
八一〇	人物宗主	卷十	卷十	
八一一	獎鑑人倫	卷十	卷十	
八一二	爲世吏表	卷十	卷十	
八一三	言談林藪	卷十	卷十	
八一四	大丈夫格	卷十	卷十	

續表

序號	標目	新本卷次	舊本卷次	備注
八一五	力能拔樹	卷十	無	據大典卷一四五三七輯
八一六	三河領袖	卷十	無	據大典卷二九四八輯，原作「三河領神」
八一七	有道大人	卷十	無	據涵本説郛卷三輯
八一八	洛陽遺彦	卷十	無	據涵本説郛卷三輯
八一九	檢本角觝	卷十	無	據涵本説郛卷三輯
八二〇	小者佳	卷十	卷十	
八二一	保家主三則	卷十	卷十	
八二二	一時雋	卷十	無	據涵本説郛卷三輯
八二三	醉部落	卷十	無	據涵本説郛卷三輯
八二四	癡物	卷十	無	據涵本説郛卷三輯
八二五	俗物	卷十	無	據涵本説郛卷三輯
八二六	妖物二則	卷十	無	據涵本説郛卷三輯

續表

序號	標目	新本卷次	舊本卷次	備注
八二七	風塵表物	卷十	無	據涵本説郛卷三輯
八二八	藥籠中物	卷十	無	據涵本説郛卷三輯
八二九	舌耕	卷十	無	據涵本説郛卷三輯
八三〇	行譜	卷十	無	據涵本説郛卷三輯
八三一	大家四則	卷十	無	據涵本説郛卷三輯
八三二	霞帔	卷十	無	據演繁露卷二輯
八三三	先生	卷十一	無	據涵本説郛卷三輯
八三四	棘下生	卷十一	卷二	
八三五	杜田生	卷十一	卷二	
八三六	江東生	卷十一	卷二	
八三七	蘇門生	卷十一	卷二	
八三八	衛先生	卷十一	卷十一	

續表

序號	標目	新本卷次	舊本卷次	備注
八三九	東先生	卷十一	卷十一	
八四〇	祁先生	卷十一	卷十一	
八四一	劉先生	卷十一	卷十一	
八四二	王先生二則	卷十一	卷十一	
八四三	郭先生	卷十一	卷十一	
八四四	孟先生	卷十一	卷十一	
八四五	傅先生	卷十一	卷十一	
八四六	石先生	卷十一	卷十一	
八四七	甯先生	卷十一	卷十一	
八四八	蓟先生	卷十一	卷十一	
八四九	于先生	卷十一	卷十一	
八五〇	桓先生	卷十一	卷十一	

續表

序號	標目	新本卷次	舊本卷次	備注
八五一	鄧先生	卷十一	卷十一	
八五二	田先生	卷十一	卷十一	
八五三	廖先生	卷十一	卷十一	
八五四	瞿硎先生	卷十一	卷十一	
八五五	文始先生	卷十一	卷十一	
八五六	明真先生	卷十一	卷十一	
八五七	馬牧先生	卷十一	卷十一	
八五八	玄德先生	卷十一	卷十一	
八五九	儒林先生	卷十一	卷十一	
八六〇	簡寂先生	卷十一	卷十一	
八六一	妙德先生	卷十一	卷十一	
八六二	通隱先生	卷十一	卷十一	

續表

序號	標目	新本卷次	舊本卷次	備注
八六三	織簾先生	卷十一	卷十一	
八六四	上行先生	卷十一	卷十一	
八六五	玄處先生	卷十一	卷十一	
八六六	隱元先生	卷十一	卷十一	
八六七	恬漠先生	卷十一	卷十一	
八六八	廣文先生	卷十一	卷十一	
八六九	玄靖先生	卷十一	卷十一	
八七〇	太和先生	卷十一	卷十一	
八七一	文簡先生	卷十一	卷十一	
八七二	雲居先生	卷十一	卷十一	
八七三	史遁先生	卷十一	卷十一	
八七四	文元先生	卷十一	卷十一	

續表

序號	標目	新本卷次	舊本卷次	備注
八七五	昇元先生	卷十一	卷十一	
八七六	真隱先生	卷十一	卷十一	
八七七	醉吟先生	卷十一	卷十一	
八七八	逍遥先生	卷十一	卷十一	
八七九	搢紳先生	卷十一	卷十一	
八八〇	元同先生	卷十一	卷十一	
八八一	正一先生	卷十一	卷十一	
八八二	鬼谷先生	卷十一	卷二	
八八三	龍丘先生	卷十一	卷二	
八八四	楚丘先生	卷十一	卷二	
八八五	中岳先生	卷十一	卷二	
八八六	羅浮先生	卷十一	卷二	

續表

序號	標目	新本卷次	舊本卷次	備注
八八七	九華先生	卷十一	卷二	
八八八	東野先生	卷十一	卷二	
八八九	補唇先生	卷十一	卷七	
八九〇	跛子先生	卷十一	卷七	舊本原作「跛足先生」
八九一	負局先生	卷十一	卷十	
八九二	青精先生	卷十一	卷十	
八九三	張禄先生	卷十一	無	據大典卷八五七〇輯
八九四	濟南伏生	卷十一	卷二	
八九五	東海蕭生	卷十一	卷二	
八九六	九江祝生	卷十一	卷二	
八九七	負心門生	卷十一	卷六	
八九八	好腳跡門生	卷十一	無	據涵本説郛卷三輯

續表

序號	標目	新本卷次	舊本卷次	備注
八九九	青光先生　長里先生	卷十一	卷十一	
九〇〇	國士六則	卷十二	卷十二	
九〇一	賢士三則	卷十二	卷十二	
九〇二	義士五則	卷十二	卷十二	
九〇三	正士二則	卷十二	卷十二	
九〇四	直士	卷十二	卷十二	
九〇五	廉士	卷十二	卷十二	
九〇六	節士	卷十二	卷十二	
九〇七	信士三則	卷十二	卷十二	
九〇八	智士二則	卷十二	卷十二	
九〇九	貞士	卷十二	卷十二	
九一〇	烈士五則	卷十二	卷十二	

續表

序號	標目	新本卷次	舊本卷次	備注
九一一	俊士三則	卷十二	卷十二	
九一二	奇士八則	卷十二	卷十二	
九一三	雅士	卷十二	卷十二	
九一四	志士三則	卷十二	卷十二	
九一五	佳士五則	卷十二	卷十二	
九一六	辯士三則	卷十二	卷十二	其中二則據涵本説郛卷三輯
九一七	良士三則	卷十二	卷十二	
九一八	壯士十則	卷十二	卷十二	其中一則據大典卷一三四五一輯
九一九	勇士	卷十二	卷十二	
九二〇	豪士三則	卷十二	卷十二	
九二一	狂士	卷十二	卷十二	
九二二	髦士	卷十二	卷十二	

續表

序號	標目	新本卷次	舊本卷次	備注
九二三	寒士三則	卷十二	卷十二	其中一則據涵本説郛卷三輯
九二四	貧士	卷十二	卷十二	
九二五	居士九則	卷十二	卷十一	
九二六	醉士	卷十二	卷二	舊本原作「鹿門隱士」
九二七	善士	卷十二	無	據涵本説郛卷三輯
九二八	塵外士二則	卷十二	卷十二	
九二九	方外士	卷十二	卷十二	
九三〇	儒宗五則	卷十三	卷十三	
九三一	名儒四則	卷十三	卷十三	
九三二	通儒二則	卷十三	卷十三	
九三三	腐儒三則	卷十三	卷十三	
九三四	盜儒	卷十三	卷十三	

續表

序號	標目	新本卷次	舊本卷次	備注
九三五	真儒者	卷十三	卷十三	
九三六	真高人	卷十三	無	據涵本説郛卷三輯
九三七	任孔子	卷十三	卷二	
九三八	杜孔子	卷十三	卷二	
九三九	關西孔子二則	卷十三	卷二	
九四〇	江東孔子	卷十三	卷二	
九四一	仲尼不死　顔回復生	卷十三	卷二	
九四二	推爲顔子	卷十三	卷二	
九四三	宗曾子	卷十三	卷二	
九四四	蔡曾子	卷十三	卷二	
九四五	今世曾子	卷十三	卷二	
九四六	海東曾子	卷十三	卷二	

續表

序號	標目	新本卷次	舊本卷次	備注
九四七	顔冉仲弓	卷十三	卷二	
九四八	老子五則	卷十三	卷十三	
九四九	陽子	卷十三	卷十三	
九五〇	微子	卷十三	卷十三	
九五一	元子	卷十三	卷十三	
九五二	黔婁子	卷十三	卷十三	
九五三	嚴夫子	卷十三	卷十三	
九五四	蕭夫子二則	卷十三	卷十三	
九五五	韓夫子	卷十三	卷十三	
九五六	牛醫子	卷十三	卷十三	
九五七	浄住子	卷十三	卷十三	
九五八	浮休子	卷十三	卷十三	

續表

序號	標目	新本卷次	舊本卷次	備注
九五九	知常子	卷十三	卷十三	
九六〇	豢龍子	卷十三	卷十三	
九六一	周撞子	卷十三	卷十三	
九六二	田家子	卷十三	卷十三	
九六三	鐁櫝子	卷十三	卷十三	
九六四	赤軍子	卷十三	卷十三	
九六五	甯武子	卷十三	卷二	
九六六	槜里子	卷十三	卷二	
九六七	汝南子	卷十三	卷二	
九六八	東皋子	卷十三	卷二	
九六九	猗玗子	卷十三	卷二	
九七〇	竟陵子	卷十三	卷二	

續表

序號	標目	新本卷次	舊本卷次	備注
九七一	梁丘子	卷十三	卷二	
九七二	丘園子	卷十三	卷二	
九七三	柳篋子	卷十三	卷五	
九七四	楊風子	卷十三	卷五	
九七五	吴氏季子	卷十三	卷二	
九七六	雄人	卷十三	卷十三	
九七七	可人二則	卷十三	卷十三	其中一則據涵本説郛卷三輯
九七八	玉人二則	卷十三	卷十三	
九七九	狂人二則	卷十三	卷十三	
九八〇	寵人	卷十三	卷十三	
九八一	忍人三則	卷十三	卷十三	
九八二	賓人	卷十三	卷十三	

續　表

序號	標目	新本卷次	舊本卷次	備注
九八三	善人	卷十三	無	據涵本説郛卷三輯
九八四	盛德人	卷十三	無	據涵本説郛卷三輯
九八五	木强人	卷十三	無	據涵本説郛卷三輯
九八六	當塗旅人	卷十三	卷十三	
九八七	三界傑人	卷十三	卷十三	
九八八	羲皇上人	卷十三	無	據涵本説郛卷三輯
九八九	江湖散人	卷十三	卷二	舊本原作「甫里先生」
九九〇	狂生三則	卷十三	卷十三	
九九一	弄筆生	卷十三	卷十三	
九九二	商君	卷十三	卷十三	
九九三	鄂君	卷十三	卷十三	
九九四	廩君	卷十三	卷十三	

續　表

序號	標目	新本卷次	舊本卷次	備注
九九五	賢君	卷十三	卷十三	
九九六	隱君	卷十三	卷十三	
九九七	介君	卷十三	卷十三	
九九八	徵君二則	卷十三	卷十三	
九九九	稷嗣君	卷十三	卷十三	
一〇〇〇	積賢君	卷十三	卷十三	
一〇〇一	忠清君	卷十三	卷十三	
一〇〇二	冥漠君	卷十三	無	據涵本說郛卷三輯
一〇〇三	杳冥君	卷十三	無	據涵本說郛卷三輯
一〇〇四	劉君子	卷十三	卷十三	
一〇〇五	三君子二則	卷十三	卷十三	
一〇〇六	四君子四則	卷十三	卷十三	

續表

序號	標目	新本卷次	舊本卷次	備注
一〇〇七	博物君子	卷十三	卷十三	
一〇〇八	徇忠縣君	卷十三	無	據涵本説郛卷三輯
一〇〇九	穰侯	卷十三	卷十三	
一〇一〇	揚侯	卷十三	卷十三	
一〇一一	鄧侯	卷十三	卷十三	
一〇一二	應侯	卷十三	卷十三	
一〇一三	酇侯	卷十三	無	據涵本説郛卷三輯
一〇一四	臨光侯	卷十三	無	據涵本説郛卷三輯
一〇一五	明雌亭侯	卷十三	無	據涵本説郛卷三輯
一〇一六	忠臣二則	卷十三	卷十三	
一〇一七	名臣	卷十三	卷十三	
一〇一八	良臣	卷十三	卷十三	

續表

序號	標目	新本卷次	舊本卷次	備注
一〇一九	諫臣	卷十三	卷十三	
一〇二〇	素臣	卷十三	無	據涵本說郛卷三輯
一〇二一	東國紬臣	卷十三	卷十三	
一〇二二	英雄三則	卷十三	卷十三	
一〇二三	半英雄	卷十三	無	舊本原作「半人」
一〇二四	盃酒英雄	卷十三	卷十三	
一〇二五	一代英雄	卷十三	卷十三	據涵本說郛卷三輯
一〇二六	亂世姦雄	卷十三	卷十三	據涵本說郛卷三輯
一〇二七	姦人之雄七則	卷十三	卷十三	
一〇二八	滑稽之雄	卷十三	卷十三	
一〇二九	穿窬之雄	卷十三	卷十三	
一〇三〇	器偉材雄	卷十三	卷十三	

續表

序號	標目	新本卷次	舊本卷次	備注
一〇三一	丈夫之雄	卷十三	卷十三	
一〇三二	一代之雄三則	卷十三	卷十三	
一〇三三	匹夫之雄	卷十三	無	據涵本説郛卷三輯
一〇三四	布衣之雄	卷十三	無	據涵本説郛卷三輯
一〇三五	三教布衣	卷十三	無	據涵本説郛卷三輯
一〇三六	白丁	卷十四	卷十四	
一〇三七	敕使墓户	卷十四	卷十四	舊本原作「私白」
一〇三八	隨使户	卷十四	卷十四	
一〇三九	老兵三則	卷十四	卷十四	
一〇四〇	神兵	卷十四	卷十四	
一〇四一	家兵	卷十四	卷十四	
一〇四二	女戎	卷十四	無	據涵本説郛卷三輯

續　表

序號	標目	新本卷次	舊本卷次	備注
一〇四三	八都	卷十四	卷十四	
一〇四四	破柴都	卷十四	卷十四	
一〇四五	破天荒	卷十四	無	據涵本説郛卷三輯
一〇四六	癡	卷十四	卷十四	
一〇四七	白癡	卷十四	卷十四	
一〇四八	酒囊飯袋	卷十四	卷十四	
一〇四九	行尸走肉	卷十四	卷十四	
一〇五〇	戴帽餳	卷十四	卷十四	
一〇五一	格佞	卷十四	卷十四	
一〇五二	墮疊	卷十四	卷十四	
一〇五三	佞散騎	卷十四	卷十四	
一〇五四	作楚囚	卷十四	卷十四	

續表

序號	標目	新本卷次	舊本卷次	備注
一〇五五	供御囚	卷十四	無	據涵本說郛卷三輯
一〇五六	池水清	卷十四	卷十四	
一〇五七	附驥尾二則	卷十四	卷十四	
一〇五八	萬人敵二則	卷十四	卷十四	
一〇五九	老傭	卷十四	卷十四	
一〇六〇	狂奴	卷十四	卷十四	
一〇六一	老奴四則	卷十四	卷十四	
一〇六二	死狗奴	卷十四	卷十四	
一〇六三	守錢奴	卷十四	無	據涵本說郛卷三輯
一〇六四	六籍奴婢	卷十四	卷十四	
一〇六五	老婢材	卷十四	卷十四	
一〇六六	憨獠	卷十四	卷十四	

續表

序號	標目	新本卷次	舊本卷次	備注
一〇六七	高癩子	卷十四	卷十四	
一〇六八	輕薄團頭	卷十四	卷十四	
一〇六九	輕薄公子	卷十四	無	據涵本說郛卷三輯
一〇七〇	逸群公子	卷十四	無	據涵本說郛卷三輯
一〇七一	乞活	卷十四	卷十四	
一〇七二	乞兒	卷十四	卷十四	
一〇七三	奴賊	卷十四	卷十四	
一〇七四	老賊五則	卷十四	卷十四	
一〇七五	白賊	卷十四	卷十四	
一〇七六	蔡賊	卷十四	卷十四	
一〇七七	銅山大賊	卷十四	卷十四	
一〇七八	劫陵塚賊	卷十四	卷十四	

續表

序號	標目	新本卷次	舊本卷次	備注
一〇七九	二虜	卷十四	無	據大典卷一〇八七六輯
一〇八〇	索虜	卷十四	無	據大典卷一〇八七六輯
一〇八一	四尉	無	卷四	疑非原書條目，見舊本實賓録疑文辨證
一〇八二	八俊	無	卷五	疑非原書條目，見舊本實賓録疑文辨證
一〇八三	八及	無	卷五	疑非原書條目，見舊本實賓録疑文辨證
一〇八四	家公　家父	無	卷六	疑非原書條目，見舊本實賓録疑文辨證
一〇八五	天上神仙　地下神仙	無	卷九	疑非原書條目，見舊本實賓録疑文辨證

附録一　歷代著録及論跋

晁公武郡齋讀書志卷一四類書類

異號録二十卷　袁本前志卷三下類書類第十七

右皇朝馬永易明叟編。古今殊異名號，如銅馬帝，無愁天子之類。頃嘗見近世人增廣其書，名曰賓實録，亦殊該博。

陳振孫直齋書録解題卷一四類書類

實賓録三十卷、後集三十卷

高郵馬永易明叟撰，蜀人句龍材校正，文彪增廣。其三十卷者，本書也。義取「名者實之賓」爲名。

尤袤遂初堂書目類書類

實賓録

馬端臨文獻通考卷二二八經籍考子部類書類

異號録二十卷

晁氏曰：皇朝馬永易明叟編。古今殊異名號，如銅馬帝、無愁天子之類。頃嘗見近世人增廣其書，名曰賓實録，亦殊該博。

陳氏曰：馬永易撰，蜀人句龍材校正，文彪增廣。本書三十卷，後集三十卷，取名者實之賓爲名。

宋史卷二〇七藝文志子類類事類

馬永易實賓録三十卷、異號録三十卷

楊慎升庵集卷二

補名賓異號録序

史記云：「孔子數稱介山子而不著姓名」，豈隱而不彰乎？抑當世則彰而世遠則隱乎？若論語所載長沮、桀溺、楚狂、晨門、荷蓧、荷蕢，皆不得其姓名而因事號之也。戰國策秦惠王時有寒泉子，注云秦處士之號，抑亦介山之流乎？若甘茂號樗里子、范蠡自稱鴟夷子，計然自號海濱漁父，此固後人别號之所昉乎？别號之稱，唐人猶未數數然，至宋則人人有之，或人兼數號，討尋實艱。于時有名賓録、異號録，臨文開卷，亦便簡閲，今其書不傳，暇日乃爲補之。比之圍棋握槊之譜，稍有益焉。曾記弘治中，泰陵乙夜觀經注，以「養心吴氏」名字下問於館閣，遍閲載籍竟不知也。使異號、名賓之書尚存，則執之以對，不爲愈乎？

胡應麟少室山房筆叢卷二四續乙部藝林學山六

補名賓異號録序

史記云：「孔子數稱介山子而不著姓名」，豈隱而不彰乎？抑當世則彰而世遠則隱乎？若論語所載長沮、桀溺、楚狂、晨門、荷蓧、荷蕢，皆不得其姓名而因事號之也。戰國策秦惠王時有寒泉子，注云秦處士之號，抑亦介山之流乎？若甘茂號樗里子、范蠡自稱鴟夷子，計然自號海濱漁父，此固後人別號之所昉乎？

沮溺或自是姓名未可知，楚狂姓陸名通，或出後人撰造。海濱漁父，神仙傳以爲范蠡見孔安國中，今曰計然，未詳。范蠡自稱鴟夷子皮，此缺「皮」字，疑刻本遺誤，然楊辯西施一則亦缺「皮」字，何也？樗里疾號樗里子，嘗與甘茂爭宜陽事，故用修誤而一之，已見陳晦伯辯。伍員、范蠡、甘茂、樗里疾生世既大不相能，死復互爭一號，可笑也。

楊士奇文淵閣書目卷二荒字號第一厨書目子雜

馬永易實賓録一部十册，實賓録一部一册

焦竑國史經籍志卷三史類

異號録二十卷　馬永錫

陳士元名疑卷四

注老子者有河上丈人、戰國時人有河上公、漢文帝時人有偃松子、有任真子，皆莫知其姓名，而宋人所著異號録、賓實録俱不載。

陳第世善堂藏書目録卷上史類類編

異號録二十卷宋馬明易作，如銅馬帝、無愁天子之類。

曹學佺蜀中廣記卷九四

名號録二十卷

晁氏曰：馬永易明叟編。古今殊異名號，如銅馬帝、無愁天子之類。頃嘗見近世人增廣其書〔一〕，名曰賓實録，亦殊該博。

陳氏曰：馬永易撰，蜀人句龍材校正，文彪增廣刻之。本書三十卷，後集三十卷，義取名者實之賓也。

晁璞晁氏寶文堂書目類書

實賓録

四庫全書總目卷一三五子部類書類

實賓録十四卷（永樂大典本）

宋馬永易撰。永易字明叟，揚州人。徽宗時嘗官池州石埭尉。其事蹟無可考見，惟文獻通考、宋史藝文志載所著有唐職林、元和朋黨録、壽春雜志諸書，蓋亦博洽之士也。是書見於晁公武讀書志者稱異號録二十卷，而陳振孫書録解題作實賓録，謂永易所撰，蜀人句龍材校正，文彪增廣，凡本書三十卷，後集三十卷。宋史藝文志又分實賓録、異號録各三十卷，皆題永易所撰。諸家紀載，頗舛錯不合。今以其説互相參證，疑陳氏所稱本書，乃永易原撰，本名異號録，陳氏所稱後集，即文彪所續，始取名爲實賓之義，併本書亦改題今名。宋志蓋誤分爲兩書，而晁公武所見，則爲未經增廣之本，故尚題爲異號録也。自元以來，其書久佚。陶宗儀收入説郛者，僅寥寥數條。近浙江所進范氏天一閣藏本，亦即從説郛鈔出，一字不殊。今從永樂大典蒐輯，共得六百餘條，皆説郛之所未載。惟原帙既湮，其體例已無可考。即永易原本與文彪所增，亦錯雜不可復辨。謹裒輯編綴，芟除重複，訂正舛訛，各以類相從，釐爲一十四卷。仍從書録解題統標曰實賓録，以存宋時傳本之舊。其書皆取古人殊名别號，以廣見聞。領異標新，頗資採掇。至於搜羅既廣，偶涉舛訛。如沈傳師之推爲顏子，乃比擬之空言。劉長卿之五言長城，乃品題之泛論。皆非標目，不應闌入其間。如吉茂言侍中執虎子，語本詼諧。白居易賦新豐折臂翁，詞由徵實。凡此之類，尤與稱謂無關，一概濫收，殊失别擇。是則嗜異貪多，爲千古著書之通病，不獨永易爲然，固不以累其全書矣。

四庫全書存目卷一三七子部類書類

别本實賓録一卷（浙江范懋柱家天一閣藏本）

不著編輯者名氏。卷首題曰蘇臺雲翁録，末誌正德五年五月望後蘇臺雲翁録於西閣灣南之垂雲樓，時七十有七。蓋明人鈔本也。核其所載，即節録宋馬永易實賓録，非所自著，亦非完書。今馬氏原本已於永樂大典内編次成帙，此爲棄餘矣。

范邦甸天一閣書目卷一

實賓録

葉廷琯吹網録卷五附存胡心耘讀書校語十二條

四庫全書子部類書類一實賓録提要：實賓録十四卷，宋馬永易撰。永易字明叟，揚州人。徽宗時嘗官池州石埭尉，其事跡無可考見，惟文獻通考、宋史藝文志載所著有唐職林、元和朋黨録、壽春雜志諸書，蓋亦博洽之士也。是書見於晁公武讀書志者稱異號録，陳振孫書録解題作實賓録。珽按：「永易」當作「永錫」，書録解題五雜史類元和録三卷，池州石埭尉維揚馬永錫明叟撰。劉辰孫禧延曰：「據永錫名，則其字或本係『朋叟』，訛『朋』爲『明』也。」永錫嘗著唐職林、實賓録等書，崇、觀、政和間人也。館閣書目以永錫爲唐人，大誤。考名臣碑傳琬琰之集有晏殊撰馬忠肅公亮墓誌銘，曾孫永錫爲秘書省正字。吴曉鉦釗森曰：「晏元獻不應至徽宗初年尚在，且永錫官秩亦不符，疑别一人。」

阮元文選樓藏書記卷四

實賓録一册鈔本

是書輯録古人别名，各注來歷，卷中自稱蘇雲人翁，未詳姓氏。

張金吾愛日精廬藏書志卷二六類書類

實賓録十四卷

文瀾閣傳抄本。宋馬永易撰。

校勘記

〔一〕頃嘗見近世人增廣其書　「書」字原闕，據郡齋讀書志卷一四類書類補。

附録二　參考文獻

1 九國志　宋路振撰　續修四庫全書影印清道光二十四年錢氏刻守山閣叢書本
2 十國春秋　清吴任臣撰　文淵閣四庫全書本
3 三洞群仙録　宋陳葆光撰　續修四庫全書影印民國涵芬樓影印明正統道藏本
4 三國志　晉陳壽撰，南朝宋裴松之注，陳乃乾校點　中華書局一九五九年
5 三楚新録　宋周羽翀撰　文淵閣四庫全書本
6 山海經校注　袁珂校柱　巴蜀書社一九九二年
7 中國人名的研究　蕭遥天著　國際文化出版公司一九八七年
8 中説　隋王通撰　四部叢刊影印涵芬樓借印常熟瞿氏鐵琴銅劍樓藏宋本
9 五代史補　宋陶岳撰　書目文獻出版社一九九六年影印毛氏汲古閣刻本
10 五代詩話　清王士禛原編，清鄭方坤删補，戴鴻森校點　人民文學出版社一九九八年
11 元次山文集　唐元結撰　四部叢刊影印涵芬樓借江安傅氏雙鑑樓藏明正德郭氏刊本
12 升庵集　明楊慎　文淵閣四庫全書本

13天一閣書目　明范欽藏，清范邦甸撰　續修四庫全書影印浙江圖書館藏清嘉慶十三年揚州阮氏文選樓刻本
14天中記　明陳耀文撰　文淵閣四庫全書本
15太平御覽　宋李昉等編　中華書局一九六一年
16太平廣記　宋李昉等編，汪紹楹點校　中華書局一九六一年
17太平廣記會校　宋李昉等編，張國風會校　北京燕山出版社二〇一一年
18文史通義　清章學誠撰　上海書店一九八八年
19文苑英華　宋李昉等編　中華書局一九六六年
20文淵閣書目　明楊士奇編　文淵閣四庫全書本
21文選　梁蕭統編，唐李善注　上海古籍出版社一九八六年
22文選樓藏書記　清阮元撰，清李慈銘校訂　四庫未收書輯刊影印清越縵堂鈔本
23水經注校證　北魏酈道元撰，陳橋驛校證　中華書局二〇〇七年
24世善堂藏書目録　明陳第編　續修四庫全書影印鮑氏刻知不足齋叢書本
25世説新語校箋　南朝宋劉義慶撰　徐震堮校箋　中華書局一九八四年
26世説新語箋疏　南朝宋劉義慶撰　余嘉錫箋疏，周祖謨、余淑宜整理　中華書局一九

八三年

27 册府元龜　宋王欽若等編，周勛初等校訂　鳳凰出版社二〇〇六年

28 北史　唐李延壽撰　中華書局一九七四年

29 北里志　宋孫棨撰　古典文學出版社一九五七年

30 北堂書鈔　唐虞世南編　萬曆二十八年刊本

31 北窗瑣言　五代孫光憲撰，賈二强點校　中華書局二〇〇二年

32 北齊書　唐李百藥撰　中華書局一九七二年

33 古今合璧事類備要　宋謝維新編　文淵閣四庫全書本

34 古今事文類聚　宋祝穆編，元富大用編　文淵閣四庫全書本

35 古列女傳　漢劉向撰　四部叢刊影印明本

36 史記　漢司馬遷撰，南朝宋裴駰集解，唐司馬貞索隱，唐張守節正義　中華書局一九五九年

37 四庫全書總目　清永瑢等撰　中華書局一九六五年

38 四庫提要辨證　余嘉錫撰　中華書局一九八〇年

39 永樂大典　明解縉等編　中華書局一九八六年

40玉海　宋王應麟撰　江蘇古籍出版社、上海書店一九八七年影印清光緒九年浙江書局刊本
41白氏長慶集　唐白居易　四部叢刊影印日本翻宋大字本
42全唐文　清董誥等編　中華書局一九八三年
43全唐文補編　陳尚君輯校　中華書局二〇〇五年
44列仙傳校箋　王叔岷校箋　中華書局二〇〇七年
45名疑　明陳士元　文淵閣四庫全書本
46因話録　唐趙璘撰　上海古籍出版社一九五七年
47江表志　宋鄭文寶撰　文淵閣四庫全書本
48江南野史　宋龍衮撰　豫章叢書本
49江南餘載　宋鄭文寶撰　知不足齋叢書本
50西京雜記校注　漢劉歆撰，晉葛洪輯，向新陽、劉克任校注　上海古籍出版社一九九一年
51何氏語林　明何良俊撰　文淵閣四庫全書本
52佛祖統紀　宋釋志磐　大正新修大藏經本

53吴郡志　宋范成大撰　擇是居叢書影印宋刻本
54吴越備史　宋錢儼撰　文淵閣四庫全書本
55吹網録　清葉廷琯　續修四庫全書影印復旦大學圖書館藏清同治八年刻本
56吕氏春秋校釋　陳奇猷校釋　學林出版社一九八四年
57宋史　元脱脱等撰　中華書局一九七七年
58宋書　梁沈約撰　中華書局一九七四年
59李太白文集　唐李白撰　早稻田大學圖書館藏清光緒十四年湖北官書處重刊康熙五十六年繆日芑影印宋本
60杜工部集　唐杜甫撰　續古逸叢書影印宋本
61兩京新記　唐韋述撰　中華書局一九八五年
62初學記　唐徐堅等著　中華書局一九六二年
63周書　唐令狐德棻等撰　中華書局一九七一年
64尚書故實　唐李綽撰　民國影印明寶顔堂秘笈本
65東雅堂昌黎集注　唐韓愈撰，宋廖瑩中集注　文淵閣四庫全書本
66東觀漢記　劉珍等撰　武英殿聚珍版叢書本

67法苑珠林　唐釋道世著，周叔迦、蘇晉仁校注　中華書局二〇〇三年
68直齋書録解題　宋陳振孫撰，徐小蠻、顧美華點校　上海古籍出版社一九八七年
69南史　唐李延壽撰　中華書局一九七五年
70南唐書　宋馬令撰　墨海金壺本
71南唐書　宋陸游撰　四部叢刊續編影印上海涵芬樓影印錢叔寶手鈔本
72南部新書　宋錢易撰，黄壽成點校　中華書局二〇〇二年
73南齊書　梁蕭子顯撰　中華書局一九七二年
74宣室志　唐張讀撰，張永欽、侯志明點校　中華書局一九八三年
75建康實録　唐許嵩撰　文淵閣四庫全書本
76後漢書　南朝宋范曄撰，唐李賢等注　中華書局一九六五年
77拾遺記　晉王嘉撰，梁蕭綺録，齊治平校注　中華書局一九八一年
78春秋左傳正義　晉杜預注，唐孔穎達正義，浦衛忠等人整理，楊向奎審定　北京大學出版社二〇〇〇年
79春秋左傳注　楊伯峻注　中華書局一九八一年
80柳宗元集　唐柳宗元撰　中華書局一九七九年

81 苕溪漁隱叢話　宋胡仔纂集，廖德明校點　人民文學出版社一九六二年
82 述異記　舊題梁任昉撰　漢魏叢書本
83 陔餘叢考　清趙翼撰，欒保群、吕宗力點校　河北人民出版社一九九〇年
84 風俗通義　漢應劭撰，王利器校注　中華書局一九八一年
85 唐文粹　宋姚鉉編　文淵閣四庫全書本
86 唐國史補　唐李肇撰　上海古籍出版社一九五七年
87 唐開元占經　唐瞿曇悉達撰　文淵閣四庫全書本
88 唐詩紀事　宋計有功撰　上海古籍出版社二〇一三年
89 唐摭言　五代王定保撰　學津討原本
90 唐語林校證　唐王讜撰，周勛初校證　中華書局一九八七年
91 晁氏寶文堂書目　明晁瑮撰　續修四庫全書據北京圖書館藏明鈔本膠卷影印
92 晉書　唐房玄齡等撰　中華書局一九七四年
93 書斷　唐張懷瓘撰　文淵閣四庫全書本
94 海外新發現永樂大典十七卷　上海辭書出版社編　上海辭書出版社二〇〇三年
95 海録碎事　宋葉廷珪撰　文淵閣四庫全書本

96 真誥　梁陶弘景撰　明正統道藏本

97 神仙傳校釋　晉葛洪撰，胡守爲校釋　中華書局二〇一〇年

98 神仙感遇傳　唐杜光庭撰　道藏本　文物出版社、上海書店、天津古籍出版社一九八八年

99 能改齋漫録　宋吴曾撰　文淵閣四庫全書本

100 記纂淵海　宋潘自牧編纂　中華書局一九八八年

101 郡齋讀書志校證　宋晁公武撰，孫猛校證　上海古籍出版社一九九〇年

102 高士傳　晉皇甫謐撰　古今逸史本

103 乾騰子　宋温庭筠述　中華書局一九八五年

104 國史經籍志　明焦竑撰　續修四庫全書據復旦大學圖書館藏明徐象橒刻本影印

105 國語　上海師範大學古籍整理組校點　上海古籍出版社一九七八年

106 張説之文集　唐張説撰　四部叢刊影印明嘉靖本

107 御定淵鑑類函　清張英、王士禎等撰　文淵閣四庫全書本

108 梁書　唐姚思廉撰　中華書局一九七三年

109 紺珠集　宋朱勝非撰　文淵閣四庫全書本

110 通志　宋鄭樵撰　中華書局一九八七年
111 陶淵明集　晉陶潛撰　中華再造善本影印宋刻遞修本
112 陶淵明集箋注　袁行霈箋注　中華書局二〇〇三年
113 朝野僉載　唐張鷟撰，趙守儼點校　中華書局一九七九年
114 華陽國志　晉常璩撰　四部叢刊影印明鈔本
115 開元天寶遺事　五代王仁裕，曾貽芬點校　中華書局二〇〇六年
116 隋唐嘉話　唐劉餗撰，程毅中點校　中華書局一九七九年
117 雲笈七籤　宋張君房編，李永晟點校　中華書局二〇〇三年
118 雲溪友議　唐范攄撰　四部叢刊影印上海涵芬樓影印常熟瞿氏鐵琴銅劍樓藏明刊本
119 愛日精廬藏書志　清張金吾撰　續修四庫全書影印華東師範大學圖書館藏清光緒十三年吴縣靈芬閣集字版校印本
120 新五代史　宋歐陽修撰，宋徐無黨注　中華書局一九七四年
121 新唐書　宋歐陽修、宋祁撰　中華書局一九七五年
122 新輯玉泉子　唐佚名撰，夏婧點校　中華書局二〇一四年
123 新輯搜神記　晉干寶撰，李劍國輯校　中華書局二〇〇七年

124 經史避名匯考　清周廣業　續修四庫全書影印北京圖書館藏清鈔本
125 蜀中廣記　明曹學佺撰　文淵閣四庫全書本
126 資治通鑑　宋司馬光撰　中華書局一九五六年
127 資治通鑑考異　宋司馬光撰　文淵閣四庫全書本
128 遂初堂書目　宋尤袤撰　文淵閣四庫全書本
129 道德真經廣聖義　唐杜光庭撰　續修四庫全書影印民國涵芬樓影印明正統道藏本
130 圖畫見聞志　宋郭若虛撰　津逮秘書本
131 實賓録　宋馬永易撰，宋文彪續補　文淵閣四庫全書本
132 演繁露　宋程大昌撰　學津討原本
133 説郛　明陶宗儀輯　中國書店一九八八年影印涵芬樓一九二七年版
134 説郛　明陶宗儀輯　香港大學藏明嘉靖吴江沈瀚鈔本
135 説郛三種　明陶宗儀等編　上海古籍出版社一九八八年
136 説郛研究　昌彼德著　文史哲出版社一九七九年
137 説略　明顧起元撰　文淵閣四庫全書本
138 賓退録　宋趙與時撰，傅成校點　上海古籍出版社二〇一二年

139劉賓客嘉話録　唐韋絢録　中華書局一九八五年
140樊川文集　唐杜牧撰　上海古籍出版社一九七八年
141歐陽文忠公集　宋歐陽修撰　四部叢刊影印元本
142論語注疏　魏何晏注，宋邢昺疏，朱漢民整理，張豈之審定　北京大學出版社二〇〇〇年
143劒筴　明錢希言撰　明陳訏謨翠幄草堂刻本
144歷世真仙體道通鑑　元趙道一撰　續修四庫全書影印民國涵芬樓影印明正統道藏本
145歷代避諱字匯典　王彦坤编　中州古籍出版社一九九七年
146錦繡萬花谷　宋佚名撰　文淵閣四庫全書本
147輿地紀勝　宋王象之撰　續修四庫全書影印北京圖書館藏清影宋鈔本
148韓子年譜　宋洪興祖撰　民國影印新刊五百家注音辨昌黎先生文集本
149禮記正義　漢鄭玄注，唐孔穎達疏，龔抗雲整理，王文錦審定　北京大學出版社二〇〇〇年
150職官分紀　宋孫逢吉撰　文淵閣四庫全書本
151舊五代史新輯會證　陳尚君輯纂　復旦大學出版社二〇〇五年

152 舊唐書　後晉劉昫等撰　中華書局一九七五年
153 顔氏家訓集解　北齊顔之推撰，王利器集解　中華書局一九九六年
154 藝文類聚　唐歐陽詢編，汪紹楹校　上海古籍出版社一九六五年
155 類説　宋曾慥編　文淵閣四庫全書本
156 續墨客揮犀　宋彭□輯撰，孔凡禮點校　中華書局二〇〇二年
157 鑒誡録　五代何光遠撰　崇文書局叢書本
158 馬永易實賓録佚文輯考　陳鴻圖撰　雲漢學刊二〇一〇年第二十一期
159 馬永易元和録輯　阮廷焯撰　大陸雜誌一九八二年第六十五卷第五期
160 久佚海外永樂大典中的宋代文獻考釋　方健撰　暨南史學二〇〇五年第三輯

志雅堂雜鈔　雲煙過眼録　澄懷録

〔宋〕周密

大唐傳載（外三種）

不著撰人　〔唐〕張固　〔唐〕李濬　〔唐〕李綽

劉賓客嘉話録

〔唐〕韋絢

唐國史補校注

〔唐〕李肇

丁晉公談録（外三種）
〔宋〕潘汝士　〔宋〕夷門君玉
〔宋〕孫升口述　〔宋〕劉延世筆録
〔宋〕孔平仲

奉天録（外三種）
〔唐〕趙元一　〔唐〕佚名　〔南唐〕尉遲偓
〔南唐〕劉崇遠

靖康緗素雜記
〔宋〕黄朝英

夢溪筆談
〔宋〕沈括

愧郯録
〔宋〕岳珂

錢塘遺事校箋考原
〔宋〕劉一清

曾公遺録
〔宋〕曾布

儒林公議
〔宋〕田況

雲溪友議校箋
〔唐〕范攄

嬾真子録校釋
〔宋〕馬永卿

王文正公筆録
〔宋〕王曾

王文正公遺事　清虚雜著三編
〔宋〕王素　〔宋〕王鞏

酉陽雜俎
〔唐〕段成式

新輯實賓録
〔宋〕馬永易

麟臺故事校證
〔宋〕程俱

師友談記　曲洧舊聞　西塘集耆舊續聞
〔宋〕李廌　〔宋〕朱弁　〔宋〕陳鵠

墨莊漫録　過庭録　可書
〔宋〕張邦基　〔宋〕范公偁　〔宋〕張知甫

侯鯖録　墨客揮犀　續墨客揮犀
〔宋〕趙令畤　〔宋〕彭□輯

北夢瑣言
〔五代〕孫光憲

南部新書
〔宋〕錢易

范成大筆記六種
〔宋〕范成大

容齋隨筆
〔宋〕洪邁

封氏聞見記校注
〔唐〕封演

開元天寶遺事　安禄山事迹
〔五代〕王仁裕　〔唐〕姚汝能

朝野類要
〔宋〕趙升

後山談叢　萍洲可談
〔宋〕陳師道　〔宋〕朱彧

愛日齋叢抄　浩然齋雅談　隨隱漫録
〔宋〕葉寘　〔宋〕周密　〔宋〕陳世崇

蘇氏演義（外三種）
〔唐〕蘇鶚　〔五代〕馬縞　〔唐〕李匡文
〔唐〕李涪

教坊記（外三種）
〔唐〕崔令欽　〔唐〕李德裕　〔唐〕鄭綮
〔唐〕段安節

桯史
〔宋〕岳珂

游宦紀聞　舊聞證誤
〔宋〕張世南　〔宋〕李心傳

鐵圍山叢談
〔宋〕蔡絛

四朝聞見録
〔宋〕葉紹翁

春渚紀聞
〔宋〕何薳

蘆浦筆記
〔宋〕劉昌詩

鶴林玉露
〔宋〕羅大經

湘山野録　續録　玉壺清話
〔宋〕文瑩

泊宅編
〔宋〕方勺

老學庵筆記
〔宋〕陸游

西溪叢語　家世舊聞
〔宋〕姚寬　〔宋〕陸游

石林燕語
〔宋〕葉夢得　〔宋〕宇文紹奕考异

雲麓漫鈔
〔宋〕趙彦衛

鷄肋編
〔宋〕莊綽

清波雜志校注
〔宋〕周煇

建炎以來朝野雜記
〔宋〕李心傳

唐宋史料筆記叢刊　書目

隋唐嘉話　朝野僉載

〔唐〕劉餗　〔唐〕張鷟

明皇雜録　東觀奏記

〔唐〕鄭處誨　〔唐〕裴庭裕

大唐新語

〔唐〕劉肅

唐語林校證

〔宋〕王讜

東齋記事　春明退朝録

〔宋〕范鎮　〔宋〕宋敏求

澠水燕談録　歸田録

〔宋〕王闢之　〔宋〕歐陽脩

龍川略志　龍川别志

〔宋〕蘇轍

東坡志林

〔宋〕蘇軾

默記　燕翼詒謀録

〔宋〕王銍　〔宋〕王栐

涑水記聞

〔宋〕司馬光

東軒筆録

〔宋〕魏泰

青箱雜記

〔宋〕吴處厚

齊東野語

〔宋〕周密

癸辛雜識

〔宋〕周密

邵氏聞見録

〔宋〕邵伯温

邵氏聞見後録

〔宋〕邵博

索　引

A

B

C

D

E

F

G

H

J

K

L

M

P

Q

T

W

X

Y

Z